更富有
更睿智
更快乐

世界顶尖投资者是如何在市场和生活中实现双赢的

［英］威廉·格林 William Green 著

RICHER, WISER, HAPPIER

HOW THE WORLD'S GREATEST INVESTORS WIN IN MARKETS AND LIFE

图书在版编目（CIP）数据

更富有、更睿智、更快乐：世界顶尖投资者是如何在市场和生活中实现双赢的 /（英）威廉·格林著；马林梅译.
—北京：中国青年出版社，2022.3
书名原文：Richer, Wiser, Happier: How the World's Greatest Investors Win in Markets and Life
ISBN 978-7-5153-6571-8

Ⅰ.①更… Ⅱ.①威…②马… Ⅲ.①投资—通俗读物 Ⅳ.①F830.59-49

中国版本图书馆CIP数据核字（2022）第026090号

RICHER, WISER, HAPPIER
Copyright © 2021 by William Green.
Simplified Chinese translation copyright © 2022 by China Youth Book, Inc. (an imprint of China Youth Press)
Published by arrangement with author c/o Levine Greenberg Rostan Literary Agency through Bardon-Chinese Media Agency.
All rights reserved.

更富有、更睿智、更快乐：
世界顶尖投资者是如何在市场和生活中实现双赢的

作　　者	：[英] 威廉·格林
译　　者	：马林梅
策划编辑	：翟平华　宋希晔
责任编辑	：于明丽
美术编辑	：杜雨萃
出　　版	：中国青年出版社
发　　行	：北京中青文文化传媒有限公司
电　　话	：010-65511272 / 65516873
公司网址	：www.cyb.com.cn
购书网址	：zqwts.tmall.com
印　　刷	：大厂回族自治县益利印刷有限公司
版　　次	：2022年3月第1版
印　　次	：2022年12月第6次印刷
开　　本	：787×1092　1/16
字　　数	：207千字
印　　张	：18
京权图字	：01-2021-3285
书　　号	：ISBN 978-7-5153-6571-8
定　　价	：79.00元

版权声明

未经出版人事先书面许可，对本出版物的任何部分不得以任何方式或途径复制或传播，包括但不限于复印、录制、录音，或通过任何数据库、在线信息、数字化产品或可检索的系统。

中青版图书，版权所有，盗版必究

目录

前　言　卓越的投资者是如何思考的　　　**005**

第一章　**效仿沃伦·巴菲特的人**　　　**015**
——　如何通过借鉴他人的绝妙想法取得成功

第二章　**愿意孤独**　　　**043**
——　要想跑赢市场，你必须足够勇敢，足够独立，足够奇特，足够与众不同

第三章　**一切都变了**　　　**065**
——　当一切都发生了改变，且未来不可知时，我们如何才能做出明智的决策？问问霍华德·马克斯吧！

第四章　**坚韧的投资者**　　　**093**
——　如何积累持久的财富，如何在等待时机中求得生存

第五章　复杂的最高境界是简单　　117
———　获得丰厚回报最简单的路径

第六章　尼克和扎克的精彩冒险　　145
———　一段非同寻常的投资伙伴关系揭示出，最丰厚的回报属于那些对即时满足的诱惑说不的人

第七章　高绩效习惯　　175
———　最优秀的投资者通过培养良好的习惯形成压倒性的竞争优势，这些习惯带来的好处会随时间不断累积

第八章　不做蠢事　　203
———　如何通过运用查理·芒格的策略系统性地降低做蠢事的概率，进而更好地投资、思考和生活

尾　声　财富之外　　231
———　钱很重要，但它不是富足生活的根本要素

致　谢　　255

关于资源的注释和其他资源　　259

INTRODUCTION

前　言

卓越的投资者是如何思考的

我痴迷于投资已有25个年头了。起初，这种激情似乎不太可能萌生，因为我从未上过商业或经济学课程，对数字不敏感，对会计核算的奥秘茫无头绪、不得要领。在牛津大学获得英国文学的学位后，我开始为杂志社写小说书评。作为一名有远大抱负的作家，我希望能在文学领域里扬名立万，实现崇高的理想，而且我发现，文学领域的人常常把华尔街视为充满铜臭味的赌场，里面都是愚蠢的投机者。当有人把《纽约时报》(New York Times)放到我家门口时，我连看都没看一眼就把它的商业版给扔了。

但到了1995年，我和哥哥把共有的一套公寓出售后，我手头有了点余钱，我开始不停地阅读有关股票和基金的书籍，迫切地希望能发点意外之财。这让我想起了20世纪80年代的一段时光，那时我十多岁，曾一度沉迷于赌博。15岁时，正在伊顿公学上学的我常常偷偷溜出校园，在其他同学打板球或划船时，我会到温莎城堡附近的一家"赛马场"里赌马。那时候的我本应该像鲍里斯·约翰逊(Boris Johnson)、威廉王子(Prince William)和6个世纪前的伊顿人一样，成为上等的英国绅士，但我却以迈克·史密斯的名字非法注册了一个投注账户。

我对赛马感兴趣不是因为这项运动浪漫或马匹看起来高大威猛，而是因为我想不劳而获。我认真地记下了马匹和赛道的详细说明，用不同的颜色标注出我的得失。16岁生日那天，因父母拒绝给我订阅赛马表这一昂贵的马匹评分系统，我还大闹了一场。他们阻断了我大发横财的道路，这让我怒不可遏。不久之后，因遭受了一连串失败的打击，我彻底放弃了赌马。

10年之后，当我开始阅读投资类书籍时，我发现股市也给了我类似的刺激，但在股市中获得成功的概率要高得多。股票给我的印象是，你只要比别人深谋远虑一些，你就能赚到钱。当然，我不知道自己在做什么，但我有一个极其宝贵的优势：我是一名记者，我可以采访业内众多顶尖的投资者，有近水楼台之便。

在接下来的几年时间里，我为《福布斯》（Forbes）、《金钱》（Money）、《财富》（Fortune）和《时代》（Time）等杂志采访了众多投资界的传奇人物，我不断思考那些至今仍令我着迷的重要问题：是什么原则、操作、见解、习惯和人格特质让这一小部分人长期跑赢了市场、变得异常富有了呢？更重要的是，像你我这样的普通人如何通过研究他们及其制胜的方法获利呢？这些问题正是本书的核心。

令人开心的是，我遇到的许多投资者都魅力非凡、特立独行。我曾飞往巴哈马群岛（Bahamas）与约翰·邓普顿爵士（Sir John Templeton）共度了一天，他是20世纪全球最卓越的选股人，现居加勒比海莱佛礁（Lyford Cay）的一座庄园。我曾前往休斯敦与法耶兹·沙罗菲（Fayez Sarofim）会面，他是一位神秘的埃及亿万富翁，绰号斯芬克斯（Sphinx）。在他的办公室里，他向我展示了埃尔·格列柯（El Greco）和威廉·德·库宁（Willem de Kooning）的画作，以及进口的来自叙利亚教堂的5世纪拼花地板。我曾与马克·墨比尔斯（Mark Mobius）交谈过，他驾驶着一架湾流喷气式飞机，里面配备了镀金的座椅和鳄蜥皮软垫。这架飞机是他从一位身处困境的中东大亨手里购买的。我采访过爱玩马球的亿万富豪麦克尔·普里斯（Michael Price），他恐吓过业绩不佳的首席执行官，因而被称为"华尔街最可怕的野兽之子"。我与赫尔穆特·弗里德伦德尔（Helmut Friedlaender）面对面交流过，他20世纪30年代从德国出逃，其间只因为要接十几岁的妹妹而停留过，也曾因"一名绅士不戴帽子就不能旅行"的说法买了一顶帽子。他喝柏翠庄园干红葡萄酒,收藏珍贵的中世纪书籍,交易从咖啡期货到帝国大厦的一切商品。90多岁高龄时,他对我说:"我过着喧嚣的生活。"

这些经历对我来说都是宝贵的学习机会。创立了目前管理着6.2万亿美元资产的先锋基金(Vanguard)的"指数基金之父"约翰·博格(Jack Bogle)向我讲述了他从导师和心目中的"英雄"——共同基金先驱沃尔特·摩根(Walter Morgan)那里学到的重要投资经验:"不要忘乎所以,不要冒太大的风险……保持低成本投资"和"大众总是错的"。正如我们将要看到的,博格还解释了"你不需要很优秀"就能成为一名投资者的原因。

富达(Fidelity)最著名的基金经理彼得·林奇(Peter Lynch)向我讲述了他如何靠努力工作跑赢其他人,但他也谈到了市场的不可预测性和为人谦虚的必要性,他说:"你在学校里能获得很多个A和B的成绩,在股票市场上,你会得到很多个F。十次有六七次能做对就算好的了。"林奇回忆起他第一次投资失败的情形:一家之前非常成功的服装企业破产了,"完全是因为《雌雄大盗》(Bonnie and Clyde)这部电影",它令女性时尚发生了出人意料的变化,使公司的存货变得"一文不值"了。将富达打造成庞大帝国的亿万富翁内德·约翰逊(Ned Johnson)笑着对林奇说:"你做的每件事情都是对的……但意外会时不时地冒出来。"

"9·11"事件爆发后,金融市场经历了自大萧条以来最黑暗的一周,其间我前往巴尔的摩(Baltimore)探望比尔·米勒(Bill Miller),当时他的投资业绩已连续15年跑赢了标准普尔500指数。我们在一起待了几天,其间还乘坐着他的里尔喷气式飞机外出旅行。他买下这架飞机的部分原因是,他想带着那只110磅重的爱尔兰猎狼犬一起飞行。当时美国经济形势严峻,政府对阿富汗的战争正在酝酿中,他的基金也从峰值下跌了40%,但米勒表现得很轻松自在,他冷静地用数亿美元买入了当时遭低估但日后暴涨了的股票。

一天早上,我正站在他身旁时,他给办公室的人员打了个电话。电话那头的分析师告诉他,他刚刚买入的AES股票因公布了糟糕的收益数据,股价下跌了一半，他在午饭前损失了5000万美元。经过冷静的分析后，米勒加倍下注了，他认为非理性的投资者对该公司的利空消息反应过度了。正如他向我解释的那样，投资是一个不断计算概率的过程："一切看概率，不存在确定性。"

接下来是比尔·鲁安（Bill Ruane），他是他那一代里最成功的选股人之一。1969年，当沃伦·巴菲特（Warren Buffett）结束与一家公司的投资伙伴关系时，他推荐鲁安成为该公司新的投资伙伴。在2005年去世之前，鲁安执掌的红杉基金（Sequoia Fund）创造了惊人的收益。他几乎从不接受采访，但我们详尽地讨论了他在20世纪50年代从一位名叫阿尔伯特·赫廷格（Albert Hettinger）的"大明星"那里学到的四条指导原则。"这些简单的原则对我来说非常重要。"鲁安说，"从那时起，它们就成了我大部分投资理念的基础……它们是我能给出的最佳建议。"

第一，鲁安告诫说："不要借钱炒股。"他回忆起了自己早年的一次经历。当时他利用杠杆"将600美元翻了几倍"，然后"市场崩盘"，他受到了沉重的打击，以至于卖完股票后"几乎回到了原点"。正如他当时发现的那样，"当你用借来的钱投资时，你无法理性地行事"。第二，"要注意势头"。也就是说，"当看到市场变得疯狂时"，你要格外小心。市场恐慌或者股票估值不合理都会导致市场变得疯狂。第三，忽略对市场的预测："我坚信无人知道市场接下来的走势。重要的是找到有吸引力的想法，投资一家便宜的公司。"

对鲁安来说，最重要的是第四条原则：投资于少量你做了深入研究、具有信息优势的股票。他说："我尽可能深入地了解七八只股票，如果确实发现了便宜股，为什么不投入15%的资金买入它呢？"对于普通投资者来说，有更安全的成功路径。鲁安说："有了指数基金，大多数人的日子会好过得多。"但对于那些想跑赢大盘的投资者来说，集中投资是明智的选择。"除了彼得·林奇，我不知道有谁能在投资众多股票时取得好业绩。"

2001年，鲁安告诉我，红杉基金35%的资产来自伯克希尔·哈撒韦公司的股票。这家公司在网络热潮中失宠了，其董事长兼CEO巴菲特也因失去了影响力而

前 言

受到抨击。鲁安看到了其他人错过的东西,他认为伯克希尔·哈撒韦是"一家卓越的公司",由"全国最聪明的人"经营,发展前景光明。

我逐渐明白,最伟大的投资者都是见识不凡的特立独行者,他们勇于质疑和挑战传统的观念。那些思维不太理性、不太严谨和不太客观的人所产生的误解和错误,使得这些投资者从中获益。事实上,研究本书提及的投资者的一个绝佳理由是,他们不仅能教我们如何致富,还能教我们改进思维和决策方式。

明智投资的回报如此之高,以至于吸引了许多聪明人入行,但出错时投资者也可能付出惨痛的代价,教授、政客和专家很少出现这种情况。其中的利害关系或许可以解释顶尖投资者往往是思想开明的实用主义者的原因,他们会不断想方设法提升自己的思想。

这种思维在巴菲特睿智的合作伙伴查理·芒格(Charlie Munger)身上得到了完美的体现。芒格是本书的核心人物之一,他曾经说过,"我会观察哪种方法有效、哪种无效及其背后的原因",为了探索好的思维方式,他从数学、生物学和行为心理学等不同的学科借鉴分析工具。他学习的榜样包括查尔斯·达尔文、阿尔伯特·爱因斯坦、本杰明·富兰克林和19世纪的数学家卡尔·古斯塔夫·雅可比(Carl Gustav Jacobi)。芒格对我说:"我从已故的人身上学到了很多,我总觉得我应该去了解很多已故的人。"

我逐渐明白,卓越的投资者都是特殊的实践哲学家,他们无意解决那些让很多真正的哲学家感到困惑的难题,例如"这把椅子存在吗"。相反,他们是经济学家约翰·梅纳德·凯恩斯(John Maynard Keynes)所称的"世俗智慧"的寻求者,他们想解决更为紧迫的问题,例如:"如果未来是不可知的,那么我如何对未来的事情做出明智的决策?"他们四处寻找可借鉴的元素,包括经济史、神经科学、文学、斯多葛学派、佛教、体育、养成习惯的科学、冥想或其他任何有益的事物。他们无限探索"什么方法有效"的意愿令他们成为了我们学习的榜样,我们在追求成功的过程中可以向他们学习,不仅在市场上,而且在生活的各个领域。

我们还可以从另一个角度来看这些杰出的投资者：把他们视为技艺高超的游戏玩家。许多顶尖的财务经理出于娱乐和盈利的目的而打牌，这并非偶然现象。大萧条期间邓普顿用打牌赢来的钱支付上大学的学费。巴菲特和芒格对桥牌很痴迷。亿万富翁、基金大亨马里奥·加贝利（Mario Gabelli）向我讲述了他小时候在布朗克斯区打牌赢钱的经历。当时他在一家高档的高尔夫俱乐部做球童，他回忆说："我当时只有十一二岁，每个人都认为能赢我。"林奇（Lynch）在高中、大学和参军时都玩扑克牌，他告诉我："学习玩扑克牌或桥牌，参与任何可以让你学习概率知识的事务……都比读有关股市的书籍效果好。"

我逐渐意识到，把投资和生活视为一种游戏是很有益的思维方法，我们必须刻意地、始终如一地寻求最大限度地提高成功概率的方法。规则难以捉摸，结果也不确定，但游戏有聪明的玩法和愚蠢的玩法。对机会游戏极为痴迷的达蒙·鲁尼恩（Damon Runyon）曾经写道："所有的生命都是以微弱优势获胜的一方。"[①]也许确实如此吧。但令我着迷的是，邓普顿、博格、鲁安、巴菲特、芒格、米勒和我将在以后各章节中提到的其他巨头已经找到了能提高盈利概率的明智方法，我的任务就是展示他们是如何做到的。

以爱德华·索普（Ed Thorp）为例，他可能是投资史上最伟大的玩家。在成为对冲基金经理之前，他利用巧妙的方案在21点纸牌赌博中战胜了赌场，在赌博界取得了不朽的成就。索普曾与我共进早餐，我们吃的是火腿蛋松饼，喝的是卡布奇诺咖啡。在那3个小时的早餐时间里，他向我解释了他的投资理念。他拒绝

---

① 鲁尼恩最出色的短篇小说是《莎拉·布朗小姐的牧歌》(The Idyll of Miss Sarah Brown)，这部小说后被改编为音乐剧《红男绿女》(Guys and Dolls)。故事的主人公是一位叫"斯凯"（Sky）的赌徒，这位英雄过度自信，他的父亲给他提了一条宝贵的建议，每位投资者都应该铭记这一建议。老人说："儿子，无论你走了多远，无论你变得有多聪明，永远记住，某一天，在某个地方，有个人会来找你，他让你看一副崭新的牌，连塑封都没动过，他会主动跟你打赌，赌黑桃J会从这副牌里跳出来，把苹果酒喷到你耳朵里。""但是，儿子，"老人接着说，"千万别跟他打赌，否则你的耳朵里肯定会被喷满苹果酒。"

前言

接受"传统观念",即从数学上讲,玩家无法获得发牌人优势。索普通过计算特定的牌"从整副牌里被发走"且"不再可用"的概率变化获得了优势。例如,有A的牌获胜的概率要高于没有A的,当获胜的概率高时,他下的注就大一些,当赌场获胜的概率大时,他下的注就小一些。随着时间的流逝,他微弱的优势不断累积,最终变成了巨大的优势,因此,他将输家的运气游戏变成了获利丰厚的"数学游戏"。

接下来,索普想出了在轮盘赌中击败赌场的方法。他和搭档克劳德·香农(Claude Shannon)发明了第一台穿戴式电脑,随后他在赌场里用大脚趾偷偷地开启了它。这台只有香烟盒大小的电脑使他能够"非常精确地测量球和转子的位置和速度",这样他就能预测出球的落点位置。几个世纪以来,轮盘赌是一种玩家没有任何优势可言、不易获利的游戏,因为球落入38个口袋的概率完全相同。索普说:"但通过运用一些知识和测量方法,我们可以更好地掌握球落入这些口袋的概率。""你不一定每次都预测对,但预测会比纯粹的听天由命好一些……所以我们把一个纯粹的机会游戏变成了一个我们具有优势的游戏,这一优势是我们靠补充的信息获得的。"

除非你是赌场老板,否则索普颠覆性的见解会对你产生不可抗拒的吸引力。钱财从来都比不上解决"有趣的问题"更能给他带来兴奋感,因为所有的专家都坚持认为,这些问题无法得到解决。索普说:"很多人认为千真万确的事情对我来说没什么特别的意义,你需要独立做出思考,尤其是对重要的事情,并尝试着自己解决它们。要核验证据,核验传统信仰的基础。"

正如索普的冒险经历所暗示的那样,改善我们财务状况的一个关键方法是,避免参与获胜概率不大的游戏。索普说:"就赌博而言,当我没有优势时,我不会参与。"运用同样的原则,我们其他人能更理智地面对现实。例如,当我们的技术知识薄弱或者缺乏评估企业价值所需的基本财务技能时,我们应该抵制住投资科技股的诱惑,否则,我们就像参与轮盘赌的糊涂蛋一样,只能寄希望于幸运女神的眷顾。正如掌管着1400亿美元债券的亿万富翁、冷静理性的杰弗里·冈德拉奇（Jeffrey Gundlach）所说的："寄希望于希望本身不是个办法。"

我们常犯的另一个错误是向表现平平的基金经理、股票经纪人和财务顾问支付巨额的费用，而这些人的表现并不能证明他们收取这些费用的合理性。索普说："当你支付手续费、交易费、咨询费以及其他各种费用时，你是在逆流而上；当你不支付这些费用时，你是在顺流而行。"那么，对于普通投资者而言，提高长期胜算的一个显而易见的方法是购买并持有费用微乎其微的指数基金。"你不需要做任何事情就能使你的收益高出80%的人。"索普补充说，从长远来看，标准普尔500指数在"美国经济扩张"的推动下"可能"上涨，因此，与赌场里的赌徒不同，你只需以最低的成本踏上市场的上升通道，你"就自动具备了优势"。

相比之下，索普的对冲基金在过去20年里没有一个季度是亏损的，他关注的是"不太被了解"的比较模糊的投资机会。例如，由于具备出色的数学技能，他能无比准确地评估股权、期权和可转换债券的价值。本书中的其他关键人物，如霍华德·马克斯（Howard Marks）和乔尔·格林布拉特（Joel Greenblatt），也因专注于被市场忽视或厌恶的金融领域而获得了类似的优势。正如我们将要看到的，制胜的方法有很多，但运用这些方法都需要具备某种优势。当我问索普如何判断自己是否具有优势时，他提出了一个令人不安的方法："除非你有合理的理由相信自己具有优势，否则你可能就没有优势。"

25年前当我开启投资之旅时，我渴望能实现财务自由，渴望对任何人都无所亏欠。最出色的投资者已经破解了实现这一目标的密码，在我看来这简直太不可思议了。但我现在意识到，了解这些人的想法以及他们制胜的原因可能在财务、职业和个人生活方面对我们都有宝贵的启示。

例如，当我问索普如何最大限度地提高幸福和成功的概率时，他以健康和健身为例说明了他的独特方法。现已84岁高龄的索普看起来要年轻20来岁，他说："从基因方面讲，你得到了一些牌……你可能认为那是个机会，但是你可以选择如何玩这些牌"，包括选择不吸烟、每年体检、及时接种疫苗、定期锻炼等。30多岁时，索普的"身体状况很糟糕"，慢跑不到四分之一英里就会"喘不过气来"。后来他开始每周六跑一英里，并逐步增加跑步里程，直到跑完了21次马拉松比赛。在那之后，他每周见两次私人教练，抽出4天每天步行3英里。当有人建议他骑自行车时，索普仔细搜索了"每一亿乘客骑行里程的死亡人数"后，"认为这一运动的风险太高"。

当我再次跟他交流时，时间已是2020年6月了，此时全球正被一场流行病肆虐，10万多美国人因此离开人世。索普向我解释了他分析全球死亡率数据的方法，他特别关注那些可能由病毒引起的"无法解释的死亡病例"；他解释了如何从1918年的大流感中得出"推论"，他的祖父就是在那次流感中染病去世的；他解释了如何得出对"真实死亡率"的估计；还解释了他如何在2月初（美国第一例死亡病例出现之前）预测美国在接下来的12个月内将会因这种新型冠状病毒失去20万—50万人的生命。

索普对数据的合理分析使他的家人及时采取了防护措施，而当时几乎没有几个美国人（最重要的是美国领导人）意识到这种威胁的严重性。他说："我们提前收拾好了各种用品，包括口罩。大约一个月后，人们才开始意识到事态的严重性并到商店扫货。"在政府宣布全国进入紧急状态3周前，索普就已经在位于拉古纳海滩的家中进行自我隔离了。除了他妻子外，"不与任何人会面"。他告诉我："没有什么可怕的。"但他了解风险，并果断地采取了提高生存概率的行动。索普可能是我见过的唯一一个真正计算过自己"死亡概率"的人①。

冷静地思考事实和数据、概率，权衡风险和回报，极为重视避免灾难，这样的思维习惯在很大程度上解释了最精明的投资者长寿和发达的原因。在索普看

---

① 索普是如何估计新冠病毒致其死亡的概率的呢？他告诉我："任意一个87岁的老头感染这种病毒后死亡的概率大约是20%，我的风险要比这稍低一些，因为许多这个年龄的老头还有其他身体问题，但我没有，我没有其他疾病，而且我还非常小心，行事风格很符合我这个年龄，因此，我认为自己因新冠病毒而死亡的概率在2%—4%之间，不过这个数字还是蛮高的。"

来，我们每一方面的行为都应该以"广义理性"原则作指导，例如，他知道，当他处在"情绪模式"时，他更可能做出错误的决定，所以当他对某人感到"愤怒或生气"时，他会退一步问自己："你真正知道些什么？你的感觉是否合理？"他谨慎的分析常常表明，他的不良反应是毫无根据的。他说："我们在不该下结论的时候匆忙下了结论，因此，我认为，暂不做判断是做出理性行为的关键因素。"

所有这些都让我相信，真正的投资巨头能帮助我们变得更富有、更睿智、更快乐。我的目标就是向你展示，他们是如何通过各种方法提高成功的概率，进而在市场和生活中实现了双丰收的。

依据成功的概率做决策是一种非常有效的操作方式，这些巨头做任何决策时都会运用这一方法，包括管理自己的时间、构建安静的思考环境、选择一起闲逛的人、避免与他人打交道、防患于未然、避免受偏见和盲点的影响、从错误中吸取教训、避免重蹈覆辙、应对压力和逆境、思考诚实和正直、花钱和捐赠以及过有意义、质朴克己的生活。

在撰写本书的过程中，我从多年前对世界上许多卓越投资者的采访中得到了大量的启示，我也投入了数百个小时专程采访了40多位投资者，我的行程遍布世界各地，从洛杉矶到伦敦，从奥马哈到孟买等。这些投资者管理着数百万人的上万亿美元的资产，我希望他们的经历能启发并丰富你的生活。我敢打赌你一定能从中受益。

第一章
效仿沃伦·巴菲特的人

如何通过借鉴他人的绝妙想法取得成功

> 智者当始终遵循伟人走过的道路,当效法过去的杰出者,这样,当他能力不及时,至少他还带有他们的一点意味。
>
> ——尼可罗·马基亚维利

> 我相信吸取其他人宝贵的经验教训是明智之举,我不相信闭目塞听能梦想成真。
>
> ——查理·芒格

圣诞节当日的早上7点钟,当太阳正从烟雾弥漫的天空升起时,莫尼什·帕伯莱(Mohnish Pabrai)踏上了孟买的一辆小型货车。我们沿着印度西海岸行驶数小时,前往一个名叫达德拉—纳加尔哈维利(Dadra and Nagar Haveli)的地区。司机不时做出可怕的动作,在卡车和公共汽车之间疯狂地躲来闪去。我因为害怕闭上了眼睛,面部也扭曲变形了,只能听见四周的喇叭声。在印度长大、后去美国留学的帕伯莱此时却面带微笑,表现得很镇定。然而,他也承认,"印度的事故发生率确实很高"。

这是一次令人印象深刻的旅行,其间我看到了许多令人费解的景象。一次,我们在车里看到,路边一名肥胖的男子向一名瘦弱的妇女头上堆砖块,之后这名妇女顶着砖块走了。当我们驱车深入乡间时,我们看到了覆盖着茅草的矮宽棚屋,仿佛穿越回了千年之前。最终我们到达了目的地:一所名为JNV西尔瓦萨

第一章

（JNV Silvassa）的农村高中。

帕伯莱是他那一代杰出的投资者之一，他从加利福尼亚州尔湾市（Irvine）的家来这里是为了看望40名十多岁的女孩子。她们是他的达克沙纳（Dakshana）慈善基金会项目资助的对象，该基金会旨在培养印度贫穷家庭里有天赋的孩子。达克沙纳基金为这些女孩提供两年的免费教育，让她们为大名鼎鼎的印度理工学院（Indian Institutes of Technology，IIT）那难如登天的入学考试作准备。印度理工学院下设几所精英工程学院，其毕业生深受微软和谷歌等公司的青睐。

每年向印度理工学院提交申请的学生有100多万，但只有不到2%的学生能被录取。达克沙纳破解了进入这所知名学府的密码，在过去的12年里，达克沙纳资助的2146名学生进入了这所学院，录取率达到了62%。帕伯莱把达克沙纳（源自梵语，意为"礼物"）视为帮助印度社会最贫困阶层进阶的一个途径。达克沙纳资助的大部分学生都来自农村家庭，他们每天的生活费不足2美元。许多孩子来自遭受了几个世纪歧视的低种姓家庭，包括"贱民"。

每当帕伯莱参观达克沙纳的教室时，他首先会给孩子们出一道数学题，解出这道题的孩子会获得印度理工学院的一个名额，因此，这是一种评估人才的有效方法，但这道题非常难，几乎没有人能正确地解答出来，他预计西尔瓦萨没有学生能应对这一挑战。尽管如此，他还是在黑板上写出了这道题：n是大于等于5的质数，证明n^2-1总是能被24整除。然后他坐在一把不大结实的塑料椅子上，身子稍微后仰，而教室里的孩子们则开始解题。我不知道这些孩子如何看待这位耀眼的传奇人士，即这位身材高大、魁梧、秃顶、留着茂密的胡须、穿着印有达克沙纳标志的运动衫和粉红色牛仔裤的大富翁。

10分钟后，帕伯莱问："有人解答出来了吗？"一位名叫阿丽莎（Alisa）的15岁女孩说："先生，它只是一种理论。"她犹疑的语气表明自己似乎心里不太有底，但帕伯莱还是请她走到教室前面来让他看证明过程。阿丽莎递给了他一张白纸，静静地站在他身旁，低着头，等待着他的评判。在阿丽莎身后的墙上，挂着一个标语牌，上面用歪歪斜斜的英语写着：只要对自己有信心，就没有人能瞧不起你。

帕伯莱说："你的答案是正确的。"他握了握阿丽莎的手，然后请她对着全班的学生解释了自己的答案。他后来告诉我，阿丽莎的解答很出色，她可以在印度理工学院的入学考试中名列前200。帕伯莱告诉阿丽莎，她肯定能上印度理工学院，她要做的就是继续努力。事后我得知，阿丽莎来自印度最贫穷的地区——奥里萨邦（Odisha）的甘贾姆（Ganjam），并且出生于一个被政府称为"其他落后阶层"的种姓。在她以前就读的学校里共有80名学生，她的成绩排名第一。

帕伯莱要求阿丽莎与他合影留念。他开玩笑地说："当你忘记我时，我会告诉你，我们合过影！"女孩们开心地笑了，但我却忍不住哭了。我们刚刚目睹了一件神奇的事情：一个出身贫寒的孩子刚刚证明，她有能力让自己和家人在未来过上幸福的生活。考虑到她成长的环境和种种不利的因素，这堪称奇迹。

那天早上晚些时候，学生们向帕伯莱提了一些问题。最后，有人鼓起勇气问了一个人人都想知道答案的问题："先生，您是怎么赚到那么多钱的？"

帕伯莱笑着说："我会发挥复利的作用。"

为了解释他的方法，他说："在我心目中，有一位英雄，他的名字叫沃伦·巴菲特。你们有谁听说过沃伦·巴菲特吗？"没有人举手，教室里是一张张没有表情的面庞。他对学生们说，他18岁的女儿莫玛奇在高中毕业后的那个暑假赚到了4800美元。帕伯莱把这笔钱存进了她的养老账户。他让学生们计算，在接下来的60年时间里，如果这笔钱每年以15%的幅度增加，结果会如何？他说："每5年钱就会翻一番，总共会翻12番。这就是复利的例子。"

一分钟后，学生们清楚了这一点：60年后，当莫玛奇78岁时，她最初的4800美元将变成2100万美元。数学现象的强大威力使房间里充满了惊呼声。帕伯莱问："你们会忘记复利吗？"来自印度农村的这40名贫困少女齐声喊道："不会，先生！"

第一章

如何把100万变成10亿

不久之前，莫尼什·帕伯莱也不知道沃伦·巴菲特是何方神圣。出生在印度不太显赫的家庭，他对投资、华尔街或高级金融一无所知。他于1964年出生，在孟买度过了人生的头10年。他的父母以每月20美元的租金租住着一套郊区小公寓，后来他们搬到了新德里和迪拜生活。

他的家族出了很多传奇人物。他的祖父是著名的魔术师戈吉亚·帕夏（Gogia Pasha），经常扮演出游世界的神秘埃及人。小时候，帕伯莱曾和祖父一起登台表演，他扮演的是拿着鸡蛋的人。他的父亲奥姆·帕伯莱（Om Pabrai）是一位企业家，但他所创立的公司频频破产。他多次创业，曾开过珠宝工厂，经营过广播电台，还通过邮寄的方式出售过魔术套装。与他的儿子一样，他是一位不折不扣的乐观主义者，但他的公司资金严重不足，而且过度举债。

"我多次看到父母失去了一切，"帕伯莱说，"失去一切指的是，第二天没有足够的钱买日用杂货，也没有钱付房租……我再也不想有那样的经历了，不过我发现，他们并没有因此受到干扰，实际上，我从他们身上学到的最有价值的经验是，他们没有为此感到不快乐。我父亲曾经说过，'即使一无所有，也不影响我从头再来'。"

小时候的帕伯莱成绩并不太出众，在65人的班级里排名第六，这导致他有些自卑。在上九年级时，他接受了一次智商测试，正是这次测试改变了他的人生轨迹。他说："我问那个给我测智商的人，'结果如何'，他说，'你的智商至少是180，你只是不够用心，就像一匹马，得有人用鞭子抽你，你才会动一动。'那是一个很大的转折点。得有人告诉你，你有潜力。"

高中毕业后，他前往南卡罗来纳州的克莱姆森大学（Clemson University）求学。在那里，他知道了股票市场。他学习了一门投资类课程，这门课程顺利结业的概率是106%。讲授这门课程的教授试图说服他把专业从计算机工程改为金融学，但帕伯莱说："我完全无视他的建议。当时我认为，所有的金融骗子都是愚蠢的，他们什么都不懂。这门课超级简单，其难度仅是工程力学的十分之一，我为什么要涉足这一弱者参与的领域呢？"

大学毕业后，帕伯莱去了泰乐公司（Tellabs）工作。1990年，他用7万美元的信用卡借债和从401（k）账户中取出的3万美元创立了一家技术咨询公司——创思科技（TransTech）。大多数人都不敢这么冒险，但他不同。一次乘飞机时，我们聊起了他在拉斯维加斯的赌场里玩21点的冒险经历，在那里他坚持不懈地运用了一位拥有金融学博士学位的算牌人开发的"非常无聊的"系统。帕伯莱的计划是赚取100万美元且被赌场禁赌。到了2020年，他已经将3000美元的本金变成了15万美元，还被"一家乌七八糟的小赌场"终身禁赌了。

创思科技公司蓬勃发展，达到顶峰时雇用了160名员工。到了1994年，帕伯莱攒下了100万美元，他第一次有了投资的闲钱。那一年，他在希思罗机场候机时，为了消磨时间，买了本彼得·林奇写的《彼得·林奇的成功投资》（*One Up on Wall Street*）一书阅读。从这本书里他第一次读到了有关巴菲特的信息。当他得知伯克希尔·哈撒韦公司的这位董事长兼CEO从20岁开始，连续44年投资回报率高达31%时，他感到异常惊讶。这意味着，按复利计算，巴菲特1950年投资的1美元到了1994年变成了14.4523万美元。帕伯莱从中得出了一个合乎逻辑的结论：巴菲特不是个笨蛋。

小时候，帕伯莱就听过这个传说：一人发明了国际象棋，他把象棋送给了国王，国王大喜，问他想要什么赏赐，他想要的是在棋盘的第一个方格内放1粒米，在第二个方格内放2粒米，在第三个方格内放4粒米，以此类推，一直到第64个方格。不太擅长数学的国王同意了他的请求。帕伯莱是个精于算术的人，他说国王欠下了18446744073709551615粒大米，现在值约300万亿美元。想到这个传说，帕伯莱立马意识到，巴菲特已经掌握了复利的游戏之道。在44年的时间里，他把自己的资金翻了18番，踏上了通往世界首富的道路。

第一章

  这引起了帕伯莱的深思,如果他能弄清楚巴菲特的选股之道并采用他的制胜方法,结果会如何呢?帕伯莱就此开始了他所称的"在30年内将100万美元变成10亿美元的游戏"。他说:"我这么做不是为了发财,而是为了赢得比赛,这跟巴菲特的动机是一样的,就是用结果证明我做得最好、我是最棒的,因为我按规则公平公正地参与了比赛,而且最终我赢了。"

  帕伯莱成为亿万富翁的方法不仅对我们的投资有莫大的启示,而且对我们生活的方方面面也很有启示。他并没有把时间浪费在设计一种能够利用市场定价异常的新算法上,而是把目光盯在了投资游戏中技能最娴熟的玩家身上,分析他成功的原因,效仿他的做法,而且特别重视细节。帕伯莱描述这一过程时用了"效仿"这个词,我们也可以把这个过程称为学习、模仿或效法,但使用哪个词不重要,重要的是,在那些更看重输赢结果的人看来,这是一项技能。

  先通过效仿巴菲特,后来通过效仿巴菲特博学的合伙人查理·芒格,帕伯莱成为了当代杰出的投资者之一。从2000年到2018年,他执掌的对冲基金的收益率高达1204%,而同期标准普尔500指数的收益率仅为159%。如果你在1999年7月他开始管理该基金时投资了10万美元,那么到2018年3月31日时,你的资金将增加至1826500美元(扣除各项费用后)。①

  然而,作为投资者和慈善家,帕伯莱能成功完全是因为他借鉴了别人明智的想法。他说:"我是个十足的模仿者,一切都是模仿别人的……我没有任何原创的思想。"他带着无法抑制的喜悦,有意识、系统地挖掘巴菲特、芒格等人的思想,不仅为了获得投资智慧,也为了洞察如何管理自己的企业、避免犯错、建立

---

① 假设你于1999年投资了他最初的合伙企业帕伯莱投资基金1号,并一直持有该基金至2018年3月31日。帕伯莱向最初的投资者保证,当基金亏钱时,他会保证他们的本金不受损失。意识到这一慷慨的保证非常麻烦之后,他关闭了这只基金并于2002年将该基金与帕伯莱投资基金2号合并。值得注意的是,他管理的基金的收益率波动性很大。例如,2020年上半年,他的基金损失了15.1%,这使得该基金自发行以来的收益率变成了671.3%,而同期标普500指数的涨幅为218.4%。他的一大优点是,这种让普通人揪心不已的波动不会对他造成困扰。

品牌、做慈善、处理人际关系、安排时间和过幸福美满的生活。

帕伯莱对效仿之法的钟情引发了一系列争议。独创性的作用被高估了吗？我们中的大多数人是否应该把精力放在效仿更聪明、更睿智的人身上，而不是努力创新呢？如果效仿是迈向成功的有效策略，为什么没有更多的人运用它呢？效仿他人有风险吗？我们怎样才能做到既采用这种策略使自己受益，又做真实的自己呢？

在过去的7年里，我有很多时间和帕伯莱在一起。我和他一起多次去奥马哈参加伯克希尔的年度股东大会；我曾前往他在加州的办公室采访他；我们曾一起在印度旅行了5天，甚至在从科塔到孟买的火车上睡上下铺；我们曾在他当地的韩国烧烤餐厅和斋浦尔（Jaipur）的路边小屋里大快朵颐，吃得东倒西歪、撑肠挂肚。

一路走来，我逐渐体会到了逆向工程、模仿以及经常改进他人的成功策略所产生的巨大威力。帕伯莱是我见过的将效仿之法运用得最彻底的人，他把运用这种方法的艺术推向了极致，自相矛盾的是，这看起来是很有创意的。他的思想对我产生了深远的影响，事实上，这本书的主要目的就是分享我所说的"值得效仿的思想"。

投资法则

当帕伯莱发现一个令他着迷的主题时，他必定会彻底搞清楚它。在巴菲特的例子中，他可利用的资源似乎是无限的，包括巴菲特数十年来写给伯克希尔股东的信以及罗杰·洛温斯坦（Roger Lowenstein）写的《巴菲特传》（*Buffett: The Making of an American Capitalist*）等开创性著作，他如饥似渴地阅读它们，还开始每年到奥马哈朝圣，参加伯克希尔的年度股东大会，20年来一直如此。

最终，帕伯莱与巴菲特建立了个人联系，通过巴菲特，他也成了芒格的朋友。芒格邀请他到洛杉矶的家里吃饭，在俱乐部里玩桥牌。但在早期，帕伯莱对

第一章

巴菲特和芒格的了解完全来自阅读过的资料。他读的资料越多，就越相信巴菲特在芒格的帮助下制定了与"物理定律一样基本"的"投资法则"。

巴菲特的投资法则"如此简单"和"如此强大"，以至于帕伯莱认为只有它们是正确的。但是，当他研究其他理财专家时，他困惑地发现，他们几乎都没有遵循巴菲特的法则。就像遇到"一群不相信重力的物理学家……无论你是否相信重力存在，它都会把你往下拉"。

在帕伯莱看来，大多数基金经理显然持有了太多的股票，他们为这些股票付出了太多，交易频率也很高。"这些共同基金投资于一千只或两百只股票，你如何找到两百家估值将翻倍的股票呢？我看了他们投资的股票，发现它们是以30倍收益交易的股票……我看到他们都走霉运了。"

帕伯莱曾读过管理大师汤姆·彼得斯（Tom Peters）写的一本书，书里有这样一则警示性故事：在一条街的两边各有一家自助加油站，一家通过高质量的服务（例如免费清洗挡风玻璃）生意兴隆，另一家只勉强维持经营。为什么会出现这样的结果？后一家加油站的客户肯定会转向前一家加油站。这样的错误让帕伯莱感到很惊讶，因为在他看来，只需要简单地效仿更出色的策略就可以了，没有比这更容易的事情了。

帕伯莱说："人类的DNA中含有奇怪的物质，它们使人无法采纳好主意。我很久以前就学到的一点是：不断观察行业内外的情况，当你看到有人在做明智的事情时，要强迫自己也这么做。"这是很明显的道理，甚至是陈词滥调，但这个习惯对他的成功起了决定性的作用。

因此，帕伯莱带着门徒般的虔诚之心，开始"按照巴菲特所说的方法进行投资"。考虑到巴菲特的年均收益率为31%，帕伯莱天真地认为自己获得26%的年均收益率应该不难。按照这个速度，他的100万美元本金将每3年翻一番，在30年内就可增加至10亿美元。为提醒自己实现这一目标，他把车牌号定为了COMLB 26。即使结果稍差一些，他也会觉得不错，也就是说，如果他的年均收益率能达到

16%，30年后他的100万美元会变成8585万美元。这就是复利的威力。

当然，他没有沃顿商学院或哥伦比亚大学等一流学校的MBA学位，没有注册金融分析师的资格，也没有在华尔街工作过的经验，但是，帕伯莱一直将自己的一生视为一场比赛，他希望严格运用巴菲特的方法，在比赛中超越所有未能效仿奥马哈圣贤的傻瓜。帕伯莱说："我想参加我确信自己能赢的比赛。如何赢得比赛呢？必须遵守规则。好消息是，我正在与不懂规则的选手比赛。"

正如帕伯莱所见，巴菲特的选股方法是受价值投资守护神本杰明·格雷厄姆的三个核心思想启发而得出的。格雷厄姆在哥伦比亚大学教过巴菲特，后来还聘请他为自己工作。这三个核心思想是：首先，无论何时购买股票，你购买的是持续经营、具有潜在价值的企业，而不仅仅是供投机者交易的纸片。

其次，格雷厄姆将市场视为"投票机"，而不是"称重机"，这意味着股价往往无法反映这些企业的真实价值。正如格雷厄姆在《聪明的投资者》（*The Intelligent Investor*）①中所写的，把市场视为狂躁抑郁症患者是很有益的，他"经常过度兴奋和担心"。

最后，只有在股票的售价远低于对其价值的保守估计时才应该买入。公司的内在价值与股价之间的差距就是格雷厄姆所说的"安全边际"。

但在实践中如何运用它们呢？格雷厄姆认为，市场先生容易情绪失控，他的这一见解具有深远的意义。在巴菲特和芒格这样的投资大师看来，游戏的本质是不让自己陷入疯狂，要冷静地观察市场，直到两极化的市场提供了芒格所称的"定价错误的赌博机会"。**疯狂的行为不会得到奖赏，相反，投资主要是等待难得的时机出现，即赚钱概率大大高于赔钱概率的时机**。正如巴菲特所说："你不需要每次都挥棒，你需要等待时机。问题是，当你成为基金经理后，你的粉丝会不断大喊：'挥棒击球！'"

---

① 《聪明的投资者》一书于1949年出版，巴菲特盛赞该书是"迄今为止投资领域里的最佳著作"。我们将在第四章详细介绍该书的作者。

第一章

巴菲特对人群的叫喊声无动于衷,他可以好几年按兵不动。例如,从1970年到1972年,当狂热的投资者把股价推升至不合理的高位时,他几乎没有买入任何股票。然而,当1973年股市崩盘时,他买入了华盛顿邮报公司的大量股票,并持有了40年之久。巴菲特在他的经典文章《格雷厄姆-多德式的超级投资者》(*The Superinvestors of Graham-and-Doddsville*)中写道:"当你能以不低于4亿美元的价格把资产出售给十个买家中的任何一个时,市场对该资产的估值为8000万美元……不要以8000万美元的价格购买一个价值8300万美元的企业。你要给自己留有余地。当你建造一座可以承受3万磅压力的桥梁时,你只会让自己驾驶一辆1万磅的卡车过桥。同样的道理也适用于投资。"

在我们这个极度活跃的世界里,很少有人能认识到这种缓慢而敏锐的策略的优越性。运用这种策略不需要频繁地进行交易,但时机到来时要果断出手。芒格曾说过:"你必须像一个手持长叉站在小溪边的捕鱼人,大部分时间里你什么都不做,但是,当一条肥硕的鲑鱼游过时,你要叉住它,然后你又什么都不做了,下一条鲑鱼游过可能要等6个月之后了。"

很少有基金经理这么操作,相反,帕伯莱说,他们"多次下注,数额不大,但很频繁"。问题是,没有足够的机会来证明这些押注的合理性。所以,帕伯莱和他的两位偶像一样,喜欢等待最肥美的鲑鱼出现。

一次,我们在他尔湾市的办公室里畅谈,他说:"投资的首要技能是保持耐心,极度的耐心。"2008年股市崩盘时,他在两个月之内完成了10笔投资交易。在平常时期,他完成的投资量较少,比如他在2011年只买入了两只股票,在2012年买入了3只,2013年一只也没买入。

2018年,帕伯莱的离岸对冲基金根本没有持有任何美国股票,因为他觉得美国股票都不大便宜。想一想,在美国的主要交易所上市的公司大约有3700家,但帕伯莱从中找不到一家值得交易的。他不满足于在美国各个价位的股票中进行选择,他带着他的鱼叉来到了鲑鱼储量更多的水域,比如印度、中国和韩国。正如芒格所说，捕鱼要遵守两条规则：第一条是，鱼在哪里，人就在哪里；第二条规则是，别忘了第一条规则。

2020年春季，随着新冠疫情的蔓延，投资者出现了恐慌情绪，美国股市崩盘。零售业遭受重创，商铺被迫无限期关闭，消费者要居家隔离。在这样的背景下，发展前景极明朗的一家公司是西瑞泰奇成长房地产信托公司（Seritage Growth Properties），其许多租户是零售商，他们已无力支付租金。帕伯莱说："市场讨厌所有的短期噪音和痛苦。"他利用市场上的恐慌情绪购入了西瑞泰奇13%的股份，他认为，随着恐慌情绪消退，其他人会认可这些资产的价值，他最终会赚到10倍的收益。①

保持极度耐心、精挑细选股票的投资者不只有巴菲特、芒格和帕伯莱，这个群体还包括许多卓越的投资者，例如加拿大最著名的基金经理弗朗西斯·周（Francis Chou）。2014年我第一次采访他时，他手里30%的资产是现金，而且他多年来没有大笔买入过股票。他告诉我："几乎没什么股票可以买入时，你必须非常小心，你不能强迫自己买入，必须保持耐心，便宜货自会来找你。"他警告说："一直参与市场交易是傻瓜才干的事，那样做会赔钱的。"

他能多久不买股票呢？周回答说："哈，我可以等10年，甚至更久。"在此期间，他会研究价格不够低廉因而不能买入的股票、打高尔夫球和每天阅读200至400页的书籍。他采用这一方法使自己的情绪避免受市场变化的影响：站在旁观者的立场看问题。

和周一样，帕伯莱也形成了一种有利于采取不积极的投资策略的生活风格。我去他在尔湾市的办公室拜访他时，他穿着短裤、运动鞋和短袖衬衫，看起来不像一位亢奋的选股人，更像是一位在沙滩上悠闲漫步的度假人。巴菲特曾经给帕

---

① 帕伯莱的个人投资组合中也含有西瑞泰奇的股票，他这也是在效仿巴菲特，后者在房地产领域的投资记录"近乎完美"。帕伯莱告诉我："我们不仅效仿他的做法，我们还直接以他支付的五分之一或六分之一的价格模仿他的持仓。"顺便透露点个人信息：我效仿了效仿巴菲特的人，在新冠疫情最严重的时候买入了西瑞泰奇的股票。

伯莱看过自己黑色小日记本里的空白页,他模仿巴菲特的做法,也让自己的日历上几乎空空如也,以便他把大部分时间花在读书和研究公司上。通常情况下,他不会在办公室里召开会议,也不会接听或拨打电话。他最喜欢的一句名言是哲学家布莱斯·帕斯卡(Blaise Pascal)的"人类所有的问题,都源于人类无法独自安静地坐在一个房间里"。

帕伯莱说:"大机构不善于静待时机。"他认为伯克希尔·哈撒韦的股东们从巴菲特对网络桥牌的痴迷中获益匪浅,因为这样的嗜好抵消了他"行动的自然偏误"。帕伯莱也玩网络桥牌,他还通过骑自行车和打壁球等运动健身。当没有股票可买、也没有理由出售股票时,他就把精力投入到了慈善基金会。他说,他的投资团队里就他一个人,这很好。"当团队中有其他人时,他们可能想采取行动,想做些事情,然后被套牢。"在大多数领域,渴望采取行动是好事,但是,正如巴菲特在伯克希尔公司1998年的股东大会上所说的,"我们不会因采取行动而获益,只会因决策正确而获益"。

帕伯莱是个有厌世倾向的人,他常常独自坐在一个房间里,偶尔买入一只定价有误的股票,然后赚得盆满钵满。当他经营一家科技公司时,他请了两位工业心理学家来写他的简介。这两位心理学家的分析揭示出,他特别不适合管理一大群员工,"我可不是那种能听取员工意见、给予他们支持和照顾的领导人"。对他来说,投资更像是三维象棋游戏,关键是,结果完全取决于他。

几乎对所有事情都说不

帕伯莱最早选择的投资对象是一家印度小型科技公司,即萨蒂扬电脑服务公司(Satyam Computer Services),他于1995年买入了该公司的股票。他了解该公司的业务,因为他之前在这一行业里工作过,而且当时这只股票"非常便宜"。帕伯莱惊喜地目睹了它在5年内上涨了约140倍。2000年,当这只股票的价格被严重高估时,他抛售了它,从中获利150万美元。20世纪90年代末,科技股泡沫破裂，这只股票的跌幅超过了80%。帕伯莱被自己的好运逗乐了，他高兴地把自己比作从"某个水果公司"（即苹果电脑公司）的股票中大赚了一笔的阿甘（Forrest Gump）。

在智慧和运气的双重作用下，帕伯莱不到5年就把100万美元变成了1000万美元。意识到还有很多东西要学后，他写信给巴菲特，表示自己愿意免费为其效力。巴菲特回信说："我深入思考过如何才能最佳地利用时间，我自己能做出最好的操作。"于是帕伯莱推行了B计划。有几个朋友从他的选股技巧中获利丰厚，他们希望他能管理他们的资金。1999年，他以600万美元的价格出售了自己的技术咨询公司，开始专注于投资业务。

从1956年到1969年，巴菲特成功地管理了投资合作伙伴关系。帕伯莱也自然而然地做了他该做的事情：他效仿了巴菲特合伙关系模式的每一个细节。例如，巴菲特不收取年度管理费，但收取业绩费，即当收益率超出6%时，收取超出部分的25%。当收益率等于或小于6%时，他不收取任何费用，但巨额回报给他带来了丰厚的收益。帕伯莱也采用了相同的收费结构，他认为基金管理者和基金投资者利益保持一致是"做生意的好方式"。[①]

碰巧的是，这种收费结构是巴菲特从格雷厄姆那里学来的，后者在20世纪20年代采用过这种结构。巴菲特对效仿之法并不陌生，他说："如果能从其他人身上学习，就不必过多地提出自己的想法了，你可以运用你接触过的最佳想法，关键是要取其精华，弃其糟粕，而不是盲目地照搬一切。"例如，格雷厄姆主张投资多样化，而巴菲特则通过将赌注集中于少数被低估的股票而致富。巴菲特喜欢借

---

① 大多数对冲基金收取2%的管理费外加盈利的20%，帕伯莱称这种结构为"正面我赢，反面你输"。如果这类基金的收益率为10%，那么股东的收益率只有6.4%（扣除各项费用后）。高昂的摩擦成本导致对冲基金投资者的收益长期落后于大盘。相比之下，当帕伯莱的收益率为10%时，他的股东将获得9%的收益。在2008—2009年金融危机后的几年里，他没有收取任何费用。当时他告诉我："我一直靠新鲜的空气、水和花生生活，不过我已经准备好吃羊肉和咖喱了。"盛宴终于在2017年开启，他的旗舰基金获得了92.2%的收益率，他也获得了4000万美元的业绩费。

鉴格雷厄姆的做法，但他根据自己的喜好调整和完善了这些做法。

以巴菲特为榜样，帕伯莱构建了一个异常集中的投资组合。他认为，10只股票能满足他的多样化需求。当买入的股票数目较少时，你可以精挑细选。帕伯莱瞥一眼数百只股票后会迅速淘汰几乎所有的股票，通常用时不到一分钟。[①] 巴菲特也是快速选股的大师。帕伯莱说："他想找到一个淘汰股票的理由，一旦他发现了，他会马上做出决定。"事实上，巴菲特说过，"成功人士与真正成功人士的区别在于，后者几乎对所有事情都说不"。

巴菲特为帕伯莱提供了有助于他简化选股过程的原则。帕伯莱说，第一，巴菲特的"核心戒律"是，只投资于"在自己能力范围内"的公司。当帕伯莱分析一家公司时，他首先会问："我真的理解其业务吗？"他会实事求是地考虑其业务是否是自己熟悉的领域。

第二，该公司的交易价格大幅低于其基本价值，这样才能提供可观的安全边际。帕伯莱不会费心劳力地创建复杂的电子表格，因为那样做会让他产生自己能精准预测未来的错觉。他理想的投资对象是这样的：一眼就能看出其价格便宜，这通常意味着以不到50美分的价格买到价值1美元的资产。"我的标准非常简单：如果其股价在短时间内（两三年内）不能翻倍，我不会对它有任何兴趣。"

第三，在芒格的影响下，巴菲特的投资标的逐渐从廉价股转向了优质的企业。除了其他因素外，巴菲特重视公司是否拥有持久的竞争优势，是否由一位诚实、能力非凡的CEO管理。芒格向帕伯莱指出，专注于廉价股投资的格雷厄姆通过持有GEICO保险公司的股票获得了最高的回报。"他并不是因为公司便宜而赚了

---

① 帕伯莱从哪里选择投资目标？他分析了巴菲特、特德·韦施勒（Ted Weschler）、塞斯·卡拉曼（Seth Klarman）和大卫·爱因霍恩（David Einhorn）等人的投资组合，借鉴了他们的理念。帕伯莱会浏览排在前三四位的股票（每季度投资经理会在13F文件中列出），弄清楚基金经理喜欢它们的原因。他不明白为什么韦施勒和爱因霍恩会喜欢通用汽车公司的股票，他觉得这样的选择很愚蠢。经过6周的深入研究后，他找到答案。之后他大量买入了汽车股，最引人注目的是买入了菲亚特克莱斯勒（Fiat Chrysler）的股票。

钱，"帕伯莱说，"他赚钱是因为这是一家优秀的企业。"

第四，公司的财务报表应当简单明了。正如巴菲特所说，"人们不理解财务报表的唯一原因是制表者不想让人们理解它"。当不容易弄清楚企业今天是如何产生现金的和未来几年可能产生多少现金时，巴菲特就会把它归类为"太难理解"的企业。帕伯莱曾注意到，巴菲特办公桌的一个盒子上贴有"太难理解"的标签，这是一个醒目的提醒，提醒他要抵制住投资这类企业的诱惑。像安然（Enron）和威朗制药（Valeant Pharmaceuticals）这样的暴雷企业，帕伯莱很容易淘汰掉它们。

对帕伯莱来说，投资成功的一大秘诀是避免"太难理解的"企业。鉴于俄罗斯和津巴布韦等国对股东权益的蔑视，他避免在这些国家投资。他避开了所有的初创企业和首次公开募股，因为他不太可能在靠销售炒作和被过高的预期主导的领域里找到便宜货。他从来没有做空过一只股票，因为股票最大的涨幅是100%（当股价跌至零时），而跌幅是无限的（当股价暴涨时）。"为什么要以这样的赔率下注呢？"他问道。他也在很大程度上忽略了宏观经济的无限复杂性，而是把注意力集中于少数可能推动特定业务的关键微观因素上。简而言之，他依照简单的规则行事。

上述这些基本原则非常可靠，对帕伯莱很有帮助，但值得注意的是，它们都不是他原创的。在他的投资生涯中，每一个重要的想法不是源自芒格，就是源自巴菲特。这一事实让我略感不安。当我列举帕伯莱从其他人那里借鉴的观点时，我怎么可能说出有新意或深刻的东西呢？但这正是关键所在，他的竞争优势就在于这一点：他不在乎别人是否认为他的想法缺乏独创性，他在乎的是什么想法有效。

一天晚上，我们俩在尔湾市的一家韩国餐馆吃饭时，我问帕伯莱，为什么很多人不像他一样采用效仿之法呢。他一边吃着麻辣牛肉，一边回答说："他们不像我这么脸皮厚，他们自尊心比较强。要成为一名卓越的模仿者，你就必须放下

第一章

自尊。"

投资大师和他的信徒以及65万美元的午餐

帕伯莱的模仿投资法效果惊人。1999年7月,当他推出帕伯莱基金时,科技股泡沫即将破灭,此时投资可谓十分危险。在接下来的8年时间里,美国表现最好的指数道琼斯指数(Dow Jones Industrial Average)的年化收益率为4.6%,而同期帕伯莱基金扣除各项费用后的年化收益率为29.4%。媒体盛赞他为"超级明星""下一个沃伦·巴菲特"和"尔湾市的预言家",他管理的资产规模增至6亿美元。他回忆说,"我没有做错事",他获得如此出色的业绩是因为,他把注押在了被不确定性笼罩的低估值股票上了。例如,"9·11"恐怖袭击事件发生后不久,他投资了巴西的喷气式飞机生产商巴西航空工业公司(Embraer),当时,许多航空公司取消了对该公司的飞机制造订单。短期的冲击使内心恐惧的投资者忽视了长期以来的现实:巴西航空工业公司是一家优质企业,其产品优越,制造成本低,管理一流,有充足的现金流。2001年,帕伯莱以每股12美元的价格大量买入该公司的股票,2005年以30美元的价格全部售出。

同样,2002年,在油轮租赁价格暴跌后,他投资了斯堪的纳维亚的前线油轮有限公司(Frontline Ltd.)。当时该公司的股价已暴跌至5.90美元,但根据他的计算,该公司的清算价值应该超过了11美元。由于供应受限,租赁价格最终会反弹,另外,该公司可以通过逐个出售轮船的方式度过现金危机。与巴西航空工业公司一样,不确定性吓跑了投资者,但其上行潜能大于下行风险。帕伯莱对这类投资总结说:"正面我赢,反面我输不了太多。"几个月后,他就获得了55%的回报。

2005年,他把大笔赌注押在了另一家一眼就能看出其股价特别便宜的公司,即特种钢材生产商IPSCO公司。帕伯莱的买入价为44美元/股,当时该公司账面上的每股超额现金约为15美元。他预计,在未来两年内,IPSCO每年将产生每股约

13美元的超额现金，每股现金总额为41美元。手握以44美元买入的股票，他实际上是以每股3美元的价格收购了IPSCO的所有钢铁厂和其他资产。帕伯莱无法预测该公司未来两年的收入，但在他看来，这只股票非常便宜，几乎没有亏损的风险。当他在2007年卖出这只股票时，他当初投资的2470万美元已经变成了8720万美元，26个月的回报率高达253%。

近几年来，在长期内无法跑赢大盘几乎成了投资者的信条，不过，多亏了巴菲特和芒格，帕伯莱找到了跑赢大盘的方法。正如我们看到的，关键的原则不难被识别和遵循。**要有耐心，要有选择性，要对几乎所有股票说不。利用好市场的两极化情绪波动，以低于其基本价值的价格买入股票。在自己的能力范围内投资，避免投资难以理解的企业。把少量赌注押在下跌风险最小、上涨潜力显著的定价有误的股票上。**然而，几乎只有帕伯莱一个人坚定地遵守了这些原则。他惊叹道："没人愿意这么做，只有我这个印度人这么做了。"

帕伯莱想当面表达他对巴菲特的感激之情，于是在2007年7月，他与好友盖伊·斯皮尔（Guy Spier）联手参加了一场慈善拍卖会，角逐与巴菲特"共进午餐的权力"。[1]斯皮尔是苏黎世一家对冲基金公司的经理，也是巴菲特的粉丝。最终二人以65.01万美元的出价赢得了这个机会。这笔钱将被捐赠给格莱德基金会（GLIDE Foundation），用以帮助无家可归的人，但帕伯莱把这笔捐款看作是他对"导师的献礼"（guru dakshana），这是一个印度教术语，意思是弟子接受完教育后送给精神导师的礼物。

2008年6月25日，帕伯莱终于见到了他的导师。他们在曼哈顿一家名叫史密斯沃伦斯基（Smith & Wollensky）的牛排餐厅里待了3个小时，房间毗邻后厨，全木装修。帕伯莱带来了他的妻子哈里娜和两个女儿芒珊和莫玛奇，她们分坐在巴

---

[1] 顺便提一下，斯皮尔是我的密友之一，我投资了他的对冲基金蓝宝石（Aquamarine）已20年了。我曾多次为他的基金编写年报，也是他投资公司董事会的顾问。我还帮他编写了回忆录《与巴菲特共进午餐时，我顿悟到的5个真理》（*The Education of a Value Investor*）一书。换句话说，我与斯皮尔的关系非常密切，但正因如此，我对他的评价恐怕不太客观。

第一章

菲特的两边。①斯皮尔带来了他的妻子洛丽。巴菲特看上去快乐而慈祥,他为孩子们带来了一袋袋的礼物,包括印有自己图案的巧克力。他们聊的话题范围很广泛,包括巴菲特最喜欢的公司(GEICO保险公司)、最想见的人(要么是"历史上最聪明的人"艾萨克·牛顿爵士,要么是索菲亚·罗兰,喜欢他们主要是因个人偏好)。

对帕伯莱来说,这次午餐给了他两个方面的启迪:一个事关如何投资,一个事关如何生活。就第一方面而言,他问巴菲特:"里克·格林(Rick Guerin)是怎么了?"巴菲特曾在《格雷厄姆–多德式的超级投资者》一文中介绍过格林的卓越投资记录,但巴菲特告诉帕伯莱和斯皮尔,格林因"急于致富",利用保证金贷款进行投资。巴菲特说,格林在1973—1974年的金融危机中遭受了惨重的损失后,又遭到了保证金的追讨,结果他被迫(向巴菲特)出售了后来价值飙升的股票。②

相比之下,巴菲特说,他和芒格从不着急,因为他们知道,如果他们能在几十年内不犯太多灾难性的错误,在复利的作用下,他们会变得非常富有。在吃牛排、马铃薯煎饼和喝樱桃可乐的时候,巴菲特说:"如果你是一个略高于普通水平的投资者,而且你花的钱比赚的少,那么你这辈子肯定会变得非常富有。"帕伯莱说,这个关于杠杆和不耐烦招致风险的故事已经深深地"刻"在了他的脑海里,他感叹道:"仅从这一点来看,巴菲特午餐就是值得的。"

但最能引起帕伯莱共鸣的是,他觉得巴菲特做了真实的自己,巴菲特能按照自己的个性、原则和喜好生活。午餐时,巴菲特解释说,他和芒格总是以"内心的计分卡"来衡量自己,他们从不担心别人如何评价自己,他们全力达到自己内心的标准。巴菲特说,判断你是根据外在的还是内在的标准生活的一种方法是问

---

① 自那以后,帕伯莱就离婚了。
② 即使在1973年损失了42%,1974年损失了34.4%,格林也让其股东获得了一定的收益,在扣除各项费用后,他19年的复合收益率也达到了23.6%。

自己这个问题："我愿意做世界上最坏但公众眼里最好的爱人还是做世界上最好但公众眼里最坏的爱人？"

从孩子的饮食（主要包括汉堡、糖果和可口可乐）到经营企业，巴菲特工作、生活的方方面面都与他的天性相契合。例如，巴菲特明确表示，伯克希尔分散化的管理结构从来都不是为了实现利润最大化而设计的：它只是适合他的性格而已，他能监督伯克希尔的许多业务，但不干预其管理，他相信CEO们能明智地运用他们的权力。同样，他指出，他自己安排日常事务，而且为了保障他有整块的时间愉快地阅读和思考，他几乎会拒绝任何可能分散他阅读和沉思的精力的请求，此外，他坚持只与他喜欢和崇拜的人合作。作为一名选股人，他也总是我行我素，避免投资于目前流行的任何估值过高的资产。

这次交流对帕伯莱和斯皮尔都产生了持久的影响。2014年5月，我与他们一道参加了伯克希尔的年度股东大会。第二天，我们乘坐斯皮尔从伯克希尔下属公司利捷航空（NetJets）那里租用的私人飞机从奥马哈飞往纽约，他和帕伯莱刚与巴菲特和芒格共进过早餐，显得异常兴奋。在飞行途中，我们讨论的主要话题是按照内心的计分卡生活。正如帕伯莱所见，"这个星球上可能有99%的人都想知道世界对他们的看法"，极少数人持相反的观点，他大大咧咧地说道："管这个世界怎么想。"

帕伯莱和斯皮尔随口说出了一些按照内心计分卡生活的范例，包括耶稣、圣雄甘地、纳尔逊·曼德拉、玛格丽特·撒切尔、史蒂夫·乔布斯以及巴菲特、芒格、特德·韦施勒、李录（Li Lu）、比尔·米勒和尼克·斯利普（Nick Sleep）（我们将在第六章深入探讨他们）。帕伯莱说："他们都是到达顶峰的人，这是他们登顶的唯一途径。"

在我见过的人中，没有比帕伯莱更自律的了。有了巴菲特这位引路人，他更加专心致志地过契合自己个性的生活了。通常情况下，帕伯莱睡得很晚，他早上10点后进入办公室，没有任何日程安排。上午11点左右，会有一位助理给他送来

第一章

打印的电子邮件,帕伯莱直接在纸上写下最简短的回复——这是在效仿芒格的做法。像巴菲特和芒格一样,帕伯莱每天大部分时间都在看书。下午他通常会小睡一会儿,然后继续读书,直至深夜。

帕伯莱尽可能地待在他的办公室里,他避免会见他正在分析的公司的CEO,因为他认为,这些CEO口才极好,是不可靠的信息源,这一点也是他从格雷厄姆那里学到的。① 除在股东大会上外,他避免与股东进行交流,也拒绝与潜在的投资者会面。他说:"我真的不喜欢那种互动形式,那是杂乱无章的交谈。"

但这种态度会激怒他人,或者让他每年损失数百万美元的费用收入,不过,他并不为此感到烦恼。"芒格说他不在乎有钱,他真正重视的是独立自主,我完全赞同这一点。钱能让你以喜欢的方式做想做的事情……这是巨大的好处。"

帕伯莱对待人际关系也是如此,对此他有明确的排序。在共进午餐时,巴菲特说:"和比你优秀的人在一起,你会在不知不觉中进步。"帕伯莱践行这一建议的程度让很多人感到震惊。"当我第一次遇到某人时,我会在事后对他进行评估,我会问自己,'与这个人建立联系会让我变得更好还是更糟',如果答案是更糟,那我就不再跟他联系。"同样地,在一次午餐会后,他会问自己:"我很享受这次午餐吗?"如果答案是否定的,"我就不会再和那个人共进午餐了",他补充说:"大多数人都通不过口味测试。"

人际交往不是帕伯莱的强项,但他非常重视诚实。在20世纪90年代末,他读了大卫·霍金斯写的《意念力:激发你的潜在力量》(*Power vs. Force: The Hidden Determinants of Human Behavior*)一书,他称这本书对"他的信仰产生了很大的影响"。霍金斯认为,"真正的力量"源于诚实、同理心和致力于改善他人生活的品质。这些强大的"吸引子"对人们产生了无意识的影响,使他们"变得更加强大",而诸如不诚实、恐惧和羞耻等特质则使人们"变得软弱"。帕伯莱从霍金斯

---

① 在印度等欠发达市场投资时,帕伯莱会破例,因为他要亲自研判公司管理层是否值得信任。

那里得到了这一启迪：不能对其他人撒谎。他决心一生遵循它，他说："这是非常深刻的思想。"

在2008—2009年的金融危机期间，帕伯莱高度集中的基金贬值了67%，随后迅速上涨。在2009年召开的股东大会上，他对股东们说："基金投资中的大部分错误都是因我的愚蠢所致。"他强调了他在分析德尔塔金融（Delta Financial）和西尔斯控股（Sears Holdings）等股票暴跌公司时犯下的几个"愚蠢"错误，但几乎没有一位投资者抛弃他。他从中得到的启示是："尽可能地做到诚实，这么做的回报是巨大的。"

事实上，在采访帕伯莱时，让我感到快乐的是，他能坦率地回答我提出的每一个问题，他不在乎别人会如何评价他。为了试探他，我曾写信问过他一些过于私人的问题，包括他的净资产有多少。他回信说，"截至2017年11月30日，我的净资产为1.54亿美元"，然后为了说明这一数字不包含哪些资产，他分享了更多的财务细节。这体现出他绝对相信诚实的力量。

在我看来，最引人注目的是帕伯莱坚定不移地奉行了这些原则。他说："当你遇到其他人无法理解的真理时，你需要做的就是坚守它们。""每当你悟到一个人们无法理解的真理时，你就获得了一个巨大的竞争优势。人们不理解心灵能量的威力。"

聪明的人很容易被复杂的事物吸引，同时会低估简单想法的巨大影响力和重要性，但帕伯莱是十足的实用主义者，他不会落入这个陷阱。"利用复利的威力是非常简单的想法，效仿是非常简单的想法，讲诚信也是非常简单的想法。"他说。但是，当你怀着巨大的热情应用一些强大的想法时，累积起来的效应是"无与伦比"的。

问题是，当大多数人发现一个可行的想法时，他们会半信半疑地尝试它。对此，帕伯莱无法掩饰自己对这些人的蔑视："这些人听到这样的想法时会说，'哦，是的，很有道理，那又怎样呢？我会试试它'。你知道，它不一定管用，可能会

第一章

起点作用,可能一点用也没有!"

正如他所见,我们应该运用效仿法的态度是19世纪的印度圣人辨喜(Swami Vivekananda)所倡导的,他告诉追随者:"开始实践一个想法,让这个想法成为你的一切,白天思考它,晚上梦到它,活在这个想法里。让你的大脑、肌肉以及身体的每一部分都充满这个想法,不要管其他的想法。这就是成功的秘诀。"①

欢迎来到印度的绑架之都

随着财富的增长,一个令帕伯莱开心的问题出现了:如何处理所有的钱。他再次从巴菲特身上寻求启迪。多年来,巴菲特一再谈到,财富带给他的满足感微乎其微。我记得在伯克希尔召开的一次年度股东大会上,我和帕伯莱、斯皮尔坐在一起,巴菲特对到场的听众们说:"如果我有七八栋房子,我的生活会更糟……因为它们根本不重要。"

帕伯莱并不是个苦行僧,他曾经花几千美元买了一双定制鞋,还有一辆蓝色敞篷法拉利座驾——这是他大手笔投资法拉利股票后获得的回报,但他清楚,享乐主义不是通往幸福生活的可靠途径。他采纳了巴菲特的建议,谨慎地将数亿美元的遗产留给了两个女儿,给她们适当的财富,让她们做想做的任何事情,但不能留太多,以免她们过寄生虫式的生活。巴菲特曾承诺将其数十亿美元资产中的大部分回馈给社会,帕伯莱决定效仿他的做法,把自己的钱捐出去。

他开始思考这一问题:"如果我今天就去世了,我想把大部分财产捐给什么事业或组织呢?"他希望把钱捐给这样一家慈善机构:其管理像注重成本效益的企业一样,对支出的每一分钱都有精确的指标来衡量其效益。直到2006年,他才偶然读到了一篇介绍阿南德·库马尔(Anand Kumar)在印度农村实施的一个项目

---

① 你可能已经猜到了,辨喜并不是在讨论迈向投资成功的道路。更确切地说,他是在讨论练瑜伽的人如何修行为"精神巨人",他的建议是,专注于单一目标。"要取得成功,你必须有顽强的毅力,强大的意志力。'我会吸尽海水,'不屈不挠的灵魂说,'在我的意念下,山脉会崩塌。'当你具有了那种能量和那种意志,努力奋斗,你就会实现目标。"

的文章。阿南德·库马尔是一位数学老师，他每年为30名贫困高中毕业生提供免费的辅导和住宿，这一项目被称为"超级30"（The Super 30）。受该项目资助的学生通过印度理工学院入学考试的比例高得令人难以置信。

帕伯莱立刻明白了该项目运作模式的优势：它成本低廉，为有才华的贫困青少年提供了改变人生的机会，并取得了可衡量的显著成效。他立即给库马尔发了一封电子邮件，想出资扩大这个项目，但库马尔无意于此。毫不气馁的帕伯莱果断地做出了一个决定："亲自去做一番实地考察。"

比哈尔邦（Bihar）被称为"印度的绑架之都"，对于一名雄心勃勃的对冲基金经理来说，它并不是一个令人向往的目的地。帕伯莱从新德里一家保安公司雇了两名保镖陪同他出行，一名保镖之前是印度黑猫突击队的成员，堪称印度的反恐专家，他"接受过专门的训练，能冲向被劫持的飞机，把绑匪带出去。他从醒来到杀死绑匪用时不到三秒钟"。由于无法在飞机上携带枪支，他们一行人只好分别乘火车前往比哈尔邦。帕伯莱后来发现，为确保他的安全，库马尔还另雇了4名保镖。

到了比哈尔邦之后帕伯莱发现，这是一个荒凉而令人绝望的地方。小偷有时会偷走铁轨，把它们卖到废品站。他抱怨道："天气糟透了，基础设施糟透了，酒店糟透了。"之前帕伯莱还幻想着自己能容忍一切，快乐地住进一星级酒店呢。哎，事实证明，他的修为还不够。尽管非常不舒服，但和库马尔在一起的日子令他终生难忘。库马尔在租来的没有围墙的小屋子里教学生，帕伯莱被他的智慧、激情和教学天赋所震撼了，"他真是万里挑一的人才"。

由于帕伯莱无法说服库马尔用自己的钱，他请求库马尔允许自己采用其模式并扩大项目的规模。他之前运用巴菲特的投资策略已经证明效仿之法的强大威力了，为什么不用同样的方法做慈善呢？库马尔对他表达了祝福，于是他开工了。

库马尔声名远扬，申请他项目的学生成千上万，他会亲自从中挑选出最聪明的可造之材。为了筛选资助对象，帕伯莱和一个由近600所经过严格筛选的寄宿

第一章

学校组成的政府网络进行了合作,这些寄宿学校每年为数以万计的农村贫困儿童提供教育服务。帕伯莱的达克沙纳基金会每年向这些学校的数百名"最聪明的"学生提供奖学金,并为他们提供两年的数理化辅导,让他们备考印度理工学院。帕伯莱说:"如果他们不努力,他们就会一无所有地返回村庄。这是他们改变命运的唯一机会。"

这种模式的慈善项目以极低的成本改变了许多人的生活。2008年该项目对每位学生的资助额为3913美元,其中有34%的学生进入了印度理工学院。到了2016年,达克沙纳的运行效率大大提高,对每位学生的支出额下降为2649美元,而且考入印度理工学院的比例达到了惊人的85%。更妙的是,政府对寄宿学校和印度理工学院都给予了大量补贴。帕伯莱估计,达克沙纳每在学生身上投入1美元,政府就会相应投入1000美元。因此,他实际上利用资本完成了具有巨大社会正效应的杠杆式押注。①

在2008年与巴菲特共进午餐之前,帕伯莱向巴菲特发送了达克沙纳的第一份年报。巴菲特对这份报告印象深刻,他与芒格和比尔·盖茨分享了这份年报。随后,巴菲特在接受福克斯电视台采访时称,帕伯莱"对慈善事业的考虑如对投资一样出色……我非常佩服他"。这位信徒,这位十足的模仿者得到了导师的祝福。"从那以后,"帕伯莱说,"我觉得我死后可以上天堂了。"

从那以后,达克沙纳资助的学生数量呈指数级增长。到了2018年,该基金会同时在印度的8个网点辅导了1000多名学生,其中包括一个占地109英亩、名为达克沙纳谷(Dakshana Valley)的校园,它是帕伯莱以折扣价从一个经济陷入困境的人手里买来的。仅这个网点就可以容纳2600名学生。与此同时,达克沙纳基金会已经把关注点扩展到了印度理工学院之外:它还资助数百名贫困学生备考医

---

① 截至2018年底,帕伯莱家族已经向达克沙纳基金会捐赠了2700多万美元。最大的外部捐助者是普雷姆·沃特萨(Prem Watsa)和拉达吉申·达马尼(Radhakishan Damani),前者是枫信金融控股(Fairfax Financial Holdings)的CEO,也是印度理工学院的毕业生,后者据说是印度排名第二的富豪。顺便提一下,我也向该基金会捐赠了几千美元。

学院。仅在2019年，就有164名达克沙纳资助的学生进入了医学院学习，通过率为64%。所有举措均由达克沙纳的CEO管理实施，他是一位退休的炮兵军官（上校），名叫拉姆·夏尔玛，他每年仅收取一卢比的服务费。①

换句话说，刚开始这个项目只是对库马尔项目的大体效仿，但现在该项目越做越大，这证明了明智的效仿并不是拙劣的照搬照抄。在达克沙纳的例子中，帕伯莱借用了一个初级模型，并在此基础上进行了大规模的重建。夏尔玛上校说："可以肯定地说，他的成功源自他对细节的重视。"②

当我和帕伯莱去达克沙纳谷参观时，我们遇到了基金会的明星校友阿肖克·塔拉帕特拉。塔拉帕特拉告诉我，他在海得拉巴（Hyderabad）的一个贫民窟长大，父亲是个裁缝，一个月只能挣6美元。他们一家住在一个非常简陋的小屋子里，前门是一个粉色的浴帘，屋顶覆盖着石棉瓦，每逢下雨，屋顶就会漏水。当帕伯莱和女儿芒珊去塔拉帕特拉家时，因为家里没有桌子，他母亲把茶和零食放到凳子上招待他们。

但塔拉帕特拉是个聪明的学生，他在印度理工学院入学考试中取得了优异的成绩，在471000名申请者中排第63位，这是达克沙纳资助的学生取得的最好成绩。后来他继续在印度理工学院孟买分校学习计算机科学工程，毕业后在谷歌公司找到了年薪6位数的工作。在伦敦工作了一段时间后，他到公司位于加利福尼亚州的总部做软件工程师。帕伯莱说："他正在高升，他踏上了快速升职的通道。"在进入谷歌公司不到一年后，塔拉帕特拉就给父母买了套两室一厅一卫的新公寓，公寓里装有空调，而且屋顶不会漏水。

---

① 这位上校是我见过的最令人敬佩的人之一，他有一种深切的使命感，这可能与他女儿的早夭有关。他曾经对我说，上帝从他手里夺走了一个孩子，但还给了他1000个。

② 读完本书草稿后，盖伊·斯皮尔给我发来了一封电子邮件，想强调帕伯莱的效仿之法没那么"平庸"，他写道："我担心'十足的模仿者'一词并不能表达出莫尼什效仿正确做法的强度和猛烈度。事实上，在我看来，你书中介绍的这些个性各异的人物都有强烈而凶猛的目的意识，只是它们被这些人平静的外表所掩盖罢了。"

第一章

塔拉帕特拉辉煌的人生并没有就此止步，在帕伯莱的启发下，他对投资越来越着迷。帕伯莱已经成了他的朋友和导师，他阅读帕伯莱推荐的投资书籍，定期参加伯克希尔·哈撒韦公司的年度股东大会。我曾在奥马哈看到他们一起参加股东大会，想到帕伯莱对塔拉帕特拉人生的影响时，我不由得感叹，一个人掌握了对定价错误的股票下注的技巧竟有如此大的好处。感叹之余，我不由得想起了犹太教法典中的一句话："救人一命，宛如拯救了整个世界。"

但耿直的帕伯莱嘲笑任何把他视为正义的救世主的想法，他在孟买的出租车上对我说："当你觉得生活毫无意义时，你该怎么办？不要毁了别人的生活。留下一个更美好的星球，照顾好孩子，剩下的就是无关紧要的游戏了。"

莫尼什的启示

在与帕伯莱多次交流之后，我越来越多地思考效仿之法的力量以及自己在生活中如何运用这一方法。在从尔湾乘飞机归家的途中，我甚至写了一个题为"莫尼什的启示"的备忘录。我首先提出了这两个最基本的问题："我应该效仿的制胜之法是什么？我应该效仿谁？"例如，作为一名非虚构类作家，我有理由对我崇拜的作家的大作做逆向考察，比如迈克尔·刘易斯（Michael Lewis）、马尔科姆·格拉德威尔（Malcolm Gladwell）和奥利弗·萨克斯（Oliver Sacks）。[1]

我思考了帕伯莱的人生经历及其对我的启示，发现有几条原则特别能引起我

---

[1] 在阅读《萨克斯自传》（On the Move）时，我发现他的作品也是模仿的产物。萨克斯是一位神经学家，他写过一本令人着迷的患者疾病案例集。萨克斯早年读过苏联神经心理学家卢里亚（A. R. Luria）撰写的《记忆学家的思想》（The Mind of a Mnemonist）一书，这本书回顾了卢里亚的一位记忆力极强的患者的疾病史。萨克斯写道，这本书"改变了我生活的重心和方向，不仅为我写《睡人》（Awakenings）提供了模板，而且对我写其他一切东西都提供了模板"。当我读到卢里亚的书时，我激动地发现，他也是个模仿他人的人。在撰写医学病例史时，卢里亚说："我试着按照沃尔特·帕特（Walter Pater）在1887年创作《幻象》（Imaginary Portraits）一书时遵循的步骤去做。"经过一番搜索后我发现，各个领域都有运用效仿之法的人，包括商业领域，例如，在解释沃尔玛的成功时，芒格说："山姆·沃尔顿几乎没什么新发明，但是他效仿了其他人做过的所有明智之事，只不过更狂热罢了……所以他成功了。"

的共鸣。我在备忘录中写道：

原则1：疯狂地效仿。

原则2：与比自己优秀的人为伍。

原则3：把生活视为一场游戏而不是生存竞赛或者你死我活的战斗。

原则4：做真实的自己，不做自己不想做或者自己认为不适合的事情。

原则5：按自己内心的评判标准生活，不要在意其他人的看法，不要被外部条件所束缚。

最后，我写了芒格说过的一句话，帕伯莱也经常引用它，即：**"接受简单的想法并认真对待它。"** 这些原则中，最后一个可能最为重要。

很多时候，我们发现了一个强大的原则或习惯，然后我们思考一番，接着把它忘得一干二净，但帕伯莱消化了它，并在生活中运用了它，这是我必须效仿的习惯。

但我们的目标不是成为其他人思想的盲从者，我们要领会原则精神并根据自己的实际条件加以调整，这才是更明智的做法。例如，我一直在思考帕伯莱对"求真"原则的执着，我想知道，如果执着于宽厚仁慈又会怎样呢？帕伯莱一心一意、毫不妥协地专注于某一特定美德的习惯很有作用，但我们不必选择与他一样的美德。

我认为，当我们以符合自己天赋和气质的方式进行效仿时，会取得最佳效果。帕伯莱和斯皮尔在决定是否对某家公司进行投资之前经常互相讨论，这是他们从巴菲特和芒格那里学到的做法，因此，他们往往持有许多相同的股票，但斯皮尔的持仓规模要小得多，因为他比帕伯莱更谨慎、更胆小一些，正如他所说，"我不像莫尼什那样财大气粗"。

2015年，帕伯莱对菲亚特克莱斯勒和通用汽车（General Motors）的股权投资额占其基金资产额的一半，而斯皮尔的资产规模为帕伯莱的四分之一，他发现帕伯莱的投资集中度"惊人地可怕"，他十分担心自己没能使朋友免受傲慢和过度

第一章

自信的伤害。另一位对冲基金经理警告称，帕伯莱过于重视汽车行业了，几乎到了"疯狂"的地步了，但随着菲亚特股价飙升，帕伯莱在6年内赚了7倍的钱。但另一方面，他在2018年将离岸基金70%的资产投资于两只股票，这一冒险的做法导致他当年亏损了42%。正如斯皮尔曾经告诉我的，"聪明和愚蠢之间的界限很模糊"。

帕伯莱"极度集中"的投资策略深受芒格的影响，后者曾说过，"一个高度多样化的投资组合只需要包含4只股票"，但是，如果你我不具备帕伯莱那样的毅力和分析天赋，效仿这种做法无异于自掘坟墓。当我问他，2008—2009年金融危机期间他是如何应对资金缩水67%的压力时，他说："我没有压力……我妻子甚至没有发现我有任何异常。"相反，当他在股市崩盘时买入了特别便宜的股票时，他会异常兴奋。

从心理学上讲，帕伯莱看淡一切是有益的。他曾对我说："在我的墓碑上，我希望写上这样的墓志铭，'他喜欢玩游戏，特别是玩他确信能赢的游戏'，模仿是一种游戏，21点是一种游戏，桥牌是一种游戏，达克沙纳是一种游戏，当然，炒股也是游戏，只不过是一场一场的游戏。它们都是与概率有关的游戏。"

令帕伯莱惊喜的是，通过学习别人的经验，不断地效仿他们最好的做法，可以很容易地提高获胜的概率。"问题是，这些都不难做到。"他笑着说，"不要泄露秘密，伙计！不要把秘密告诉世人！"

第二章
愿意孤独

要想跑赢市场，你必须足够勇敢，足够独立，足够奇特，足够与众不同

> 除非你的所作所为与大多数人不同，否则你就不可能获得卓越的业绩。
>
> ——约翰·邓普顿爵士

20多年前，我在巴哈马的一个海滩上散步时，偶然瞥见了奇特的一幕：一位老人穿着长袖衬衫，戴着一顶滑稽可笑的帽子，还戴着面罩和耳罩，海水没到他的脖子，脸上涂满了厚厚的防晒霜。我躲到了一棵棕榈树后，以免被他发现我正注视着他。我观察了几分钟，看到他来回摆动着胳膊和腿，在水的阻力下艰难地前行。后来我才发现，他每天都会这么做45分钟。

这位老人正是大名鼎鼎的约翰·邓普顿爵士，堪称20世纪最伟大的国际投资家。我曾从纽约飞往巴哈马，在他位于莱佛礁社区的家中采访他。莱佛礁社区是一座封闭的庄园，这里的居民包括摩纳哥的雷尼尔三世亲王、阿迦汗和肖恩·康纳利等。如果我没记错的话，我们是第二天才见面的。这是一次让任何记者都心花怒放的旅行——在异国他乡采访一位传奇人物，其间所有的费用均由一家财大气粗的杂志社承担。

邓普顿的投资业绩十分惊人。邓普顿成长基金成立于1954年，在38年的时间里，该基金的年均收益率达到了14.5%。也就是说，一开始投入的10万美元最终会增至1700多万美元。1912年，邓普顿出生在田纳西州的一个小镇上，他白手起

第二章

家，最终成了亿万富翁。我想知道他是怎么做到的，其他人能从他的经历中学到什么。

我见到他时，他已经85岁高龄了，堪称投资圈的老大爷。我原本以为，他看起来会像个圣人，但我发现，我被他戴着滑稽帽子在海浪中行进的画面给迷住了，真的令人难以置信！不过我最终意识到，我对他健身方式的一瞥，对我了解他的卓越不凡提供了重要的启示。邓普顿想出了一个身着华丽装备自由自在地锻炼的有效方法，任何人都觉得他看起来很奇怪，但这对他毫无影响，无视他人的看法对他的成功至关重要。

投资公司利珀咨询服务（Lipper Advisory Services）的总裁迈克尔·利珀（Michael Lipper）曾对我说，邓普顿、乔治·索罗斯和沃伦·巴菲特都有一个非常宝贵的特点："他们愿意孤独，愿意持别人不看好的立场，他们内心坚守着一种很多人不具备的信念。"

多年来，"愿意孤独"这几个字一直萦绕在我的脑海里，它生动地揭示了这一重要的理念：最出色的投资者总是与众不同的。他们反传统、特立独行、行为怪异，他们对世界的看法与众不同，他们走自己独特的道路，不仅体现在投资方式上，而且体现在思维和生活方式上。

弗朗索瓦·罗森（François Rochon）是加拿大的一位基金经理，在过去的25年里，他大幅跑赢了市场。他提出过一个有趣的理论。众所周知，为了实现人类的生存这一首要目标，人类的基因密码经过了几十万年的发展。我们至少在20万年前就吸取的一个教训是，隶属于一个部落更安全。罗森说，当我们感受到威胁时，这种无意识的本能必定会表现出来，例如，当股票暴跌时，普通投资者看到其他人惊慌失措，会本能地随大流卖出股票，逃到现金的避风港。部落追随者没有认识到这一违反直觉的事实：由于股票正在被低价抛售，现在可能是买入股票的最佳时机。

"但我认为有些人身上不存在这种部落基因。"罗森说，"所以他们没有跟随部落行动的冲动。这些人之所以能成为优秀的投资者，正是因为他们能独立思考。"罗森利用选股天赋为自己的艺术品收藏爱好提供资金，他怀疑许多艺术家、作家和企业家也缺乏部落基因。

罗森的理论无法得到证实，但有大量的个体证据表明，最出色的投资者以非同寻常的方式行事可能对改善他们的财务状况有利。一位不愿意透露姓名的著名投资者告诉我说，许多成功的同行都表现出了阿斯伯格综合征的症状，而且他们都"不易动感情"。他指出，在做出非常规的、众人认为愚蠢的押注时，"不易动感情"是个优点。他补充说，患有阿斯伯格综合征等发育性疾病的人通常"在其他方面比较出色，大多数是计算能力……不易动感情和出色的计算能力是对投资最有利的因素组合"。

我向另一位非常成功的基金经理提到了这种理念，他在数学上很有天赋，但在社交场合会感到非常不自在。他透露说："当我还是个孩子的时候，我的父母担心我患有自闭症或阿斯伯格综合征。我想他们最终认定我没有这些疾病，或者，至少他们认为我的症状还不够严重，没什么大碍，所以，可能我介于患病的边缘。"然后他回忆起了童年时代一个让自己遭受了毁灭性打击的创伤，这导致他不再轻易表露自己的情感。"所以，如果你认为我是个神经病，你可能是对的。"①

克里斯托弗·戴维斯（Christopher Davis）对这个问题最有发言权，他在戴维斯咨询公司（Davis Advisors）管理着约250亿美元的资产，这家公司是他父亲于1969年创立的。他与巴菲特、芒格、梅森·霍金斯和比尔·米勒等知名投资家都是朋友，非常善于观察最成功的投资者具备的特质。此外，他的祖父谢尔比·库洛姆·戴维斯（Shelby Cullom Davis）和父亲谢尔比·M. C. 戴维斯（Shelby M. C. Davis）都是投资界的传奇人物，因股票投资积累了巨额财富。

---

① 应注意的一点是：关于哪些行为是阿斯伯格综合征的明确症状，目前医学界存在激烈的争议。阿斯伯格综合征是一种高功能自闭症，以一位提倡对儿童实施安乐死的纳粹儿科医生的名字命名。我在这里提及它不是要对卓越的投资者进行业余的诊断，而是想表明，许多人似乎天生就具有气质优势。

第二章

戴维斯说："伟大的投资者具备的一个必要特征是,他们不会被别人的想法所左右。"要不被别人的想法所左右,最简单的方法就是不在意别人的想法。戴维斯说:"如果你不关注别人的想法,不在乎别人的想法,那么你更容易成为一名伟大的投资者。卓越的投资者大多情商比较低",他观察到,许多顶尖的投资者难以"与他人建立联系"和"维持温暖的家庭关系"。

相比之下,许多CEO的心理状况则完全不同,他们需要具备高情商,这样他们才能同情他人,理解对方的想法并对其施加影响。但对于一名逆向投资者来说,"当你的决策一直被别人的看法所左右时,结果将是灾难性的"。许多CEO都参加团队运动、担任队长或俱乐部的领导,那最出色的投资者呢?"总的来说,"戴维斯说,他们喜欢"跑步、打网球、打高尔夫球或游泳这些单项运动。他们不大喜欢橄榄球、曲棍球之类的团队运动"。

他那80多岁的老父亲谢尔比·戴维斯是一代投资巨擘,在担任纽约风险基金(the New York Venture Fund)经理的28年时间里,10万美元的投资增长到了380万美元左右。那么,他的心理状态是否与他儿子的描述相符呢?"我父亲是一个非常孤独的人。"戴维斯说,"我无法想象他会参与团队运动,或成为俱乐部的会长,或领导一家非营利性组织,他只是在不断地搜寻信息,盘问下属,阅读年度报告,这是孤独的工作,我是说,他总是在接打电话或者独自阅读一摞摞的年报和季报。"

他的描述让我想起了巴菲特对莫尼什·帕伯莱的礼貌回复,当后者表示愿意免费为其工作时,他回复说:"我自己能做出最好的操作。"事实上,很多时候巴菲特会独自坐在奥马哈的办公室里阅读年报,连窗帘都是拉着的。他很享受独处的静谧时光。

除了这些共性外,还有许多例外和细微的差别。我不是说所有优秀的投资者都存在发育障碍或过着孤独的生活、注定会离婚(尽管离了婚的投资巨头很多,包括芒格、米勒、帕伯莱、比尔·阿克曼、卡尔·伊坎、大卫·爱因霍恩和其他人），那样说就太夸大事实了，另外，把每一种怪癖或反常行为都视为疾病是愚蠢的。

不过，尽管提出了这样的告诫和免责声明，但我还是认为，本书中介绍的所有投资者都是不合群的自由思考者，这是不争的事实。他们有罕见的挑战传统观点的能力，他们更在意的是判断正确和取得成功，而不是得到社会的认可。

马修·麦克伦南（Matthew McLennan）在第一鹰（First Eagle）投资管理公司管理着1000多亿美元的资金，他这样描述自己的工作："每天你都在试图了解这个世界是如何自下而上、自上而下地运行的，每天你都在试图以一种有悖于常识的方式审视世界……最后，我们得以从不同的视角观察世界。"

战胜市场的唯一方法就是偏离市场，这项任务最适合智力和性格超常的人，因此，这是一个对聪明的怪人有利的游戏。根据我的经验判断，没有人比约翰·邓普顿爵士更聪明、更古怪了。

作为全球价值投资的先驱，他有自己的一套原则和实践做法，时至今日，这些原则和做法仍能让任何投资者受益匪浅。但现在回想起来，在他2008年95岁去世很久之后，我才意识到，我之前并没有领悟到他一生中最宝贵的经验教训。

特立独行的人

1998年秋，我见到了邓普顿，当时离他86岁生日还有几周的时间。当时他每天都会驱车前往拿骚市（Nassau）的办公室，车程很短。那天，他在办公室接见了我。一见面，他就谦虚地同我打招呼，他轻声说道："我的时间由你定，只要你需要，我就会留下来。"

他身着淡黄色夹克运动服、开领衬衫和不用系皮带的灰色长裤。他又瘦又黑，看上去比实际年龄要小15岁。他的办公室里放满了各类荣誉证书、奖杯和奖章。他执掌的一只共同基金在过去的35年里业绩优异，因此获得了最佳业绩奖；为纪念他入选路易斯·鲁凯泽主持的《华尔街一周》名人堂，PBS电视台给他颁发了一座奖杯；他办公室的一整面墙都张贴着获得的荣誉学位证书；他获得过年度国际教会奖；还获得过诺曼·文森特·皮尔积极思维奖。

邓普顿在纽约待了一段时间后，于20世纪60年代移居巴哈马生活。他放弃了自己的社区，放弃了美国护照，成为了英国公民，在莱佛礁建了一所房子。他在田纳西温彻斯特的一个虔诚的基督教家庭长大，他根深蒂固的信仰是他决定在巴哈马定居的原因之一。他告诉我："这里的人均教堂数量比世界上其他任何地方都多，这使它非常诱人、和谐。"

莱佛礁社区的独特魅力也体现在社会层面上，他说："总的来说，移民委员会的工作做得非常到位，他们保证了进入社区的都是真正顶尖的人才。"他提到了约瑟夫·刘易斯，一位交易大宗商品的亿万富翁，他拥有"除女王的游艇外，我一生中见过的最华丽的游艇，它非常大。他性格不张扬，是我们喜欢的那类人。我在聚会上见过他。他悄悄地在游艇或家里做投资交易"。

这个社区有自己的码头、网球场和海滨高尔夫球场，但邓普顿拒绝沉溺于这些颓废的运动中。"我的邻居们常出去打高尔夫球、乘游艇出行等，但我认为实用性更重要。我从不认为追求享乐是明智之举……上帝创造人类肯定有更深层的原因，忙着干正事的人比闲着的人更快乐，这是不言而喻的。"

他同样坚决反对退休，他认为退休对身体和心灵的伤害都是"致命的"。在邓普顿看来，到了65岁就退休的错误观念"大大增加了无所事事的闲散之人、无用之人"，这些人"会拖累文明"。由此我对他的性格特征形成了第一印象——刻板、是非观坚定，这似乎与他散发着古朴魅力的绅士举止不相符。

当其他人在浪费生命时，邓普顿说他正过着一生中最忙碌的生活。几年前，他以数亿美元的价格卖掉了自己的投资公司，之后把时间投入到了做慈善、监管慈善基金会的资金、管理个人财富等，并撰写了《世界生命法则：200条永恒的精神原则》（*Worldwide Laws of Life: 200 Eternal Spiritual Principles*）等著作。正如我们将看到的，他创造巨额财富的天赋从未抛弃过他，但他的热情已经转移到传播他的"精神财富"上了。

他走的是反传统的路子。例如，他从事了众多的慈善活动，其中一项是投入数百万美元在哈佛医学院和其他机构资助关于祈祷是否有效的科学研究。他希望研究者们能够解答许多问题，他兴奋地为我列出了其中的一些，如："被祈祷的人康复得更快吗？只有生病的人自己做祈祷，祈祷才会起作用吗？还是可以由其他人做祈祷？如果是别人做的，祈祷的人需要把手放在被祈祷的人身上吗？做祈祷时是祈祷癌症消失，还是祈祷上帝的旨意成真？"

邓普顿还资助科学人员对宽恕、谦卑、诚实和爱等美德的好处开展研究。他为大学教授提供财务奖励，让他们讲授"科学如何揭示与上帝有关的信息"的课程，他还资助设立了邓普顿精神现实研究或发现进步奖，以奖励那些为"提升我们对人类目标和终极现实的认知"而做出贡献的"精神企业家"。他设立这一奖项是为了强调精神事务比世俗更重要，该奖项每年颁一次奖，金额比诺贝尔奖的还要高，现在，得奖者会获得110万英镑（约合140万美元）。

这是邓普顿那宏伟的"精神信息增加百倍"计划的一部分，但它不是人人都赞赏的事业。一方面，他对用实验方法衡量精神原则的影响的兴趣让世俗科学家们感到很困惑；另一方面，他对宗教信仰的质疑又令宗教界的保守派感到震惊。他回忆起最近与一位"可人的女士"会面时的情形，她询问了他对圣经中记载的诺亚和洪水的看法。他说这是一个"有用的寓言，但不是真的事实"。她愤怒地回应说："嗯，你不是个基督徒。"

当我有些无礼地问他，是否有很多人认为他是个"怪人"时，邓普顿回答说："是的，当然了，但我比普通人更自信。"令我震惊的是，这种特质也是导致他投资成功的核心因素，邓普顿对此表示同意，他说："当你冒险时，你必须有足够的自信或勇气……我在投资领域是这么做的，我在精神领域也正在这么做。"

他把这种态度归因于自己不同寻常的成长经历："在我的整个童年时期，我不记得父母曾对我说'做这个'或'不要做那个'，他们认为，我必须自己做每一件事，这有助于我变得自立和自信。这是很棒的教育方法，是他们给我的最好的礼物。人必须依靠自己。"

当他还是个小男孩时，有一次，他们一家驾车出去旅行，他的父母让他做向导。他看错了地图，引导父母往错误的方向行驶了一两个小时。父母一直没有纠正他，直到他自己意识到出了差错。这种自由放任的育儿策略并非没有风险。邓普顿大约8岁时，因想去打猎，他的父母答应给他买猎枪。他们还允许他购买火药制作烟花，购买氰化物放在捕蝶罐里。

在耶鲁求学时，他立下了以投资为生的志向。他喜欢数学，喜欢有条不紊地解决问题。投资似乎也是一种能为他人提供服务、能帮助家庭获得经济保障的职业。当时美国人公认的投资策略是只投资于美国资产，但他意识到，这种狭隘的认识是"违背常识的，如果一个人想持有股票和债券，他应该放眼全球去寻找它们，而不是局限于一个国家之内"。

从耶鲁大学毕业后，邓普顿获得了罗德奖学金，去牛津继续深造了两年。他想学商业管理，但教授们并不认为这是一个好选择，"他们用滑稽的眼光看着我，就好像我告诉他们我想学垃圾一样"。因此他改学了法律，在闲暇时间，他会阅读商业类书籍。当时，他只能找到一本有关投资的书。

在大萧条最严重的时候，股市犹如一片有毒的荒地。从1929年10月到1932年7月，道琼斯工业平均指数暴跌了89%。在那场股灾之后，几乎无人有经济实力或者意愿从废墟中寻找便宜货了。但事实上，其他人对投资的恐惧并没有降低邓普顿的兴趣。在哀鸿遍野的股市境遇中，他问了自己一个关键的问题：我怎样才能以极低的价格买入一只股票？他的回答是："除非有人急于抛售，否则绝没有其他因素能让一只股票下跌至极低的价格。"

邓普顿目睹过身处经济危机的田纳西州农民如何被迫以近乎零美元的价格出售土地，因此始终铭记这一教训：**"你必须在别人拼命想卖出时买入。"** 他后来用"极度悲观"这个奇妙的词汇来描述恐惧和绝望肆虐的时刻。

与此同时，邓普顿抓住一切机会去旅行，他渴望多了解他可能投资的外国市场的状况。从牛津大学毕业后，他带着一个睡袋、一套衣服、4本旅游指南和1本《圣经》，花了7个月时间走访了27个国家。1936年奥运会举办期间，他留在了柏林，纳粹还把这当做了宣传材料；他后来去了东欧，访问了埃及和巴勒斯坦，甚至还去了印度、日本和中国。在很少有美国人去海外冒险时，他已经在积累信息优势了，这为他日后战胜那些缺乏求知欲的投资者奠定了基础。

1937年邓普顿回到美国后结了婚，他先是在华尔街一家名为菲纳和比恩（Fenner & Beane）的经纪公司工作了3个月，然后辞职到一家石油勘探公司工作。到了1939年，他已经攒下了大约3万美元的资金。即使是对一名经验丰富的选股人而言，当时的投资环境也很糟糕，更不用说对一名新手了。美国陷入了萧条、通货紧缩和大规模失业的旋涡。道琼斯指数曾在1929年达到了381点的峰值，但在1939年跌破了150点。最糟糕的是，世界已经处于爆发大战的边缘。

简言之，对于一个几乎没有任何投资经验的二十几岁的南方人来说，现在正是证明他是一代人中最聪明、最冷静的投资者的最佳时机。

世纪赌注

1939年9月，德国入侵波兰，在接下来的几个月里，挪威、荷兰和比利时向纳粹投降。1940年5月，德国入侵法国，道琼斯指数跌至112点，创下新低。由于担心德国即将入侵不列颠群岛，英国股市在不到4个月的时间里暴跌了40%。温斯顿·丘吉尔后来称1940年是"漫长的英国历史中最辉煌也是最致命的一年"。

当整个世界即将滑入深渊时，精明的投资者该如何做呢？传统的观念认为，这是鸣金收兵的时刻。股市跌至新低，恐慌情绪弥漫，适当的应对措施当然是持有现金、黄金或土地等更具防御性的资产，但邓普顿可不是个恪守传统观念的人。

德国入侵波兰后，他意识到世界正不可避免地陷入战争的泥沼，美国最终也将不得不参战。他理智的反应与当时的环境显得格格不入，邓普顿告诉我："我想，如果有那么一个时段市场对每种产品都有需求的话，那么这个时段就是战争期间，所以我开始思考，当这场战争演变为世界大战时，哪些公司会兴旺发达呢？"

他得出的结论是，在战争期间，"可能有90%"的美国企业会面临"更多的需求和更少的竞争"。即使是最弱小的公司也可能随着战时支出的激增而变得兴盛，进而重振经济和促进就业。在大萧条的肆虐下，许多公司濒临破产，其财富的突然变化将对股价产生巨大的影响。获得重生后，它们估值的表现会优于那些之前受损不大的更为健康的公司。你可以把这称为**不适者**生存。

但如何才能最大限度地利用好这一睿智的见解呢？

邓普顿打开了《华尔街日报》，找出了大萧条期间损失惨重的104家美国公司，当时它们的股价不到1美元。几天后，他打电话给一位股票经纪人，即菲纳和比恩公司的老板，要他为每家公司投资100美元。"他给我回电话说：'这是非常不寻常的指令，但我们遵照执行了，只是我们淘汰了37家濒临破产的公司。'我说：'哦，不，不要淘汰那些公司。它们可能会重振旗鼓。'"

这是一次极为大胆的下注，但邓普顿非常确信自己的判断，他甚至说服他的前老板借给了他1万美元进行投资。①虽然未来的前景从未如此暗淡过，但诸多可怕的利空消息已经被反映在市场定价里了，因此邓普顿认为自己的胜算很大。他回忆起当时的情形时说，"是常识性的计算吸引了我。"

密苏里太平洋铁路公司就是一个例子。在大萧条时期该公司濒临破产，但此前它一直是世界上最大的铁路公司之一。在顺风顺水的时期，该公司发行了优先股，本应每年支付每股7美元的股息，但公司陷入困境后，股东们没有得到股息，优先股的价格从每股100美元跌至12美分左右。

---

① 现在约合183000美元。

从心理上来看，人们很难喜欢上一家让所有投资者都受损的公司，但邓普顿说，他以100美元的价格购买了800股密苏里太平洋铁路公司的股票。**像巴菲特和芒格一样，他对定价错误、风险和回报不对称的押注有一种理智的欣赏。**邓普顿解释说："其上行的潜力远远大于其下行的潜力，当然，我可能会赔掉100美元，但如果我不赔钱的话，我可能会赚很多。"

他的判断是正确的。铁路行业在战争期间很快兴盛起来，该公司的股价也从12美分反弹到了5美元，然后他抛掉了手中持有的该公司股票。他唯一感到遗憾的是，他抛售得太早了。他回忆道："我持有的股票涨了40倍，我太兴奋了，我觉得赚够了，真是愚蠢……4年之后，它的股价涨到了105美元。"

当然，像这样的押注不能只靠数学计算。马克·墨比尔斯（Mark Mobius）是新兴市场上叱咤风云的投资名家，曾与邓普顿共事多年，他告诉我，邓普顿在市场极度悲观的时候买入股票，需要"强大的意志力和个性"。正如墨比尔斯所说的，"当时其他人都从着火的大楼里跑出来了。"

对我而言，值得关注的不仅仅是邓普顿有勇气在战争的号角声越来越响亮之际投资了104只饱受诟病的股票，而且他还有勇气持有了它们多年。1941年12月，日军偷袭珍珠港，美国参战，到了1942年，德国已控制了欧洲大部分地区，绝大多数投资者对未来已不抱任何希望了，股市遭受了可怕的打击。1942年4月，道琼斯指数跌至92点，这是一代人记忆中的最低点。

巴顿·比格斯（Barton Biggs）在其杰作《财富、战争与智慧》（*Wealth, War & Wisdom*）中指出，纽约州保险委员会实际上于1942年禁止了保险公司的投资组合中含有股票，认为股票是"不适宜的投资对象"。比格斯写道，当时，"每一个头脑清醒的预言家都看空股市"。

但邓普顿仍坚定地看多，他对我说："我很自信地认为，大多数所谓的专家都犯了大错。"他的宗教信仰也支撑着他，使他相信世界终将摆脱混乱。他说，即使在最糟糕的时刻，"我也从没有沮丧或绝望过"。

他得到了上天的眷顾。1942年春天，随着盟国财务状况的改善和美国经济的复苏，市场止跌上涨。邓普顿持有的那些一度被投资者们弃如敝屣的股票现在一路飙升了。经历了5年的风风雨雨后，他终于卖掉了这些股票。他说："清算这些股票时我发现，在投资的104只股票中，有100只让我获利了，我赚的钱大概是本金的5倍。"

我把邓普顿战时的投注视为历史上最大胆、最具有先见之明的投资——这是智力和性格的胜利。尽管他缺乏经验，但他对经济史、金融市场和人性有充分的了解，他知道极度的悲观情绪最终会让位于极度的乐观情绪，即使在至暗时刻，他也从没有忘记，太阳依然会升起。

非部落型股票投资者应遵循的6条指导原则

我们在办公室聊了几个小时后，邓普顿开车载我去了他家。他的房子外表看起来庄严肃穆，白色的柱子反映了南部战前房屋的设计风格。从他家可以看到大海和高尔夫球场，给人很安静的感觉。他经常说，搬来这里后，他的投资业绩有所改善，因为这里增强了他与华尔街大众的心理疏离感。刚搬到这里时，他订阅的《华尔街日报》常常会延迟几天送达。对于一位长期投资者来说，这可能有意想不到的好处。

房间里被装饰得古色古香。客厅里有一把木制摇椅，桌子上摆放着银烛台和皮面书，如《基督的一生》和亨利·沃兹沃斯·朗费罗（Henry Wadsworth Longfellow）的诗集。在楼上的书房里，邓普顿让我观赏了一幅画。画中描绘的是1987年他因从事慈善事业在白金汉宫被伊丽莎白女王二世授予爵位时的情形。我问他，得到这么多的荣誉是什么感觉。"感觉就像赢了一场比赛，"他回答说，"我必须承认，我是个凡夫俗子，今年我获得了第22个荣誉博士学位，这确实让我觉得自己还不算太傻。"

后来我们坐在客厅里聊天。邓普顿拿起印着联邦调查局口号（忠诚、勇敢、正直）的茶杯，抿了一口茶后，和我分享了他投资生涯中最重要的经验教训。在此次谈话和之后的电话采访中，他都提到了这6条指导原则，他认为它们对任何投资者都大有裨益。

这些原则是投资界最了不起的智者60多年实践经验和深思熟虑的结晶，值得注意的是，这些原则都不是他通过效仿他人得出的。当我问邓普顿，无论是在投资领域还是在生活领域，是否有人影响过他时，他回答说："绝对没有人……我没有找到我想依靠的人。"父母呢？"也不是。"

第一，避免情绪化："**大多数人在投资时会被情绪误导。他们在获利丰厚时过于粗心乐观，在损失惨重时变得过于悲观和谨慎。**"资金管理者提供的一项主要服务是，帮助客户"摆脱这样的情绪主义。这是导致我成功的一个重要因素"。

但邓普顿并不只是避免掉入自身情绪的陷阱，他还利用了其他投资者任性的情绪，在他们不合理地看跌时从他们手里买入股票，在他们不合理地看涨时把股票卖给他们。他说："在其他人绝望地抛售时买入，在其他人狂热地购买时抛出，做到这一点异常困难，但能获得最大的回报。"

无论是选择职业、挑选股票，还是决定在哪里定居，邓普顿都会权衡考虑各种因素。在搬到莱佛礁之前，他拿出了几张纸，在每张纸的顶部都写上一个地名，然后在下面列出每个地方的优点，他强调说："整个过程是不受情绪干扰的。"

第二，意识到自己的无知，这"**可能是比情绪误导更大的问题……有如此多的人得到一点消息就贸然买入，他们真不了解自己买的是什么**"。记住这个简单的事实：每一笔投资交易都涉及两方：一方很有可能事先掌握了最丰富的信息。交易前要做大量的工作，要开展大量的研究和调查。

邓普顿声称，勤奋对他的成功所起的作用要比天赋大得多，他经常说，他打算多打一些电话、多进行一些会谈、多做一些研究旅行。他也致力于终身学习。他说，年轻时"我四处寻找一切关于投资的书面资料，现在我仍在这么做"，甚至在他80多岁的时候，他还说："作为一名投资者，我每年都在努力拓展知识面。"

第二章

邓普顿认为，业余人士和专业人士都必须摒弃这一自欺欺人的信念：获得优异的投资业绩很容易。"即使是专业人士，也鲜有人能做到这一点，所以投资之道就是问自己：'我比专业人士更有经验和智慧吗？'如果做不到这一点，那你就不要自行投资，找专业人士为你投资更好。不要过于自负，不要认为自己会比专家做得更好。"

第三，为避免受自身弱点的影响，投资组合应多样化。据邓普顿测算，他在职业生涯中至少做出过50万个投资决策。多年来，他一直详细记录着他给客户提供的股票买卖建议。这些记录揭示了这样一个令人不安的事实：他约有三分之一的建议是"不明智的"。他总结说，投资非常困难，最优秀的投资者也应该认识到，无论他们多么努力，他们的决策正确率也不会超过三分之二。

控制好自我和风险敞口。"不要把所有的钱交给任何专家，不要把所有的钱投入任何一个行业或任何一个国家。没有人能聪明到稳赚不赔的程度，因此明智的做法是投资多样化。"邓普顿建议，普通投资者至少持有5只共同基金，每只基金都集中投资于金融市场的不同领域。他补充说，研究基金经理过去的业绩很有益，但这并不能保证基金经理未来的持续成功。再次强调，我们要实事求是地了解自身知识的局限性："不要太自私自大，不要以为你知道谁会预判精准。"

第四，成功的投资需要耐心。邓普顿在二战爆发时买入了美国公司的股票，他虽然知道这些股票非常便宜，但他无法预测市场会花多长时间才能认可他的看法。他的优势不仅在于他具有超群的洞察力，而且还在于他愿意忍受年复一年的痛苦煎熬，直到形势发生预期的转变。

邓普顿热爱数学，这使他更加坚信，保持耐心是有益的。为了说明这一点，他提到了1626年荷兰移民花24美元买下曼哈顿的故事。①他说，如果美洲土著卖家以这笔钱进行投资，每年的收益率为8%的话，"今天这笔钱的购买力将远远超

---

① 这笔交易具体的细节尚不明确。我们对它的了解以1626年一位荷兰商人写的一封信为基础。这位商人写道："他们以60盾的价格从野蛮人手中买下了曼哈顿岛。"

出曼哈顿的总价值,包括上面所有的建筑"。邓普顿把这视为解释基本金融原则的极端例子,"为了得到好的投资结果,你要能沉住气"。他警告说,"几乎所有的"投资者都"太没有耐心了",他补充说,"那些一年调一次仓、不停地从一只基金转换到另一只基金的人更多的是基于情感而不是事实行事。"

第五,寻找便宜货的最佳方法是研究过去5年中表现最糟糕的资产,然后评估造成这些困境的原因是暂时性的还是永久性的。大多数人都会本能地被那些已经获得成功并广受欢迎的资产所吸引,无论是一只猛涨的股票、基金还是一个快速发展的国家。但是,当资产的价格已经反映了其光明的未来时,投资它可能是愚蠢之举。

邓普顿是最不愿随波逐流的投资者,他采取了相反的做法。他想知道"前景最糟糕的资产在哪里"。由于资产的价格会反映出普通投资者的悲观情绪,这可能带来最诱人的交易。他的逆向策略包括仔细观察世界各地陷入困境的行业和市场的股票,他会不断地问自己:"与我认定的价值相比,哪只股票的价格最低?"

当我们畅谈时,正值1997年的亚洲金融危机对泰国、印度尼西亚和韩国产生灾难性影响之际。如果你想找到世界上最糟糕的投资工具,那么马修斯韩国基金(Matthews Korea Fund)显然排得上号,1997年,这只基金缩水了65%。不幸的是,这只基金只投资于一个因贷款冻结、货币崩溃和极高的企业杠杆率而遭受重创的国家。

1997年底,邓普顿判定,相对于未来的收益,韩国公司的股票是世界上最便宜的。韩国股市的市盈率(这是一个粗略但却能揭示投资者恐惧和厌恶情绪的指标)从1997年6月的20多倍猛跌至了12月的10倍。不过,他认为,一旦这场严重的流动性危机过去,该国的经济将恢复增长,因此,邓普顿向马修斯韩国基金注资了1000万美元,成了其唯一的大股东。他告诉我说,"从心理学和公共关系的角度来看,形势不可能变得更糟糕了。"

在一般的投资者看来,这可能不是一个前景诱人的决策,但只要想一想他简单的逻辑和独立的思维便知,他要在其他人涌出韩国市场时进入。果不其然,危机很快像他预测的那样消失了。据彭博社1999年6月的报道,马修斯韩国基金在过去的一年里上涨了266%,成为了5307只股票基金中业绩最好的一只。正如《圣经》中所说,"落后的将要领先,领先的反而落后"。

第六,邓普顿说:"作为一名投资者,最重要的是不能盲目跟风。"20世纪80年代,邓普顿基金会出版社出版了永恒的经典著作《大癫狂:非同寻常的大众幻想与群众性癫狂》(*Extraordinary Popular Delusions and the Madness of Crowds*),这本书是查尔斯·麦基(Charles Mackay)于1841年写成的,讲述了郁金香热潮和南海泡沫的历史。邓普顿在这本书的前言中为防止疯狂的投资行为提供了一剂良药:"投资者避免大众幻想的最好方法是不关注前景,而是关注价值。"

他建议,投资者应根据一系列具体的估值指标,包括公司的市价与每股销售额、每股资产净值以及过去5年的平均每股收益之间的关系,做出实事求是的判断。这种对"投资基本价值"的"批判性分析"能起到防范"群体性癫狂"的作用。

我们会面的时候,美国股市已经经历了长达8年的牛市行情,兴高采烈的投资者们盲目地押注于科技和互联网股。我很清楚,此时的投资者正处于癫狂之中,我想让邓普顿证实我的怀疑,但他没有简单地给出论断。

在之前的谈话中,他曾对我说,"最乐观的时刻是获利时"。但当我反复问他,现在是否已到了这一时刻时,他回避了这个问题。最后,他厉声说道:"任何人问这个问题都是愚蠢的,明白吗?从来没有人知道这一刻什么时候到来……有些专家做出的预测可能比你更正确一点儿,但是,人类无法预测哪个股市将上涨或下跌,从来没有人知道这一点。"

我感觉自己头上像挨了一闷棍,我觉得我理解他的意思,即做市场预测是傻瓜玩的游戏,但他和许多人一样,内心清楚许多美国股票将遭受重创,因为它们的估值是不可持续的。无法预测音乐何时停止,但结果是可以预测的。回想当天的情形，我怀疑他生我的气了，因为我对他的慈善事业不太感兴趣，而他坚持认为，做慈善才是"真正值得大书特书的事情"。从中我得到了一个教训：在向一位受人尊敬但被许多人视为"怪人"的偶像提问之前，要三思。

不管怎样，后来人们发现，邓普顿在互联网泡沫破灭时想出了一个出色的盈利方案，下面介绍这一方案是如何发挥效力的。当时，不道德的投行通过将互联网公司上市而大捞一笔，华尔街的销售机器进入了快速炒作和兜售一切垃圾股的状态，而天真、贪婪或鲁莽的投资者可能愿意购买这些垃圾股，这是典型的投资癫狂爆发症状。投资者玩刺激危险的游戏，但最后遭受了重创。邓普顿知道这幕悲喜剧的悲惨结局，毕竟，他经常告诫人们，代价最大的一种观念就是，"这次与以往不同"。

他选择了84只估值过高的互联网股票，这些股票的价格自首次公开募股（IPO）以来均上涨了两倍。公司首次公开募股后，会有一段"禁售期"，通常为6个月。在这段时间里，员工不能出售股票。邓普顿推断，禁售期后，这些内部人士会争先恐后地在第一时间抛售股票，因为他们急于在市场的兴奋情绪消退之前套现。这种内部人一哄而上的抛售会导致股价暴跌。

所以，邓普顿"卖空"了这84只股票，他判断，一旦禁售期结束，它们的价格就会大跌。他的侄女劳伦·邓普顿是一位理财经理，她曾表示，邓普顿为每只股票投入了220万美元，总共约计1.85亿美元。

邓普顿的卖空策略产生了梦幻般的效力，2000年3月，当网络泡沫破灭时，他在短短几个月内就获得了9000多万美元的收益。多年后，《经济学人》（*Economist*）杂志上刊登了一篇介绍历史上最出色的金融交易的文章，这篇文章称，邓普顿的"巧妙"计划超出一般人的想象，效果惊人。

一位80多岁的老人想出了这一冒险的策略，这着实让我感到惊讶，最重要的是，他能利用其他投资者的情绪，反其道而行。1939年他意识到，投资界陷入了未来只有痛苦和损失的幻想；1999年他又意识到，投资者群体陷入了未来只有快乐和利润的幻想。在这两种情况下,他都坚持了自己的判断。1939年,他买入了一篮子投资界避犹不及的股票;1999年,他卖空了一篮子投资界炙手可热的股票。两次巧妙的投资刚好相隔60年。

投资领域的大师

在继续探讨之前,我要先坦白这一点:事实上,我并不喜欢约翰·邓普顿爵士。当然,见到他让我很兴奋,我也很感激他能接受我采访,但我在他身上看到了一种冷酷的严厉,这让我感觉很不安。

在《世界宗教的智慧:通往人间天堂之路》(*Wisdom from World Religions: Pathways Toward Heaven on Earth*)一书中,他详细描述了自己对宽恕、谦卑和同情等美德的"无限热爱"。他天性中有热情大方的一面,也有看似严厉的一面。他好心地开车送我去机场,我得以继续采访他,但在他离开后,我给自己写了一张纸条,记录了我对他的相互矛盾的情感:"他出奇地无趣、冷酷、拘谨。他富有魅力,但也粗犷严厉,具有令人难以置信的顽强意志,他自称开诚布公、从善如流,但也自以为是、一意孤行。"

在威廉·普罗克特(William Proctor)所著的传记《像邓普顿一样投资》(*The Templeton Touch*)中,来自牛津邓普顿学院(该学院受邓普顿的资助)的前院长罗里·奈特对其有最具洞察力的回忆。奈特回忆说:"他是个难相处的人,在教导对人友善的神学院求学时,他就不是个性格柔和的人。现在,他从不对人粗鲁,他是一位绝对的绅士……不过,我要说的是,他任何时候对他人的要求都很高,他想发掘出人们最好的一面,而且会设定一个难以企及的期望值。"

值得称赞的是,邓普顿对自己的要求也特别高。以他对储蓄和消费的态度为例,他对我说:"从学校毕业后,我身无分文,我妻子也没有,因此我们开始有计划地攒钱,每赚一美元,就存起来50美分",即使在他异常富有时,他也不打算放松自己的财务纪律。虽然他的许多同龄人都喜欢乘私人飞机出行,但他总是坚持乘坐长途汽车。他解释说："我有很多好的花钱方式，我不会为了一个更宽敞的座位浪费钱，我认为浪费任何东西都是不明智的。"

邓普顿成了有名的基金经理后，他的员工们常嘲笑他在废纸上写字的习惯，因为他经常把废纸钉在一起做成记事本。晚年，为了省钱，他喜欢开一辆从韩国进口的价格便宜的起亚汽车。他的朋友加里·摩尔（Gary Moore）是信仰宗教的投资者顾问，他曾开玩笑地说："邓普顿就是我们所说的'加尔文派'，他认为，赚钱不是为了享受。"考虑到邓普顿对便宜货的偏爱，他一门心思地购买低估值股票也就不足为奇了。

由于信不过借债，他总是用现金买车买房。他还声称，战时的押注是他唯一一次借钱投资。在大萧条时期，他曾目睹了当支出过多时，人是多么容易坠入深渊，他把财务自律视为一种美德。我们离开他的办公室后到了停车场，一个陌生人和他搭讪，想要点儿钱付电费，他递给了那人50美元，并要对方答应，以后再也不向他要钱了。在车里，他解释了自己这么做的原因："没钱的人会一直没钱，如果他在某个地方要到钱了，他还会继续在那里要钱。"

邓普顿对金钱很警觉的另一个原因是，他认为财富是上帝的，我们只是"临时管家"。基金公司开会时，他喜欢做祈祷，他认为精神和物质上的成功是紧密联系的。"如果你专注于精神事物，那么你很可能会变得富有。"他告诉我，"我发现如果一个家庭，坚持10年把收入的10%捐给慈善机构，都会变得既富裕又幸福，所以什一税是世界上最好的投资。"他甚至开发了一种"新形式"的"超级"什一税，即"每在自己身上花1美元，就理智地捐出10美元"。

他对时间的管理也很严格。营销邓普顿基金的约翰·加尔布雷斯（John Galbraith）回忆道："邓普顿基本不闲聊，在你还没处理完日常事务时，他已经开始忙活别的事情了。"加里·摩尔补充道，"我第一次与他会面时，他说，'4点02到我这里来，4:13我还有个会。'"

决心不浪费一分一秒后，邓普顿养成了同时做两件事的习惯。我们在他家面

第二章

谈时，他一边回答我的问题，一边把将要送我的一本书的关键段落划了出来。他还喜欢一边开车一边做祈祷，同时处理多项任务。他非常守时，开会总是提前10分钟到达。他讨厌拖延。他不喜欢看电视和电影（尤其是"无原则的娱乐"）等分散他注意力的事情，他更喜欢阅读公司文件或"鼓舞人心的"书籍。他把"偷懒"视为"一种偷窃"，把无所事事视为"慢性自杀"。

当我说他似乎对自己很苛刻时，他回答说："我们称之为自律吧，我确实认为我一直很自律，我当然希望其他人也能做到这一点。"

他不仅在金钱和时间上严于律己，他还极为重视管理自己的思想。在《世界宗教的智慧》一书中，他一次又一次地谈及了"思维控制"的主题，在日常生活中，他训练自己专注于爱、感恩、服务这类"富有成效的思维"和"积极的情感"，以及对"自己和他人的无限良善"的沉思。

邓普顿也非常重视消除消极思想和负面情绪，如愤怒、怀疑、担忧、内疚、恐惧、仇恨和嫉妒等。他推荐的一个方法是，用"感谢生命中遇到如此多的美好"来代替任何消极的想法。面对困难时，他建议说"这是为了磨炼我"，他还试图根除任何"漫无目的、不受约束、使他无法达到人生'崇高目标'的思想"。正如邓普顿所说，我们接触的事物越来越多，但我们可以选择聚焦的领域，这样我们就有了塑造人生的巨大力量。①

邓普顿对自己心态的良好掌控助他度过了一些艰难的时刻。1951年，他和第一任妻子朱迪思（Judith）去百慕大度假时遭遇车祸，妻子不幸去世。作为一名38岁的鳏夫，他突然发现要独自抚养3个孩子。正是由于"挤出"了脑海里的痛苦想法，他才度过了那些年。1958年，他与第二任妻子艾琳（Irene）结婚。她是一位基督教科学家，和他一样相信精神和祈祷的力量。

---

① 在《像邓普顿一样投资》中，劳伦·邓普顿说，她的伯父"非常严格，任何徒劳无益的念头在他心里都是不受欢迎的。他曾经告诉我，当他发现一个这样的想法时，他会立马把它'抛到九霄云外'"。

我当时对这些虚无缥缈的东西持怀疑态度，一听人提及"积极思考"和"思维控制"这些词就会翻白眼。我的思想比较保守，也没有认真考虑邓普顿的使命，即科学地探索祈祷或宽恕等精神实践是否有益。我不好意思承认它们有益，但我的偏见使我对它们不屑一顾。哎，我当时不应该做判断，应该学习更多的知识。

现在我意识到，邓普顿积极思考和祈祷的习惯一定对他的思维和情绪发挥了巨大的作用，对于一个专门从事逆向投资的人来说，这种精神力量是强大的优势。

相比之下，我自己的思维毫无方向性可言，我很容易沉浸在恐惧、怀疑、后悔、贪婪、急躁、嫉妒和悲观等情绪里，所有这些都使我难以做出理性的投资决策。

邓普顿在《世界宗教的智慧》一书中写道："要想成功地在外部世界生活，就需要先在内部世界学会成功地生活。我们在外部世界的朋友、伙伴、机会、职业和生活经历都是我们内心世界的反映。"毫无疑问，邓普顿掌控了他的内心世界。当时他给我的印象是，他爱妄下判断，自命清高，这导致我不愿意向他学习，但20年后，我发现自己被他的内在力量和钢铁般的意志所折服，我希望自己能有他一半的自制力。

在我看来，邓普顿不仅仅是市场的主人，还是他自己的主人。他把生活的方方面面都把控得很好，包括时间、金钱、健康、思想和情感等，这需要非凡的自制力。很多时候，我们不颂扬自律，认为它是一种过时、陈腐的美德，但邓普顿因把自律发挥到极致而取得了成功。正如帕伯莱从芒格那里学到的，"接受简单的想法并认真对待它"。

在投资和生活中，我们有太多无法控制的东西，邓普顿不能肯定盟军会在第二次世界大战中获胜，他也从没料到他的第一任妻子会早早地离开人世，但他掌控了他能掌控的一切。

第二章

　　作为一名投资者，这意味着要严格地聚焦于估值，收集比竞争对手更多的新信息，不随波逐流，勇敢地做出自己独立的判断；这也意味着尽其所能地保持心理和情绪的平稳。他无法控制结果，但他可以控制自己。可20年前，我没能从邓普顿的经历中领会到这种内在游戏的至关重要性。

第三章
一切都变了

当一切都发生了改变，且未来不可知时，
我们如何才能做出明智的决策？
问问霍华德·马克斯吧！

> 世事无常，这是亘古不变的基本真理，是对一切佛教教义的凝练。
>
> ——铃木俊隆，《禅者的初心》

霍华德·马克斯（Howard Marks）在宾夕法尼亚大学读本科时，选修了一门艺术类课程，对于一名主修金融的学生来说，这是很古怪的选择，但年轻时的马克斯是很有天赋的艺术家。"我去上美术课，老师走了进来，环顾四周后说，'人太多了，得去掉一些人，我看看你们的专业。'我说，'我是沃顿商学院的霍华德·马克斯，'他说，'好吧，你是第一个被淘汰掉的，出去。'"

因此，马克斯不得不选修其他课程。不过令他意外的是，歪打正着，他爱上了日本文学、艺术和文明。正是在一堂日本佛教课上，他了解了佛教禅宗里的"无常"概念。[①]坐在曼哈顿中城一座摩天大楼34层的办公室里，马克斯解释了这个古老的概念如何塑造他的投资和生活哲学。"变化是不可避免的，唯一不变的是无常。"他说，"我们必须适应环境变化的事实……我们不能指望控制环境，我们必须适应环境，我们必须期待并顺应变化。"

---

① "无常"一词出自日本著名的禅宗大师铃木俊隆的翻译。

第三章

马克斯承认，一切都在不断变化中：大自然、经济、市场、工业、公司和我们的生活。对投资者来说，这无疑是一件尴尬的事，因为我们要把真金白银押注在不持久的环境和不可知的未来上。面对如此严重的不稳定和不确定性，我们如何做出明智的决策呢？正如著名的投资家比尔·米勒曾经告诉我的那样，"世界变了，这是市场上最大的问题。"

事实上，这是我们生活中时时处处皆面临的问题。法国哲学家米歇尔·德·蒙田（Michel de Montaigne）写道："我们，我们的判断，一切会消失的东西，都在不停地转动流逝，因而谁与谁都无法建立固定的关系，主体和客体在不断地变换更替。"读到蒙田于16世纪70年代写的这几行字时，法国著名的投资家弗朗索瓦·玛丽·沃伊西克（François-Marie Wojcik）感到非常兴奋。在一个不断变化的世界里，没有什么东西是确定的，为了避免高估自己（或任何人）的判断，沃伊西克说："我坚持这三个原则：怀疑，怀疑，再怀疑。"

作为佛教教义的核心，无常一直是勤于思考的投资者所关注的问题。总部位于巴尔的摩的投资公司普信公司的创始人托马斯·罗·普莱斯（T. Rowe Price）[①]于1937年写了一篇题为《变化——投资者唯一确定的事》（*Change—the Investor's Only Certainty*）的文章，全面评估了当时的地缘政治危险，还提到了希特勒的上台，他大胆预言，"德国将获得领土，很可能是以和平的方式。"两年后，希特勒侵入了波兰，随后世界陷入了长达6年的战争。一切都变了，但变化与普莱斯或其他任何人预测的都不同。

马克斯出生于1946年（也就是第二次世界大战结束几个月后），在纽约皇后区长大。他认为小时候的变化是相对缓慢而温和的，他回忆说："我小时候喜欢看漫画书，我们都认为世界是稳定的，事件发生的背景都是不变的……现在很明显，世界在以不可思议的速度变化着，不可预测。一切都不同了，生活方式不变

---

① 普莱斯被誉为"成长投资之父"，他于1937年成立普信公司，目前该公司在全球管理的资产超过了1万亿美元。

的人内心一定是非常惶恐的。"

在商业世界里，千篇一律和稳定性不是备选项。为了获得绝对优势和生存下去，各个公司陷入了达尔文主义式的竞争，它们的命运起伏不定，一个又一个行业的秩序被技术创新所打乱。我大部分的职业生涯都是在时代公司做记者，作为世界上占主导地位的杂志出版商，这家公司经营了数十年，但近来它却没落了。我在20世纪90年代加入该公司时，它以财大气粗著称，是富丽堂皇的栖息之地，我们从没有想过在有生之年会离开它。2018年，该公司成了梅雷迪思公司（Meredith Corporation）的一个小部门，后者通过《成功农业》（*Successful Farming*）、《水果、花园与家》（*Fruit, Garden and Home*）等杂志大发其财。像对待一辆垃圾车一样，梅雷迪思把时代公司拆解了，把它的零件当废品卖掉了。

作为投资者，我们渴望获得与未来有关的复杂问题的答案。股市会涨还是会跌？经济会繁荣还是会陷入萧条？马克斯指出，投资完全就是在"预测未来"，我们在分析任何资产时，要考虑对其未来利润和估值的预期，必须弄清楚今天要付出什么代价。同样，在生活的其他领域，"我们也必须面向未来做出决策。我们必须决定住在哪里，做什么工作，与谁结婚，生几个孩子"。但是，如果一切都在以前所未有的速度变化着，明天可能与今天截然不同，我们如何才能做好应对未来的准备呢？

大多数人做出投资决策（和人生决策）时受各种不可靠因素的影响，包括不完善的逻辑、偏见、预感、情绪以及对未来的模糊幻想或恐惧等。我曾多次搬家，但都没有真正想清楚理由，主要是因一时兴起或沮丧所致。

相比之下，马克斯是一位训练有素、冷静理智的大师，这使他成为投资界无可争议的巨头。作为橡树资本管理公司的创始人，他管理着约1200亿美元的资产。他是另类投资领域的先驱，他执掌的橡树资本管理公司专注于不良债务、垃圾债券、可转换证券、商业房地产等领域的投资，以及对具有"未开发潜力"的企业的"控制"。该公司的客户包括约70家美国最大的养老基金、数以百计的捐

第三章

赠基金和基金会，以及许多世界上最大的主权财富基金。

橡树资本管理公司丰厚的回报和良好的声誉让马克斯变得异常富有，《福布斯》（Forbes）估计他的净资产为22亿美元。他曾在马里布市拥有一处价值7500万美元的房产，后来又在曼哈顿购买了一处价值5250万美元的公寓。但让他做出选择的是他的思想，而不是赚钱的冲动。最重要的是，他是一位不同寻常的思想家，他对诸如风险、随机性、周期性、投资心理以及他所称的"意想不到的灾难"等话题都很着迷。

马克斯负责监督橡树资本管理公司的投资策略，该公司约有950名员工，在他的组织安排下，这些员工都不必向他汇报工作。他还把挑选个人投资目标的所有日常事务都交给了他人处理，而他自己可以自由地阅读、思考和写作。他写了25年多的备忘录，为我们提供了不少金融领域的真知灼见。沃伦·巴菲特曾经写道："当我在邮件中看到霍华德·马克斯写的备忘录时，我会先打开它们并阅读，我总是能从中学到很多东西。"后来马克斯把他的备忘录整理成书，出版了投资领域的经典之作《投资最重要的事》（*The Most Important Thing: Uncommon Sense for the Thoughtful Investor*）。

他具有杰出教授的气质。他在讲话中会时不时地说出"可反驳的假设必须是"和"在我自己的想象中"这样的话。在我们对话时，他自然而然地流露出了老师的气质，他会停下来画一张图表，或是引用他精读过的深奥书籍，比如C.杰克逊·格雷森（C. Jackson Grayson）所著的《不确定性下的决策：石油和天然气运营商的钻井决策》（*Decisions Under Uncertainty: Drilling Decisions by Oil and Gas Operators*）。马克斯说，他最大的乐趣之一就是与他人分享自己的想法并请他们做出回应，"这能给我带来我从没想到过的好处。"

在我看来，投资界没有人能比他更有效地思考我们能知道什么和不能知道什么，以及如何为未来做准备了。我们不应该自欺欺人地认为自己能预测未来。面对做出理性决策的挑战时，我有时会沮丧地举手投降。考虑到游戏的复杂性和我对结果的控制度，我怎么可能想出一个明智的行动方案呢？但马克斯，这位我眼中的金融界哲人，提供了一套深刻的见解和实用的策略，可以帮助我们穿越迷雾。

首先要幸运，其次要谦逊

在一切都不稳定、不可靠以及几乎任何事情都有可能发生的世界里，我们应遵循的第一条原则是，实事求是地看待自己的局限性和脆弱性。正如希腊雅典剧作家欧里庇得斯（Euripides）在大约2500年前所警告的那样，"当第一次事故就能彻底摧毁你时，你怎么能认为自己是个伟人呢？"蒙田是世界上最睿智的人之一，他在自己乡间别墅的图书馆横梁上篆刻了这句话。

马克斯敏锐地意识到了傲慢和自大的危险，他办公室的一面墙上装饰有一幅数百年前的画作，画面显示的是一艘船在波涛汹涌的大海里航行。他在2001年买下了这幅画，当时愚蠢的投机者因互联网泡沫遭受了惨痛的打击。这幅画提醒我们，在我们无法控制的巨大破坏性力量面前，无人不受冲击——这是我们2020年再次吸取的教训，当时病毒将整个世界拖入了混乱之中。

马克斯说，"绝对没有人想过他们会经历这次疫情，但它是我们生活中具有决定性意义的事件。这警示我们，我们不知道发生了什么，有时我们甚至不知道将要发生什么。"

汤姆·沃尔夫（Tom Wolfe）在1987年发表的小说《虚荣的篝火》（*The Bonfire of the Vanities*）中创造了"宇宙巨人"（Masters of the Universe）这个词，用以描述那些每年拿数百万美元奖金的炙手可热的投资银行家，但正如马克斯所见，"认为自己是宇宙巨人，这是你能做的最糟糕的事情。我们每个人都只是一颗小齿轮，没有我们，宇宙会继续存在下去，我们必须适应它。"

当我向他提起他的一位亿万富翁同行经常对经济和市场做出大胆的预测时，马克斯承认对方"非常聪明"，但他补充说，"到了最后，全世界都会看到他是否

第三章

有自己预想中那么聪明。当你名不副实时,你就会陷入麻烦……有时候我希望他不认为自己有那么棒"。

马克斯经常暗暗提醒自己,运气是他生活中的主角。他曾阅读过马尔科姆·格拉德威尔(Malcolm Gladwell)的《异类》(Outliers)一书,这本书探讨了成功的各种原因,阅读完该书后,马克斯整理了一份助他走上了成功之路的幸运事件清单。

他的好运最初体现在人口统计学方面:在战后经济增长的黄金时代,他在一个美国中产阶级白人家庭出生。他家里没有人上过大学,但幸运的是,他的父母很重视学习,为他买了一本百科全书,还鼓励他上大学。他在高中成绩平平,所以他认为沃顿商学院录取了他纯粹是因为他得到了幸运女神的眷顾。正是在沃顿商学院他接触到了金融学知识,进而放弃了早年立下的从事会计工作的雄心壮志。值得一提的是,他的第二志愿是一所大型州立大学,在华尔街招聘人员眼里,这所大学肯定不能与沃顿商学院相提并论。

我曾经在一次采访中提到,马克斯的高智商无疑对他的成功发挥了重要作用,对此,他专门给我发了一封口吻极为谦逊的电子邮件,他在信中说,"那些不承认自己运气好的人忽视了智商高不过是运气好的事实,任何人做任何事都'配不上'高智商一词。"

从沃顿商学院毕业后,马克斯向哈佛大学提交了攻读MBA学位的申请,但(像巴菲特一样)遭到了拒绝。是运气不好吗?并不是。1967年,他进入了芝加哥大学商学院深造,当时该学院正引领着一场金融理论的革命。芝加哥学派提出了有效市场假说,认为资产的定价正确反映了投资者可获得的所有相关信息。根据这一理论可知,投资者不可能持续地击败市场,因此应该选择能够反映市场回报的低成本指数基金。正如我们稍后将要讨论的,指数基金无疑是一个明智的选择,因为在扣除各项费用后要跑赢市场非常困难。马克斯也说:"大多数人应该把大部分钱投资到指数基金中去。"

马克斯说，当他听到教授们对市场效率的解释时，他就好像经历了"禅宗中的顿悟"时刻。数百万急于赚钱的投资者会"找到便宜货并把它们买光"，这听起来很有道理。他说，这虽然"不是普遍的事实，但比某些商品显然很便宜，但却无人问津这样的说法更合理。"

马克斯认为有效市场假说是"非常强大的观念"，但学术理论和他为自己和客户赚取了数十亿美元的实践之间仍然存在着巨大的差异。他讲了这样一个笑话：一位金融学教授和一名学生正在芝加哥校园里散步，学生突然停下来大声喊道："看，教授，地上有一张5美元的钞票！"教授回答说："不可能是5美元的钞票，否则别人早把它捡走了。"教授走开了，学生弯腰捡起了那张钞票并买了杯啤酒喝。巧的是，马克斯的钱包里也有一张折过的5美元钞票，这是他在哈佛商学院的图书馆里捡到的——这提醒人们，理论是有局限性的。

马克斯从学术争论中得出了一个简单但足以改变人生的启示：作为一名投资者，如果他想增加价值，他就应该避开效率最高的市场，只关注效率较低的市场。 他说："一个市场被研究得越多，被关注得越多，被接受得越多，被宣传得越多，在该市场上讨价还价的余地就越小。"例如，在美国大公司中很难找到特别便宜的投资目标，这是一个主流市场，有大量聪明、积极性很高的基金经理存在，他们往往会"消除错误定价"。如果你想投资大盘股，购买并持有一只跟踪标普500指数的基金是不错的选择，你要接受这个事实：在这个有效的市场中，你长期处于优势的可能性是很小的。

马克斯将在不太受欢迎的池塘中捕鱼，比如陷入债务困境的公司，这是大多数投资者回避的领域，因为该领域看起来既可怕又不透明，他把投资于效率低下的市场比作与弱小且容易出错的对手打牌。

从芝加哥大学毕业后，马克斯向好几家公司申请了工作，其中包括雷曼兄弟。"有一件事我很确定，那就是我想得到雷曼的那份工作"，令他沮丧的是，他没有成功，于是他来到了第一花旗银行（First National City Bank）任职，后来该银行改名为花旗银行（Citibank）。在接下来的10年里，他在该银行做股票分析师，后升任研究总监。多年后，他从一位校园招聘人员那里得知，雷曼公司当初决定聘用他，但负责给他打电话的那位合伙人喝醉了，没能把这个好消息传达给他。很多时候，马克斯都会想，如果当初他接到了那个电话，并在雷曼兄弟开启了自己的职业生涯，他现在会变成什么样子？2008年，雷曼兄弟公司破产，所有合伙人血本无归，全球经济崩溃。

从事了10年的股票研究后，马克斯得知花旗银行将派人接替他担任部门主管，因此他必须找到一个新职位，他不想把时间浪费在医疗保健股这一覆盖面很广的利基市场上了，因为他对这一市场的了解很难比其他投资者更多了。"所以我说，'我可以做任何事，就是不能把我的余生用来在默克公司和礼来公司之间做选择'。任何人做出正确选择的概率都不会超过50%。"

最后，他的老板让他在一个没有经验的领域里经营两只新基金：可转换证券和高收益债券，这可能是他最幸运的机会了。不知不觉中，他站到了一个前途光明的位置上，因为他进入了一个数十年间兴盛繁荣的信贷领域，这一领域远远优于体面却枯燥的3A评级的低风险债券领域。

我们常常认为，成功最重要的因素是技能而非运气，也许是这样吧，但刚好搭上顺风车的好运是无可匹敌的。传奇的选股人麦克尔·普里斯24岁时被一位名叫马克斯·海涅（Max Heine）的资深价值投资家聘用，后者当时拥有一只共同基金，管理着500万美元的资产。普里斯告诉我："每周只有200美元的收入。我从1975年1月2日或3日开始工作，其间没有中断过，除了大萧条时期，当时股市创出了本世纪的低点，美国没有人想买股票了。我很幸运地找到了一位出色的价值投资者，当人们错失了美国股市的良机时，他已在现代牛市的低点做了40年的投资，因此，我几乎不可能失败。"在接下来的20年里，公司共同基金管理的资产增加到了180亿美元左右。1996年，普里斯以6亿多美元的价格出售了这家公司。

如果你像马克斯和普里斯一样，碰巧遇到了一个适合你才能和气质的机会，这绝对是大好事。马克斯说,"债务领域的投资符合我的个性,因为我有偿还承诺",债券到期时借款人偿还本金并支付利息,你事先就知道能获得多少回报,因为合同里已经规定好了。

关键是要避免背负不良贷款,因此首要的问题是弄清楚借款人是否信誉良好,其次是弄清楚借款人的资产价值是否充足,因为当债务得不到偿还时,债权人对这些资产享有优先索偿权。"我认为这些问题都是可以调查清楚的,"马克斯说。在一个充满不确定性的世界里,有太多的问题无法解答,债券是一个可预测、可控制的工具,其风险也低于股票,可让天生"爱担忧的人"放宽心。

如果当时老板给了他一个不太合适的任务,比如说经营风险投资基金,结果会如何呢?"那对我来说太可怕了。"马克斯说,"要在风险投资领域工作,你必须是个梦想家和未来主义者。"

尽管如此,他在1978年开始从事高收益债券业务时,这还不是一份令人向往的工作。人们普遍认为,债券是声名狼藉的资产,具有巨大的违约风险,俗称垃圾债券。马克斯说,大多数投资机构都禁止购买债券,世界三大评级机构之一的穆迪公司则讽刺地宣称,所有B级债券都"不具备理想投资标的的特征",这种认为垃圾债券一定是糟糕的投资标的的教条式理念对马克斯却很有吸引力:"当人们对某一类资产存在非常强烈的偏见时,说明存在买到便宜货的机会。我就抓住了这样的机会。"

和之前提及的约翰·邓普顿爵士一样,马克斯大赚了一笔。反对者们不明白这一基本真理:**任何资产,无论其多么丑陋,只要价格足够低廉,它就值得购买。**事实上,马克斯认为,"低价买入"是获得投资财富的唯一可靠途径,而"高点进场"是最大的风险,因此,对任何潜在的投资而言,最应该提出的基本问题是:"它便宜吗?"

自相矛盾的是,对垃圾债券的偏见使得这些所谓的高风险资产变得如此廉价,以至于它们变得相对无风险了。在马克斯看来,投资的奥妙很大程度上就

第三章

在这些细微之处。他写了很多关于风险的备忘录,其中一份是他在沉思后这么写的:"我确信,投资中所有重要的事情都是违反直觉的,所有显而易见的事情都是错误的。"

1985年,马克斯离开花旗银行到洛杉矶的投资公司TCW集团工作,他的一位同事布鲁斯·卡什(Bruce Karsh)提议建立不良债务基金,主要投资于破产或濒临破产公司的债券。马克斯很快就意识到这是个好主意,虽然其他人对这个市场唯恐避之不及,他却能看出它的独特之美。他说:"当垃圾债券备受怀疑时,还有什么比投资破产公司的债务更不光彩呢?"于是,他与卡什建立了持久的伙伴关系。1995年,他们退出了TCW集团,共同创立了橡树资本,该公司以垃圾债券和不良债务为基础不断发展壮大,最终成长为一家巨型公司。

没有幸运女神的眷顾,马克斯永远不会涉足这些效率低下、物美价廉的市场;没有聪明的头脑和独立的思想,他永远不可能利用好发现的时机。"听着,光靠运气是不够的。"他说,"但只有聪明的才智和努力也是不够的,甚至有毅力也不一定能成功,你需要四者兼备。我们都知道,有的人很聪明,工作也很努力,但他们没有得到幸运女神的眷顾,这让人心碎。总是有人来我这里找工作,他们有的已经50岁了,这么大的年龄却失去了工作,他们应当有工作机会。"

为避免患上我所称的"宇宙巨人综合征",马克斯反复提及自己的好运气。他的谦虚使他不会过度自信,对最聪明(或最幸运)的投资者来说,过度自信是一大威胁。

但承认好运还有另一个好处:这让他很快乐。马克斯自信地说:"我觉得自己是个幸运的人,我带着这种不可思议的感觉四处走动。如果你是个消极的人,你可能会说:'我一生很幸运,这真的很糟糕,因为这意味着我的成功是名不副实的,可能不具有持续性。'但我会说:'天啊,幸运是多么美好的事情啊,我真的应该心存感激之情,不管是对上帝还是机会,还是其他的什么。'"

邓普顿似乎毫不怀疑他的成功是上天赐予的,但马克斯呢?他出生于犹太人家庭，却成长为一名基督教科学派的信徒。他小时候每个星期天都会去教堂，如今，他承认自己是犹太人，但他不信教。"我非常相信随机性。"他说，"我只是觉得我很幸运。"

知道自己的无知

马克斯有一本厚厚的汇编，里面记录了他几十年来积累的名言警句，他在解释自己的投资理念时经常引用它们。他最喜欢的一条见解来自经济学家约翰·肯尼斯·加尔布雷斯（John Kenneth Galbraith）。在马克斯眼里，加尔布雷斯就是知识分子里的英雄。加尔布雷斯说："我们有两类预测者，一类是无知的，另一类是不知道自己无知的。"

投资界有很多人认为（或假装认为）自己有未卜先知的能力，包括：华尔街经纪公司的"市场策略师"，他们口若悬河，自信地预测来年股市的涨幅，不承认自己不知道股市接下来是涨还是跌；股票分析师，他们为某些公司提供季度盈利预测，造成了利润是一致的和可预测的，而非杂乱无章和不稳定的假象；宏观对冲基金的经理，他们对货币、利率和任何其他因素的变动积极下注；电视专家和财经记者，他们会直言不讳地宣称，他们知道最近的（而且大多是无法解释的）市场波动对投资者预示着什么。

但高谈阔论的背后有多少实质性内容呢？心理学家阿莫斯·特沃斯基（Amos Tversky）与丹尼尔·卡尼曼（Daniel Kahneman）一起研究认知偏见，马克斯经常引用他的这句话："认为自己不知道一些事情固然可怕，但更怕的是，认为世界是由那些相信自己确切知道发生了什么事情的人掌控的。"

此刻我们先停下来思考思考这一令人不安的想法吧！

有时候，这些预测者说对了，但马克斯认为，这些成功的预测只不过是印证了这句老话：瞎猫碰上了死耗子。也就是说，马克斯承认存在少数例外，比如乔治·索罗斯和斯坦利·德鲁肯米勒（Stanley Druckenmiller）这些投资者，他们屡战屡胜，成功地预测了宏观经济走势。马克斯还说："我认为，你不可能利用某些方法成为优秀的投资者"，比如"预测未来"和"以这些预测为基础大手笔押注"，但一些人的经历证明他的这种观点是错误的，"因为你不能忽视人的因素"。

尽管如此，马克斯本人还是坚定地认为自己属于"无知"派。**在他看来，未来受无穷多因素的影响，而且受太多随机性的干扰，因此他不可能预测未来发生的事件。**我们无法预测未来，这听起来像是在无奈地承认自己的短板，但实际上，承认自身的局限性并在可能的范围内进行操作是一个巨大的优势。优势可能正来自劣势。

这种对自身局限性的认识是怎样把马克斯从无益或有害的活动中解放出来的呢？首先，他不会浪费任何时间去预测利率、通货膨胀或经济增速，在这一点上，我们应该以他为榜样。如果马克斯无法预测这些事情，我相当确信我自己也做不到。与许多竞争对手不同，橡树资本公司甚至没有自己的经济学家，也不邀请外部"专家"来解读宏观经济形势。

考虑到不可能反复预测进出场的时机，马克斯也放弃了选择市场时机的想法。他在早期的一份备忘录中指出，1926年至1987年间的股票年均收益率为9.44%，但"如果你去套现时，错过了744个月中收益最高的50个月，那么你就会错失了所有的收益。这启示我，试图把握市场时机是风险的一大源头，而不是防范风险的措施"。①

橡树资本还试图避免马克斯所称的"面向未来的投资"，这就排除了对科技股、时尚产品供应商以及任何时髦的诱人资产的投资。在职业生涯的早期，即他在花旗银行任职时，他所在的部门非常青睐著名的时尚公司，包括施乐（Xerox Corp.）、雅芳（Avon Products）和宝丽来（Polaroid Corp.）等优质成长类公司，它

---

① 近来的研究也强调了相同的风险。Calamos Investments 一份报告显示，1998—2017年间，标准普尔500指数的年均回报率为7.2%。如果去掉这20年当中回报率最高的20天，那么年均回报率就会下降为1.1%。

们的股票被投资界称为"漂亮50股",在1973—1974年股市暴跌前[①],这些股票的估值达到了让人头晕目眩的水平。正是这段经历让他对那些被认为会一直上涨、未来无忧的股票产生了永久的不信任感。

2017年我们交谈时正是市场情绪高涨的时期,马克斯看到了类似的投资热潮。市场上出现了对脸书(Facebook)、亚马逊(Amazon)、网飞(Netflix)和字母表(Alphabet,即之前的Google公司)等股票的投资热。他警告说:"人们表现得就好像它们会一直成功下去、股价会一直涨下去似的。从历史上看,这样的情形大多是危险的。树木长得再高,也不会高过天空。总有一天会出问题,我可不想下注。"

当习惯性的怀疑让马克斯错失了一次良机时,他也不会在意。他更重视的是"合理的命题",即特定证券的价格低于其内在价值。他说:"投资于梦想很容易,真正的挑战是如何确定资产的价值。"

希望获得持久成功的投资者都应该把这一基本理念铭记于心:购买低于其价值的资产,正如我们所看到的,从巴菲特到帕伯莱,从邓普顿到马克斯,他们都是这么做的。

在分析任何资产时,马克斯最想知道的是,"其价格中包含多少乐观的成分"。就脸书、亚马逊、网飞和字母表的股票而言,"乐观成分非常高"。"太高了吗?谁知道呢?它们中的某一个会成为世界上第一台永动机,第一家永不失败、永不破产的公司吗?我不知道。"不可知和狂热的乐观结合在一起足以吓跑他,不是因为他明确知道未来会发生什么,而是因为失望的概率太高。

脸书、亚马逊、网飞和字母表股票的价格在继续猛涨。当其他人因马克斯不看好的股票赚得盆满钵满时,他却能够安静地袖手旁观,内心毫无波澜。他是一位善于吸取经验教训的投资者,他时刻牢记着这句话:谨慎之人很少犯错或者抒

---

① 1972年"漂亮50股"投资热达到顶峰时,宝丽来的市盈率为94.8%。到1974年股市触底时,宝丽来的股价下跌了92%,雅芳下跌了86%,施乐下跌了71%。

写伟大的诗篇。他对自己淡然处之的态度感到很满意，因为这种方法能够降低犯灾难性错误的概率。"你必须做适合自己天性的事，这一点非常重要。"当我问他曾犯过的最具破坏性的投资错误时，他回答说："我不记得我犯过大错，我只因疏忽大意犯过小错。"

回首过去，马克斯承认，没有投资亚马逊股票是个错误。在"信心过强、避险情绪过低、试图寻找投资目标的资本过多、杠杆使用过多"时，"持谨慎的态度并没有错"。市场上出现的这些迹象导致橡树公司在近几年内的投资越发谨慎了。

最后，到了2020年3月，美国11年的牛市结束了，人们对新冠肺炎的恐慌加剧，标准普尔500指数在不到一个月的时间里暴跌了33.9%。没有人能预料到，一种据称来自蝙蝠的病毒会催化美国历史上最快的市场崩溃。"但是，当市场不稳定时，你不必知道催化剂是什么。"马克斯说，"你只需要知道市场存在脆弱性即可。"

随着病毒的传播，投资者的情绪从"投到哪里都不会出错"转变成了"投到哪里都不对"。他们的悲观并非毫无根据，正如马克斯在2020年告诉我的那样，"这是人们害怕死亡、害怕走出家门、害怕经济萧条的时期"，但他们"以极低的价格匆忙出售资产"的意愿为他提供了一个期待已久的机会。在恐慌中，橡树资本斥资"几十亿美元"抢购了能带来"巨额回报"的高收益债券。

未来已经变得更明朗、更诱人了，投资风险已经降低了。在马克斯看来，"时机变得有利了"，原因很简单，"资产变得足够便宜了"。

随后，市场出现了自20世纪30年代以来最快的反弹，投资者买进新股后见利即抛，这令市场的预期大打折扣。因此，随着乐观情绪高涨导致廉价资产供应枯竭，马克斯会再次做出"调整"，返回到防守状态。他的超然和不受情绪影响的行为完美地反映了他从佛教中汲取的教训。记住：**"我们必须适应环境已发生改变的现实。"**

在混乱中寻找秩序

高中参加英国文学课的考试时,我看到了小说家亨利·詹姆斯(Henry James)写的一句异常深刻的评语:生活是"包容与混乱",而艺术是"歧视与选择"。作为一名作家,我喜欢这一思想:艺术家的使命就是在杂乱无章的生活中寻找秩序。詹姆斯把这种寻找行为比作一条多疑的狗搜寻"被掩埋的骨头"。

投资者也面临着类似的挑战,他们的生活也是纷繁复杂的。但如果我们能在复杂的网络中发现一些潜在的规律呢?然后,我们更可能从中发现影响未来的因素。就识别金融市场上反复出现的周期性规律而言,马克斯有罕见的天赋。一旦我们理解了这些规律,我们就不会再被它们蒙蔽了,我们甚至还能从中获利。

"这是非常有益的。"马克斯告诉我,"要把世界看作是周期性的、震荡的,而不是直线发展的。"他认为几乎所有的事物都是周期性的,例如,经济会扩张和收缩;消费者支出有增有减;企业盈利能力有升有降;信贷的可获得性有高有低;资产估值会升会降等。所有这些都不是朝一个方向持续发展下去,而是会发生逆转。他把这些模式比作摆锤从一端向另一端的摆动。

金融市场是研究周期性的完美实验室,因为它们是受投资者心理驱动的。投资者心理总是在兴奋和沮丧、贪婪和害怕、轻信和怀疑、自满和恐惧之间转变。过于激动时,人会把事情做过头,所以趋势总是朝着一个方向或另一个方向过度发展。

但是马克斯的操作以这一假设为前提:这种循环最终会自我修正,摆锤会朝相反的方向摆动。**未来或许是不可预测的,但反复出现的繁荣和萧条是可预测的,一旦我们认识到这一潜在的规律,我们就不会再盲目行动了。**

问题是,大多数投资者做出的行为就好像最新的市场趋势会永远持续下去一样。行为经济学家用"近期偏差"(recency bias)一词来描述导致人们过度强调近期经历的重要性的认知故障。马克斯指出,人类的思维也存在压抑痛苦的记忆这

第三章

种危险性倾向,如果不是这样的话,我猜想我的妻子不会愿意忍受多次怀孕的痛苦,我也不确定有多少作家能鼓起勇气重返电脑前创作。在我们的投资生活中,这种忘却不愉快经历的能力对我们的生活没有什么好处,因为过去的不幸和苦难往往能带来最宝贵的教训。

遗忘的代价是高昂的,抑制这种倾向的一种方法是深入研究市场的历史。**"你不能预知未来。"马克斯说,"但你能了解过去,这是很有益的。"**

他从书架上拿出了题过字的加尔布雷斯的《金融狂热简史》(*A Short History of Financial Euphoria*)一书,当着我的面朗读了他最喜欢的一篇文章。这篇文章探讨了金融狂热的成因:"第一个(原因)是,人们对金融市场的记忆极度短暂,导致金融灾难很快就被遗忘了。结果是,当同样或极为相似的情况再次出现时,有时仅仅相隔几年的时间,它们会被年轻而无比自信的一代人誉为金融界和更大的经济界中的辉煌新发现。很少有哪个领域的历史意义比金融领域的小。过去的经历会成为记忆,就这一点来看,它为那些无法理解当前难以置信的奇迹的人提供了原始避难所。"

看着2017年比特币价格飞速上涨,马克斯想知道,这是否仅仅是历史长河中最新一次看起来让人难以置信但其实并非那么神奇的奇迹。同样地,他也无法确定特斯拉和网飞等公司的股票是否能永远飙涨下去。"无论是公司还是个人,当他们越来越成功时,他们会变得傲慢自大,这是非常危险的,我们不能忽视这一点。"他总是认为,未来摆锤会向相反的方向摆动,就像之前在牛市中备受追捧的"超级股"一样。当你以前多次看到过类似的情形时,你更容易发现过度的行为,他说:"所以你应该积累经验。"

你也应该尝试着广泛阅读。前面提到的那位满腹疑虑的法国投资者弗朗索瓦·玛丽·沃伊西克曾向我推荐过埃米尔·左拉(Emile Zola)于1891年出版的小说《金钱》(*L'Argent*),这本书描述的是19世纪60年代巴黎证券交易所的一场投机狂潮。左拉详细描述了灾难性的泡沫是如何导致银行业崩溃的,他甚至详细说明了"大众狂潮"如何驱使一只股票的价格超越了其"最大价值",最终到达了一个必然下跌的位置。

在热衷于历史研究的弗朗索瓦看来,左拉的小说提供了一个说明任性的群体行为是"永恒"规律的早期例子。"就个体而言,我们是聪明的,"沃伊西克说,"但就群体而言,我们是愚蠢的。"为防止出错,他不断地对自己的判断进行压力测试,"我对自己说:'弗朗索瓦,你确定今天早上的投资无误吗?再核查一遍吧。'"他用一个精彩的法语短语形容他神经质的警惕心态,即toujours rester en éveil(永远保持清醒)。

马克斯也时刻不放松警惕。当形势大好时,大多数投资者会变得自满,但马克斯不同,他会变得更加警惕,因为他知道,一切都在变化,摆锤不会停在弧线的一端不动,"周期性是存在的"。正如马克斯所解释的那样,当风险承受能力最强时,风险最大,他称这种现象为"风险的反常性"。

马克斯花了很多时间分析其他金融玩家的情绪和行为,试图以此推断市场在周期中所处的位置。2007年是金融危机爆发的前一年,他撰写了一份后来让他倍感自豪的备忘录,里面记录了许多危险的迹象,包括美国和英国愚蠢地放宽了抵押贷款的标准、无条件地为无价值的公司提供融资,以及愿意在没有契约保护的情况下投资高风险债券。为了醒目,他用粗体字写道:"**宽松的时代紧跟着惩罚性的修正。**"

估量当前投资环境的一个方法是,收集目前正在进行的"愚蠢交易"的信息。例如,2017年,阿根廷发行了年收益率为9%的百年期债券,尽管该国在200年的时间里有8次债务违约的记录(最近的一次发生在2014年),但这些债券仍然被超额认购了。这似乎是塞缪尔·约翰逊(Samuel Johnson)所称的"希望战胜了经验"的典型例子。2020年我采访马克斯时,他指出阿根廷刚刚第九次债务违约了。

在全球金融危机前夕,愚蠢、过度自信、贪婪和降低标准的迹象尤为明显。

第三章

马克斯和搭档卡什对比了他们的记录后惊呼道:"看看这笔烂交易吧!像这样的交易根本不应该发生,这意味着市场有问题。"

这样的观察让马克斯对市场形成了很直观的印象,数字反而显得不那么重要了。他说:"所有的判断过程都靠直觉和本能,我只是想培养一种感觉,它能让我洞悉世界上到底发生了什么,能让我从观察到的事物中得出重要的推论。"

为了得出结论,他会问自己一些问题,比如,投资者是合理地持怀疑态度并规避了风险还是忽视了风险并乐于付出代价?相对于历史上的标准,估值是否合理?交易结构对投资者公平吗?投资者过于相信未来了吗?

马克斯说,从某种意义上说,他试图"预测现在",因为现在与未来不同,它是可知的。不可知的是什么时候周期会逆转。他说:"我甚至不考虑时机。在投资行业,做正确的事情很难,在正确的时间做正确的事情更难。"

确认我们在周期中所处的位置很有益,这能使他根据当前的具体情况确定适宜的路线,就好像夜里在结冰的路上开车要比在阳光明媚的下午开车要更加小心翼翼一样。马克斯说:"我们必须承认市场的现状,接受现实,并采取相应的行动。"例如,当丰厚的回报使投资者更害怕错失收益而不是赔钱时,这是一个降低我们预期并谨慎行事的信号。在实践中如何操作呢?可能是把一些资产从股票转移到债券、购买风险较低的股票,或者确保流动性突然消失时你不需要流动性。马克斯说:"我不是说去套现,我想说的是,当市场上的价值主张发生变化时,你的投资组合也应该相应地发生变化。"

在我看来,这种实事求是地看待现实、接受现实、适应现实的态度是明智的表现。正如马克斯常说的,**"环境就是这样",我们不能奢求一组更有利的市场条件出现,但我们可以用不同的方式控制自己的反应,变得更具防守性或进攻性。**

这种随大势而动的态度源于马克斯在大学时接受的世事无常的理念。他说:"尽管你试图抵制变化,但变化还是会发生。我不会试图控制未来,我不知道未来是什么样的,我只是试着为不确定的未来做准备。"当投资者的环境和他们的行为脱节，即他们忽视或拒绝现实时，他们通常会陷入麻烦。

在2006年写的一份备忘录中，马克斯引用了古代道家哲学家老子的话："上善若水。水善利万物而不争，处众人之所恶，故几于道……天下莫柔弱于水，而攻坚强者，莫之能胜。（译文：最高的善像水那样。水善于滋润万物而不与万物相争，停留在众人都不喜欢的地方，所以最接近于"道"……天下再没有什么东西比水更柔弱了，而攻坚克强却没有什么东西可以胜过水。）"投资者也要像水一样，适应遇到的一切。这听起来很简单，但在人类本性的驱使下，投资者很难做到这一点。几乎所有人都会被群体的情绪所左右，在极端情况下，比如风险最大时，我们最难理性行事。

2008年市场崩盘时，投资群体像往常一样惊慌失措。在周期性的力量下，欢乐的情绪不复存在，恐慌情绪弥漫。马克斯是如何反应的呢？他又给我们提供了一个经典的范例：他冷静地评估了所处的环境并做出了理智的反应，领导他的公司完成了投资生涯中最成功的转变。

"大多数时候，世界末日不会出现"

在信贷危机爆发的几个月前，橡树资本早已未雨绸缪，做好了应对混乱的准备。2008年初，当世界上大多数人都自信地看涨股市时，该公司已募集到了109亿美元的资产，建立了史上规模最大的不良债务基金。

根据马克斯的研究，信贷周期比其他周期更容易预测，正如他在《投资最重要的事》一书中所解释的那样，"繁荣导致信贷扩张，不明智的贷款产生，巨大的损失出现，机构停止放贷，繁荣终结。这一过程周而复始"。他目睹了2003年至2007年间各种愚蠢的贷款事件。当不可避免的损失累积起来、贷款突然停止时，他获利的机会就来了。当别人都渴望获得现金时，没有什么比手握现金更惬意了。

此次信贷危机始于不明智的次级抵押贷款，之后危机扩散到其他领域，抵押

第三章

贷款被冻结，房价暴跌，商业地产价格暴跌，贝尔斯登公司（Bear Stearns）倒闭，以前不可能发生的灾难现在变得司空见惯了。

2008年7月31日，马克斯在致橡树资本股东的信中指出，他认为目前值得投资的资产短缺，并建议人们"放缓脚步"，直到更好的交易机会出现。几周之后，金融体系开始崩溃。这一年9月，美国政府拿走了房利美（Fannie Mae）和房地美（Freddie Mac）的控制权；美林公司（Merrill Lynch）被迫出售给了美国银行（Bank of America）；雷曼兄弟（Lehman）提出了美国历史上最大规模的破产申请；美国国际集团（AIG）不得不从政府借款850亿美元；连高盛都站到了悬崖边上。

这是马克斯有生之年看到的最令人揪心的局面，但随着市场的暴跌和悲观情绪的蔓延，他改变了多年以来对股市的看法，首次由看跌转为看涨了。9月15日，即雷曼兄弟公司倒闭的当天，橡树资本开始大手笔买入其他人避之不及的资产。在接下来的15周里，在马克斯和卡什的领导下，该公司每周投资5亿—6亿美元，数额之高令人震惊。

这是马克斯职业生涯中最大的赌注，成败在此一举，所以可以想象得出，他当时很清楚自己在做什么。当雷曼兄弟公司破产时，他突然意识到，没人知道接下来会发生什么。

9月19日，他给橡树资本的客户写了一份备忘录，提出了一个无法回答但又不得不回答的问题："金融体系会崩溃吗？还是这仅仅是我们经历的最严重的周期性衰退？我的回答很简单：我们别无选择，只能假设这不是末日，而是我们可以利用的另一个周期的开始。"他以典型的冷幽默口吻补充说，"大多数时候，世界末日不会出现。"

当我问他，为什么选择在9月中旬从防守转变为进攻时，马克斯回答说："当时世界形势已经很糟糕了，资产失去了价值，没有人相信明天世界还会存在，也没有人愿意购买任何资产……这是十足的灾难性风暴。"

马克斯从不认为未来的走势只有一种可能性，相反，他认为未来的走势具有多种可能性，这些可能性的"概率有所不同"，他的标准做法是给每一种"可能的未来"赋一个概率值，但由于不确定性很大，为一系列可能的结果赋概率值的做法会毫无意义。他发现，此时用二元关系来思考问题、简化决策是非常有益的。他说："我认为可以把问题简化为，要么世界末日出现，要么世界末日不出现……如果不出现而且我们没有购买资产，那么说明我们没有做好工作。这一方法让事情变得异常简单了。"

但是，随着市场持续崩盘，金融支柱坍塌，很少有人赞同他的观点。他认识的一些最出色的投资者"完全被惊呆了。他们说，'股市要完蛋了。'"马克斯知道，股市离完蛋有多近，他想象得出结局有多可怕：多米诺骨牌不断倒下最终会引发大规模失业，社会陷入混乱。"能糟糕到什么程度呢？你可能无法说出最糟糕的情形是什么，无政府状态、暴乱、饥饿？不好说。"

接下来，10月中旬一次难忘的经历增强了他的逆向投资信念。橡树资本旗下的一只基金对高收益债券进行了杠杆投资，杠杆比例为5倍。该基金拥有风险相对较低的高级别贷款：在过去的30年里，橡树资本这类债务的年均违约率仅为1%，但此时由于价格远低于历史标准，公司面临追加保证金的威胁。为了降低该基金的杠杆率，避免追加保证金，马克斯联系了客户，请求他们增持股本，不过，由于价格持续下跌，他不得不要求这些客户多出一些钱。

这应该是一个不需要多加考虑便可以决定的问题，如果他们不加快操作步伐，他们会以非常低的价格锁定损失。马克斯会见了一位养老基金经理，对方一直在问，在形势日益恶化的情况下，橡树资本的债券将发生什么变化。每次马克斯都用令人心安的事实回答了他，但他会惊慌失措地问道："如果情况比这更糟糕呢？"

马克斯跑回到办公室后，匆匆地写下了一份题为"消极主义的限度"的备忘录。想到那次会面，他认清了一个事实。几十年来，他一直警告投资者：当乐观情绪达到顶峰，以至于人人都不相信坏事可能发生，当悲观情绪达到极致，以至于投资者做出的行为就好像"不会有任何好事"发生时，要持怀疑的态度。在理性的怀疑论者看来，关键不是要永远持悲观的态度，而是要质疑"人人"相信的是什么，他们是过于乐观了还是过于悲观了。在解释他的顿悟时，他写道："**当过于乐观时，怀疑主义呼唤悲观主义；当过于悲观时，它又呼唤乐观主义。**"

这样，谨慎的霍华德·马克斯此时成了华尔街唯一的乐观主义者。

当"所有人都认为形势只会变得更加糟糕"时，与犹如"惊弓之鸟"的人群背道而驰需要非同寻常的清醒和冷静，但当我问马克斯危机是否让他感到很痛苦时，他直截了当地回答说："我不记得度过危机有什么难的。"他总是不受情绪干扰吗？"是的。"我知道他结过两次婚，我想知道他的这种性格是否会让他的妻子发疯。"是的，尤其是我的第一任妻子。"他说，"我想我最近做得好多了。"

这样的性格特征有助于他和他的投资伙伴卡什持续地交流、相互支持和配合。在橡树资本，马克斯指导大局，卡什及其团队做资产评估等实质性工作。两三年前，私募股权公司曾利用巨大的杠杆效应以过高的估值收购优质企业，现在，橡树资本以极低的价格买入了这些公司的优先债券。即使某些企业的价值降低至收购成本的五分之一，橡树资本也能实现收支平衡。马克斯说："我总是问自己'哪里出错了？是买入对还是不买入对'。很容易就能做出判断，这些都是好买卖。"

橡树资本最骄人的战绩来自对Pierre食品公司的1亿美元投资。2008年该公司濒临破产时，橡树资本收购了它。重组之后，该公司改名为AdvancePierre食品公司，后发展为美国包装三明治领域的领头羊，2017年被泰森食品收购（Tyson Foods）。橡树资本在8年的时间里总共赚了22亿美元，是其投资本金的23倍。

在危机最严重的时候，橡树资本总共投资了大约100亿美元。马克斯估计，这些投资的收益为90亿美元，这是该公司历史上最大的意外收获。作为最大的股东，没有人比马克斯和卡什赚得更多了，但他们也收获了纯粹的快乐，因为他们的业绩超越了他人，他们做了正确的事情。正如马克斯所说，"我们押了注，而且我们赌赢了"。

"问问自己，你超越极限了吗？"

在我们的交谈和他的著述中，马克斯反复提及了他几十年来一直深思的主题。在我看来，有以下5个关键的理念值得我们铭记：

- 承认我们无法预测或掌控未来很重要。
- 研究历史规律，考虑接下来可能发生的事情时要以史为鉴。
- 周期必将逆转，不计后果的过分行为必受惩罚。
- 可以通过逆周期行为利用好周期性。
- 为了在不确定的世界里取得长期的成功，要保持谦逊、怀疑和谨慎的心态。

生活异常复杂，铭记简单实用的见解有助于我们将分散的思维条理化。对希望驾驭未来的任何投资者而言，上述5个理念都有巨大的功效。

但是，当反思从马克斯身上学到的东西时，一个特别的教训赫然闪现在我脑海里，它的影响如此深远，以至于我要把它作为自己世界观的中心。这一信条是他50多年前在大学里学到的，即世事无常。

金融市场提供了许多体现佛教教义的例子：亚洲"经济奇迹"后紧接着是1997年的金融危机；20世纪90年代末的互联网热潮后紧接着是2000年的股市崩盘；房地产泡沫后是信贷危机，信贷危机后是始于2009年的史诗级牛市；而到了2020年，股市在23天内下跌了34%，随后又在几周内飙升了近40%。

如果佛陀是一位对冲基金经理，他可能会指出，变化本身并不是问题的根源，相反，当我们期待或渴望事物保持不变时，我们注定会在投资和生活中遭受苦难。真正的问题是，我们有依靠或依赖不持久的事物的习惯。

正如佛教教义指出的，我们要承认，世间的所有现象都是短暂的，这样我们就不会在事物发生变化时感到惊讶或沮丧。铃木俊隆说："如果我们不接受一切都在变化的教义，我们就无法保持镇静。"

第三章

从金融领域来看，变化的必然性具有重要的意义。首先，我们要承认，当前的经济形势和市场轨迹与其他事物一样，都是暂时的现象，所以我们确定自己的位置时，应避免走老路。正如马克斯指出的，投资者屡次犯错，屡屡高估市场上涨或下跌的持久性，他们忘了没有什么是永恒的这一事实。同样，许多购房者在金融危机期间因背负了太多的债务而破产，此前他们认为房价会涨下去，永不会下跌。道德呢？**不要与变化的力量对抗，那无异于螳臂挡车、蚍蜉撼树。**

认识到世事无常会让你产生一种不稳定的感觉，你会觉得自己的生活和所珍惜的一切都是不确定的，此时逃避现实可能是诱人的选择。我们应承认，我们如履薄冰，而且永远无法确定薄冰何时会破裂，但这并不意味着我们应该永远闭门不出，或者永远抱着现金不放，不敢冒任何风险。**无论是在市场上还是在生活中，我们的目标既不是轻率地冒险，也不是一味地规避风险，而是明智地承担风险，同时永远不忘坏结果出现的可能性。**

实现这样的平衡非常不容易。在2008年那段最黑暗的日子里，为了克制自己的焦虑倾向，马克斯不得不时刻提醒自己："如果我做得过火了，那我就不是在为我的客户工作了。他们请我不是要让我做胆小鬼，他们希望我是个可靠的投资者，但不是个胆小鬼。"他补充说，当过于胆小时，"规避风险"就转变成了"规避收益"。

幸运的是，面对变化，我们并非无计可施，有很多方法可以让我们变得不那么脆弱。马克斯建议说，与其试图预测无法预测的情况，不如致力于构建"稳固的投资组合和生活"，这样，即使在恶劣的条件下，人们也不大可能崩溃。①这对普通投资者来说意味着什么呢？"避免大量的债务和过高的杠杆"，不要让你的"发财梦"导致你"遭受灾难"，他说，为未来的生活做准备时，**"不要试图做到**

---

① 谈到脆弱性时，马克斯借鉴了纳西姆·尼古拉斯·塔勒布（Nassim Nicholas Taleb）所著的《反脆弱：从不确定性中获益》（*Antifragile: Things That Gain from Disorder*）一书的用语，但塔勒布的另一本书，即《随机漫步的傻瓜：发现市场和人生中的隐藏机遇》（*Fooled by Randomness: The Hidden Role of Chance in Life and in the Markets*）对他产生了更深远的影响。

极致，在投资和生活中都是如此。所以问问自己，你超越极限了吗？"

这个问题不仅适用于投资，也适用于消费。马克斯说："经济上独立并非指赚大钱或拥有很多钱，你知道钱从哪里来吗？只要你花的比赚的少，你就能攒下钱，要量入为出。切记，你反脆弱的能力来自你没有达到极限的程度。"

问题是，当我们飞黄腾达或当我们看到别人飞黄腾达而我们自己落后时，我们往往会忘记这一点，所以我们逐渐接近了极限，最终又偏离了极限。

马克斯补充说，我们还需要认识到财务和心理方面的脆弱性。"你最好心存畏惧，也就是说，你要承认坏事情有可能发生，而且你要清楚自己承受坏结果的能力。"他警告说，不要有不在乎股市是否暴跌这类"具有男子汉气概"的想法。"通常情况下，当股市下跌三分之一时，人们会陷入恐慌，会抛售股票，从而使下行的波动变成了永久的损失，这是极为糟糕的事情。"

因此，实事求是地评估我们的风险承受能力至关重要。他说："承受的风险过大时，你会被压垮，即使没有发生其他对你不利的事情，如得到追加保证金的通知或需要购买面包，你也会在压力下做错事。"

实事求是地看待一切，不逃避，不自欺欺人，这是一种带有佛教徒特征的习惯。最有影响力的佛经《念住经》（Satipatthana Sutta）记载的是佛陀把正念作为涅槃手段的论述。佛陀解释说，醒悟之路要求我们"时刻留意"出现在我们面前的一切事物，当它们（包括我们的思想、感觉和感官知觉）出现和消失时，我们要超然地观察它们。内心要清楚，一切都是暂时的，这样心灵就不再受羁绊。此外，要学会放手，不再追求本质上不稳定的东西。"超越执着，不再贪恋身心世界的任何事物"，这句话在经文中重复出现多达13次。

不执着的理念听起来有些冷酷、不合情理，但承认世事无常确实是有好处的。首先，会消失的不只有美好的事物，比如青春美貌、我们所爱的人、经济繁荣和牛市等，还有不好的事物，比如情绪和心理上的痛苦、糟糕的政治领导人、衰退和流行病等。考虑到万事万物皆在变化中，我们不应该在时局好时忘乎所

第三章

以，在时局差时灰心丧气。

认识到世事无常也能激励我们珍视和完善我们的关系（因为我们不知道任何一个人能活多久），让现在的生活变得更充实。真善（Shinzen Young）在《觉醒的科学》(*The Science of Enlightenment*) 一书中写道，要学会以"极度的专注、感官的清晰和平静"度过每时每刻，带着"十足的充实感"来体验世界……"你可以显著地延长生命，不是通过增加你的寿命，而是通过增强你的充实感。"①

现在马克斯已经70多岁了，他对自己的生老病死很敏感。他的父亲活了101岁，所以他可能遗传了家族的长寿基因，即便如此，他也清楚自己不可能长生不老。在人生的这个阶段，他越来越多地思考自己的表现是否令人钦佩，尤其是他对待同事和客户的方式如何。"你取得的成就并非唯一重要的事情，你做事的方法也很重要。"他说，"也许我缺乏信心，但我得承认，我已经过上了很好的生活，这一点非常重要。"他很满意橡树资本的收益率，但他也为它的声誉、诚信和他的联合创始人卡什感到自豪。马克斯说，他们在一起共事了30年，其间从未争吵过。

他希望在今后几年里取得什么成就呢？"我没什么雄心壮志。"马克斯说，"我现在的生活很棒。我想做个好丈夫、好父亲、好祖父。我想继续发现投资界其他人看不到的东西，并向我的客户清晰地描述它们。"

他计划一直工作下去，这倒不是因为他对金钱或地位有"无法抑制"的渴求，而是因为他觉得工作对他的智力有益。他想起了一位研究日本文化的教授讲过的一条佛教教义，"你必须挣脱欲求的锁链"，无尽的欲求必然招致痛苦。也许是这样吧！但马克斯承认，财富的积累带给了他自由和安全感，让他变得"不那么害怕了"。至少到目前为止，成为亿万富翁似乎没有给他带来太多痛苦。

---

① 在真善的笔下，平静是一种"超然、温和的状态，在这样的状态下，快乐和痛苦不受干扰地增减"。这与马克斯对待市场的态度没有什么两样，他承认并接受"市场的真实状态"，而且，他会不受情绪干扰地做出理智的反应。

回顾自己"幸运的一生",他谦虚地承认,光靠自己的才华是远远不够的,要想取得这样的成功,还必须具备很多有利的条件。正是因为有这样的认识,他才没有因骄傲自满而被摔得鼻青脸肿。从目前来看,马克斯成为宇宙巨人的概率和其他人差不多,但有一点他很确定,那就是变化肯定会发生,所有人都要适应这些变化。

第四章
坚韧的投资者

如何积累持久的财富,如何在等待时机中求得生存

> 这个世界真正的麻烦不是它是一个不合理的世界,甚至也不在于它是一个合理的世界;其最常见的麻烦是它近乎合理,却又不十分合理。生活不是不合逻辑的,但它对逻辑学家而言是个陷阱。它看起来比现实更具数学性、更有规律;它的精确性是显而易见的,但是它的不精确性是难以发现的;认清它的野性需要等待。
>
> ——G. K. 切斯特顿

20世纪60年代,巴黎兴业银行一位年轻的投资分析师让-马利·埃维拉德(Jean-Marie Eveillard)对自己的工作茫无头绪,他的老板向他灌输了当时常规的选股策略,他说:"基本上,他们交易的都是被纳入指数的大公司股票,仅此而已。"像周围的人一样,他顺从地采用了这一策略,获得了一般的回报。正如他后来观察到的,"在羊群内感觉要暖和得多"。

1968年,埃维拉德被银行派往纽约后,他开始改变了选股策略。那年夏天,他和哥伦比亚商学院的两名法国学生在中央公园骑车时,从他们口中听说了本杰明·格雷厄姆的事迹。20世纪20年代,格雷厄姆在哥伦比亚大学教书时发展了价值投资学说①,埃维拉德读了他的《证券分析》(*Security Analysis*)和《聪明的投

---

① 格雷厄姆与哥伦比亚大学的关系使后者成为了价值投资的学术研究中心,这一地位一直保持至今。他获得了哥伦比亚大学的奖学金,求学期间在多个领域显示出了非凡的才华。1914年毕业前,英语系、数学系和哲学系同时向他发出了任教邀请,但他选择做一名投资者。1928年他重返哥伦比亚大学,担任了讲师。他在哥伦比亚大学任教28年,培养了一代投资者,其中包括沃伦·巴菲特、欧文·卡恩和比尔·鲁安。

第四章

资者》后,仿佛看到了曙光。他把自己的这次发现与法国作家保罗·克劳德尔(Paul Claudel)的宗教皈依相提并论,后者1886年声称自己在巴黎圣母院看到了上帝。"格雷厄姆的大作让我茅塞顿开,我找到了梦寐以求的东西。"埃维拉德试图说服老板允许自己按照新的理念投资,但老板们没有听说过格雷厄姆,也看不到异族理念的魅力,所以埃维拉德继续采用老策略投资。总之,他说:"我浪费了15年的大好光阴。"

埃维拉德在39岁时终于得到了解脱,他被这家银行任命为了索根国际的经理。索根国际是一只规模很小、名不见经传的共同基金,没人关心埃维拉德用它做什么。1979年埃维拉德上任时,该基金只有1500万美元的资产。基金公司总部设在曼哈顿,他独自在那里工作了多年,享受着不被法国母公司干涉的自由。

他的新投资策略以他从《聪明的投资者》中获得的一个重要洞见为基础。他说:**"因为未来是不确定的,你肯定想把风险降至最低。"** 与大多数真知灼见一样,它是如此简单,以至于人们很容易忽略它的重要性,不能把它铭记于心,更不能落实于具体的行动中。

这是格雷厄姆从痛苦的经历中得出的教训。1894年,格雷厄姆出生于伦敦一个富裕的家庭,后来全家搬迁至纽约,他就在那里长大。他家的企业经营从欧洲进口瓷器的业务。格雷厄姆的父亲35岁就去世了,留下寡母独自抚养3个儿子。后来家族企业破产,他母亲把他家的房子改建为招待所,但最终也关门大吉了。更糟糕的是,她借债买股票。在1907年的股市恐慌中,股市市值在几周内损失近半,她的投资几乎血本无归。格雷厄姆从小就享受着厨师、女佣和家庭教师的服务,后来每每回忆起家人被迫公开拍卖财产的情景时,他都"感到羞愧和耻辱"。

仅从这些童年记忆就可以看出格雷厄姆性格坚韧的原因。在随后的几年里,他遭遇了一系列的灾难,包括第一次世界大战爆发、1929年的股灾及之后的大萧条。作为一名基金经理,他在20世纪20年代的牛市中赚得盆满钵满,但在1929—1932年间,他损失了70%。这些经历使他认识到,**"未来的证券价格永远是不可预**

测的。"

逆境中的磨砺使格雷厄姆确立了生存为首的投资信念,他在大屠杀之后写就的《聪明的投资者》一书的最后一章总结了这一点,他写道:"在古老的传说中,一名智者将世间万事浓缩为一句话:'这很快会过去。'面临着相同的挑战,我大胆地将成功投资的秘诀提炼为4个字的座右铭:安全边际。"①

格雷厄姆解释说,购买股票和债券时,可在"估值"的"有利"折扣基础上获得安全边际,也就是说,价格和价值之间的差距将为投资者提供一个缓冲,从而缓解由"误判""较差的运气"和"未来未知的条件"产生的影响。这是举世公认的策略,它考虑到了人类的弱点和历史风险。**我们犯错误,我们运气不好,未来是未知的。**

格雷厄姆的结论是,购买被低估的资产会给投资者带来"更大的获利机会",但他警告说,这仍然不能保证某项具体的投资不会出现可怕的错误。解决方案是什么呢?投资多样化。

与格雷厄姆一样,埃维拉德的少年时代也充满了不确定性。1940年,德国入侵法国的几个月前,他出生在法国普瓦捷市(Poitiers)。他小时候去乡间探望祖母时常去的当地的罗马天主教堂,在那里听到的布道对他产生了一定的影响,导致他形成了警惕、烦躁、略带悲伤的人生观。牧师对近期遭受了失败、流血和轰炸创伤的社区民众说:"不要指望今世会活得幸福,这是在渡劫,只有在来世才能活得快乐。"②因此,埃维拉德早就为接受格雷厄姆的警告做好了准备,他内心清楚,投资者必会承受逆境的折磨。

在格雷厄姆最辉煌的时期,美国有很多问题资产,他不需要在海外寻找便宜

---

① 格雷厄姆原名本杰明·格罗斯鲍姆(Benjamin Grossbaum),出生于波兰东正教犹太移民家庭。作为背景类似的人,我认为把他的家族史(东欧犹太人遭遇了多次迫害,经历了重重风险)和他的投资理念(以降低风险和寻求安全为中心)联系起来是合理的。
② 当我问埃维拉德他是否仍然是天主教信徒时,他回答说:"我相信教义,但教会让我生气。"他是不合群的局外人,作为投资者是如此,作为教徒亦是如此。

第四章

货。身处另一个时代的埃维拉德效仿并调整了这一策略，他在全球范围内搜寻成本比他的估值至少低30%—40%的股票。他的评估以这一保守的观念为基础：理智的收购者能以现金支付收购整个公司的成本。借用格雷厄姆的话说，这是一种"不以乐观主义为基础，而以数据计算为基础"的方法。埃维拉德通常持有一百多只股票，巴菲特和芒格的投资组合比较集中，埃维拉德无法做到这一点。"我对自己的选股技能太没把握了。"他承认说，"我太担心它出问题了。"

他的策略奏效了，他赢得了低风险高回报的好名声。《商业周刊》和晨星公司都对他赞不绝口，一些理财规划师和经纪人把客户的资产通通塞给了他。他聘请了一个分析师团队，并推出了两只新基金。尽管如此，他仍然没有消除内心的恐惧感。随着资金的增加，他觉得自己肩负的责任愈加重大，因为这些资金是数十万投资者为退休生活或子女教育攒下来的钱。"他们输不起这些钱。"他说，"我很清楚，如果我搞砸了，基金投资者的日常生活将更加困难……这些担忧促使我尽量保持谨慎。"

埃维拉德对估值的严格关注确保了股东们资金的安全。例如，20世纪80年代末，投资者对日本的资产趋之若鹜，这导致资产价格不再反映其经济现实。到了1989年，日本资产占世界股市市值的45%，超过了美国和英国的总和，而且世界上规模最大的公司大多是日本公司。埃维拉德在1988年彻底退出了日本市场，因为他无法找到一只符合其估值要求的日本股票。1989年末日本股市泡沫破灭，随即陷入了数十年的死亡循环。按2009年的低点数据计算，日经225股指在20年内的跌幅超过了80%。在我们的一次谈话中，埃维拉德惊讶地告诉我，2020年的日本股市"仍比30年前低30%"。

巴菲特在《聪明的投资者》一书的序言中写道，"成功的投资生涯不需要超群的智商、非凡的经济眼光或者内幕消息，所需要的只是一个能助力自己做决策的完善的知识架构，以及避免情绪破坏该架构的能力。"埃维拉德符合这个标准吗？他强调安全边际的知识架构经受住了时间的考验，他能控制好自己的情绪，当其他人一窝蜂地进行投资时，他不会随波逐流，能经受住任何可能导致他放松标准的诱惑。有一段时间，他还获得了另一个关键的优势：具有较高的自由裁量权，因为他在离公司总部六千多公里外的地方工作，而且他的投资回报率很高，没有人有理由抱怨或干涉他的所作所为。

这些都是业绩优异的先决条件，但埃维拉德很快就发现，一些力量汇聚在一起会不可避免地导致脆弱性和平庸的回报。我们需要了解这些力量，因为它们会破坏投资者的韧性。在这一章中，我们将看到埃维拉德和他杰出的继任者马修·麦克伦南是如何驾驭这些力量，进而创造了40多年出色的投资记录的。他们的思想必能为你在投资生涯中赢得和保有财富提供诸多启示。

"落后就要受苦"

埃维拉德的麻烦始于1997年，当时，索根国际已经连续18年没有经历过巨大的损失了，而且收益率一直跑赢了大盘。1990年是其业绩最糟糕的一年，但也只是损失了微不足道的1.3%。一路走来，埃维拉德管理的资产不断增多，到1997年时飙升至了60亿美元。但让他倍感意外的是，他的金融堡垒面临的威胁并非来自市场崩溃，而是投机热潮。

从1997年1月至2000年3月，在互联网和电信股热潮的推动下，以科技股为主的纳斯达克指数上涨了290%。要领略当时的荒诞，我们不妨看看网站theGlobe.com的沉浮：这家社交媒体网站于1998年上市，上市首日其股价飙升了606%，到2001年该公司在纳斯达克退市时，其股价跌至了不足1美元。我们再看一看电子玩具公司（eToys）的命运：这家在线零售商于1999年5月以每股20美元的价格上市，10月其股价达到了84美元的峰值，18个月后该公司破产。再来看看思科系统（Cisco Systems）：这家网络公司的市值在不到500天的时间里从1000亿美元飙升至5000亿美元，使其（昙花一现般地）成了世界上最大的公司；之后泡沫破灭，其股价暴跌了86%。

第四章

埃维拉德是一个为生计而烦忧的人，他拒绝"坐过山车式"的投资。从分析的角度来看，考虑到荒唐的估值以及预测哪些科技公司会持续生存下去、哪些公司会破产的难度，做出投资科技股的决策并不难，但他采取了一种极端的立场，即根本不持有任何科技公司的股票。对基金经理来说，完全偏离市场指数真的需要勇气，因为一旦判断有误，他们的整个职业生涯就会被断送。如果你结婚了，而且有孩子要养育，或者你只想保留奢华的生活方式，这样的立场特别没有吸引力。一个更简单的选择是"减持"某些股票或行业，而不是完全避开它们。"职业风险"的幽灵有助于解释许多基金"拥抱"指数的原因，因为这样做虽然无法获得较高的回报，却能避免遭受异常的痛苦。

埃维拉德具有顽强坚韧的性格，他没有选择后一种策略。结果，他连续3年的业绩落后于市场，而科技股则疯狂飙涨。仅在1998年，纳斯达克指数就上涨了39.6%，摩根士丹利资本国际指数上涨了24.3%，而索根国际则损失了0.3%。次年，索根国际大涨，收益率为19.6%。表现很好，对吧？错了，当年纳斯达克指数上涨了85.6%。在庸碌之辈都可能中头奖的时代，埃维拉德的收益率看起来很可怜，他的股东们也认为他行事不负责任。这次与以往不同，他的小心谨慎看起来像是在自毁前程。

"落后就要受苦。"埃维拉德说，"心理上遭受折磨，经济上的压力也很大。一年后，股东们不高兴了；两年后，他们变得很生气了；三年后，他们弃我而去了。"在不到3年的时间里，索根国际失去了70%的股东，其管理的资产也从60多亿美元缩减为20亿美元。

他的老板们自然不认为这是好事，他的东家兴业银行很少解雇人。"当他们认为你不再胜任这项工作时，他们会让你待在一个小办公室里无所事事。"1999年，他开始思考之前从来没有考虑过的事情："他们也许会将我扫地出门。"

共同基金行业是很赚钱的，它不是资本密集型行业，但可以获得异常高的营业利润。已故的著名投资者马丁·惠特曼（Marty Whitman）喜欢讲真话，他告诉我说，基金经理在各个方面都很有能力，除了在降低费用方面。管理共同基金公司的高管们有不断聚集资产的强大动力，他们不是傻瓜或恶棍，他们是务实的商人，非常注重销售和营销。在经济繁荣时期，像埃维拉德这样业绩优异的基金经理被视为宝贝，但在经济不景气时，他很容易被视为狂热分子，因为他的极端立场可能使每个人都拿不到奖金。当轻信的投资者想购买互联网股票时，为什么不为他们买入呢？为什么不在鸭子呱呱叫时给它们喂食呢？

压力是巨大的。埃维拉德听说，一位高管在背后抱怨他"有点儿老了"，年仅59岁的他回家后向妻子伊丽莎白诉说了此事，伊丽莎白是一位经验丰富的投资银行家。"我妻子甚至都没有抬眼睛，她依然盯着杂志说：'只是有点儿吗？'"另一位高管分析了索根基金惊人的赎回率后声称，他已经"算出了资金被赎光的确切日期，时间并不遥远，届时我们将无资产管理"。

埃维拉德感觉自己陷入了四面楚歌的境地。"就连基金公司的董事会也反对我。董事们说，'为什么你看不到其他人看到的机会呢？你必须持有科技、媒体和电信股。'"他试图向他们解释，他的投资风格不适合快速变化的行业，这些行业里充斥着以非理性估价交易的活跃股，但这番说辞听上去与外界脱节了，好像他不了解新经济的奇妙创新似的。

他曾经预料到自己的业绩会长期偏低，过去，他曾在几个月的时间里落后于市场，但这次是3年。他坦言："落后的时间太久了，以至于有时我认为自己是个白痴，事实上，我开始怀疑自己了……每个人似乎都看到了光明，但为什么我看不到呢？"

是不是市场已经发生了翻天覆地的变化，他的投资风格已经不再适用了？对冲基金业的传奇人物朱利安·罗伯逊（Julian Robertson）20年来通过押注低估值股票和做空高估值股票获得了惊人的回报，他在2000年初关闭了自己的基金。罗伯逊抱怨道："在理性的环境中，我的投资策略效果良好，但在非理性的市场中，对收益和价格的考虑让位于鼠标点击率和趋势了，我们的投资逻辑已不再有效了。"

第四章

尽管如此，埃维拉德仍在苦苦坚守，他拒绝改变逻辑，也拒绝退休。他的母亲曾对他说过，他已经找到了唯一能让他成功的职业。他说："我想她说的可能是对的，我只知道如何进行价值投资……我不能改变操作策略。"

最终，兴业银行用计摆脱了他，它把他管理的基金卖给了一家小型投资银行阿恩霍尔德&S.布利克罗德。自1962年以来一直在该银行工作的埃维拉德持有该基金19.9%的股份，现在，在经历了3年的惨淡业绩之后，他就像一名被淘汰的球员一样，被卖给了另一支球队。

这笔交易完成的时间点非常可笑。1999年10月交易信息公布，2000年1月交易完成，两个月后，即3月10日，科技股泡沫破裂。

此后，埃维拉德的低价股票投资组合表现出色，理性的价值再次得到证实。他的旗舰投资工具，现更名为第一鹰全球基金（First Eagle Global Fund），在2000年跑赢了纳斯达克49个百分点，2001年跑赢了31个百分点，2002年跑赢了42个百分点。晨星公司评选埃维拉德为2001年度国际股票基金经理。2003年，晨星公司为表彰他"卓越的长期业绩"、对股东最大利益的维护以及"敢于偏离共识的勇气"，向他颁发了首届终身成就奖。

投资者很善变，前一刻埃维拉德还被视为傻瓜、顽石，转眼之间，他就成了圣人，赢得了所有人的尊敬。大量的资金涌入，他管理的资产最终增加为1000亿美元左右。他夹杂着怨恨、悲伤和满足的语气说，他的前老板曾以"现今价值的百分之五"贱卖了这家公司，"有人告诉我，不久之后他们就后悔了"。

在通往荣耀的道路上，格雷厄姆也曾经历过千辛万苦，他不会对埃维拉德的沉浮感到惊讶。在《证券分析》一书中，格雷厄姆开篇就提到了罗马诗人贺拉斯（Horace）说过的这句话："现在腐朽者，将来必重焕光彩；现在如日中天者，将来必坠入深渊。"

陌生人的不仁

埃维拉德力求做对一切，但他几乎断送了职业生涯，我们能从他的经历中得到什么教训呢？首先，他的经历告诉我们，由于在投资过程中会遇到众多不稳定的力量和不可预测的危险，在几十年的时间里持续取得成功是非常困难的。

与许多同龄人不同的是，埃维拉德具有一些强大的优势。他偶然间发现了格雷厄姆的价值导向原则，从而具备了分析优势；他严于律己，自始至终坚持这些原则，抵制了投资高估值股票的诱惑；他性格坚韧，能够忍受同事的嘲笑，克服自己的怀疑情绪。简言之，他是智力和气质都超群的人，有能力在长期跑赢对手。即便如此，这些强大的优势还不足以让他成为一名真正坚韧的投资者，为什么呢？

问题是，埃维拉德所处的地位比较尴尬，这导致他的很多操作并非出自本心。首先，他受投资者的控制。投资者每天都可以赎回资金，这迫使他在价格最便宜时卖出了股票而不是买入。投资者们任性的情绪和反复无常的判断成了他无法控制的外部威胁。其次，他极易受到自己公司内部的压力，包括同事们的，他们担心他拒绝投资科技股会导致他们的经济利益受损。更糟糕的是，他要看老板的眼色行事，他自己说了不算。

在一个抛弃了传统估值法的疯狂市场上，做出理性的决策已经十分困难了，倘若你还要承受被股东抛弃的压力、承受打着如意算盘的同事以及在错误时对你失去信心的老板们施加的压力，那你的处境将变得更加困难。正如我们从埃维拉德的痛苦经历中所看到的，脆弱性以多种形式表现出来，因此，财务韧性也必须体现在多个方面。

巴菲特和芒格已经将伯克希尔·哈撒韦公司打造成了在各个方面都具有韧性的公司，例如，他们承诺持有的现金永远不会低于200亿美元，因此他们永远不会有流动性短缺的困扰。当2020年新冠肺炎引发市场崩盘时，伯克希尔拥有1370

第四章

亿美元的现金，即使面临前所未有的不确定性，它仍然坚不可摧。即便是在动荡或通胀时期，巴菲特和芒格也收购未来几十年内前景看好的高质量企业，而且，由于他们的保险业务资金非常充裕，他们能够承受可能会让其他实力较弱的公司破产的灾难。

伯克希尔还有结构性优势，它是一家上市公司，而不是一只基金，因此他们投资的是永远不会被惊慌失措的股东赎回的永久性资产。"当你经营一只共同基金时，你总是担心自己会因短期内业绩不佳而被股东抛弃。"埃维拉德说，"从某种程度上说，巴菲特对伯克希尔·哈撒韦的操作就好像是对封闭式基金的操作，他不必忍受赎回的痛苦。"

在金融危机期间，伯克希尔的股票遭受了重创，从2008年9月到2009年3月，其股价暴跌了50.7%，但这样的短期市场波动对企业的长期价值没有什么影响，巴菲特反而利用这场危机，以优惠条件向高盛、通用电气和美国银行等受损的巨头投资了数十亿美元，提升了伯克希尔的价值。盖伊·斯皮尔执掌的对冲基金持有伯克希尔的股票超过了20年，他说巴菲特已经从各方面完善了自己，他要成为"最后一个站着的人"。

在《欲望号街车》（*A Streetcar Named Desire*）里，布兰奇·杜布瓦（Blanche DuBois）说："我总是依赖陌生人的仁慈。"这是一种甜蜜的情感，只是她疯了，对着一位将要把她囚禁起来的医生说出了这样的话。在2018年致股东的信中，巴菲特改动了这句话，他说："我和查理决不会以一种依赖陌生人甚至朋友的仁慈的方式经营伯克希尔，因为他们也可能面临流动性问题……我们对伯克希尔的构建，要使其能够轻松承受经济的不连续性，包括市场长期关闭等极端情况。"

如果我们的目标是确保财务韧性，那么我们最好的效仿对象是巴菲特而不是布兰奇，因此，我们要确保这一点：即使陌生人不仁，我们也能做得很好。作为一名基金经理，埃维拉德无法摆脱对他人的依赖，但个人投资者具备一个明显的优势：他们不必对好斗的股东或任何不满的批评者负责（也许他们只需对自己的家人负责)。

那么，个人如何才能减少脆弱性、增强韧性呢？**我们应该以巴菲特为榜样，始终保持足够的现金储备，这样我们就不会在经济低迷时被迫抛售股票（或任何其他陷入困境的资产）。我们永远不应过度举债，因为正如埃维拉德所警告的那样，债务会侵蚀我们的"耐心"。像他一样，我们应该经受住那些看似前景辉煌但无安全边际的热门股的诱惑，我们应该绕过那些资产负债表疲弱或迫切需要外部融资的企业，这些企业在困难时期很可能会消失。**

做到这些不像给大脑开刀那么难，但我们要认真对待这条常被遗忘的戒律：**你不应依赖陌生人的仁慈。**

漫长的游戏

不急于发财是好事。2014年，我请欧文·卡恩（Irving Kahn）讲一讲他超长职业生涯中最重要的经验教训，当时，他已经108岁了，他从1928年起就开始在华尔街工作。在投资行业，没有人能在时局动荡时安然无恙，所以我把他看作是具有财务（和生物）韧性的典型范例[①]。卡恩的身体非常虚弱，不能亲自见我，但他的孙子安德鲁是卡恩家族投资公司（卡恩兄弟公司）的分析师。安德鲁代我宣读了问题，并代卡恩写下了答案。后来得知，这是卡恩最后一次接受采访，仅3个月后他就去世了，享年109岁。

20世纪20年代，卡恩在格雷厄姆任职的哥伦比亚大学做助教，几十年间他们一直是朋友。我想知道他从格雷厄姆身上学到了什么，促使他在86年的金融生涯中大获成功。卡恩的回答是："投资最重要的是保存实力，而不是获得丰厚的收益，必须将这一点铭记于心。如果你仅得到了合理的回报，且承受了最小的

---

① 从生物学角度讲，卡恩也是个好例子。他很少锻炼身体，对红肉的胃口极大，一直到50岁左右才戒烟，但他活了109岁。如果他之前比较注意养生的话，想想他能活多久呢？他的儿子托马斯说，卡恩的好奇心有利于他保持年轻，但他体内有长寿基因：他们兄弟姐妹中，加上他共有四人活了100多岁。

损失，那么你终将成为富人，而且你会超越所有赌友，这也是解决失眠问题的好方法。"

正如卡恩所言，投资秘诀可用这一个词来表达，那就是"**安全**"，**做出明智投资决策的关键总是从问"我可能亏多少钱"开始**。他解释道："考虑下行风险是投资者必做的最重要的事项，必须先解决这一问题，之后才能考虑收益。现在的问题是，人们以为自己很聪明，可以快速做出决策。你能纵马驰骋这不假，但你走对路了吗？你能看出自己要去哪里吗？"

卡恩的防御性思维让我想起了医学生铭记的这一信条："**首先，不要伤害。**"对于投资者来说，要把这个信条略作调整，把它变成：首先，不要自残。当我们解释投资成功的原因时，我们自然会被其中更积极的方面所吸引，讲述那些赚了数十亿美元的大胆押注要比喋喋不休地谈论那些从未发生过的事故更吸引人，但避免发生事故很重要，因为从灾难中恢复元气极为困难。算一笔账你就会明白这一点：当你因考虑不周亏损了50%时，你需要获得100%的收益才能回到起点。

埃维拉德之所以成为一名长期屹立不倒的全球投资大亨，正是因为他有所为有所不为，他一次次地避开了前进道路上的致命危险，进而避免了损失。回顾了他在索根国际和第一鹰资本的职业生涯后，他说："我们几十年来能取得这样的成绩，主要是因为我们不持有某些股票。80年代末我们不持有日本股，90年代末不持有科技股，在2000—2008年间，我们不持有任何金融股。"他在30年里避开了3次灾难，这决定了他的成败。

一切都会褪色

2008年，埃维拉德从基金经理岗位退休，开始担任第一鹰资本的高级顾问，他的接班人是39岁的澳大利亚人马修·麦克伦南，后者在雷曼兄弟倒闭、全球金融体系开始崩溃的前一周接替了他的工作。如今，麦克伦南掌管着1000多亿美元的资产，拥有数百万基金股东，是世界上最有影响力的投资者之一，也是最有想法的投资者之一。

初看起来,他与埃维拉德几乎没什么相同之处。表情阴郁、世界观严谨的埃维拉德总是会让我想起《小熊维尼》(Winnie-the-Pooh)里的屹耳(Eeyore),这是个忧郁的人物,所住的地方在地图上被标注为"忧郁之地:一块悲伤的沼泽",但比他年轻近30岁的麦克伦南热情随和,富有魅力,说每一句话时几乎都面带微笑。

但作为投资者,埃维拉德和麦克伦南有很多共同点。2008年他们初次见面时就讨论了与科技泡沫有关的精彩战事。麦克伦南曾在高盛(Goldman Sachs)管理一个以价值为导向的全球投资组合,他讲述了自己拒绝参与无安全边际的投资狂潮的经历,埃维拉德认同他的做法。麦克伦南说:"让他感到欣慰的是,我没有随波逐流,没有卷入热潮中。当你这么做时,你会感到孤独……所以我们惺惺相惜。"

麦克伦南不同寻常的背景有助于解释他不走寻常路的原因。他于1969年出生在巴布亚新几内亚,在那里度过了生命里的头6年。他的父亲是一位测量员,母亲是一位理疗师,也是位艺术家,他们搬到巴布亚新几内亚纯粹是为了寻求惊险刺激。当我开玩笑地说,他是巴布亚新几内亚最著名的投资家时,他回答说:"那是因为只有一个样本。"他形容他的父母是"自由派思想家",他们"觉得不需要像前人那样积累财富",后来他们在澳大利亚买了一块地,那里风景优美,一边长着茂密的雨林。他们无法获得接入电网的许可,因此麦克伦南的青少年时代大多是在没有物质享受的环境下度过的,与"正常的、真正意义上的喧闹生活"完全不同。

他们的房间里堆满了书,但没有热水,于是他在树下淋浴。他用黑色塑料袋装上水,放在午后的阳光下晒热。他们没有冰箱。取暖要靠铸铁炉子,炉子的烟味经常把他熏醒,醒后他会逃出家门。"我们很久没有电视看,"他回忆道,"但后来我们得到了一台,我父亲把它接到了汽车的电池上,但没看多久,因为父亲

第四章

要用车,他把车倒了出来,此时电视机还被连在汽车的电池上,汽车拖着电视机穿过了院子前门。"

麦克伦南把大部分时间花在了看书上,常常是在煤油灯下。他还和祖父一起生活过一段时间,祖父是"一位真正的思想家",他买股票、收集葡萄酒、种植玫瑰,向麦克伦南讲述他在南极当医生时从事地球物理考察的奇特经历。麦克伦南继承了家族探求知识的热情,他讲话时会不时地提及赫拉克利特(Heraclitus)、修昔底德(Thucydides)、孟德斯鸠(Montesquieu)、薛定谔(Schrödinger)等伟大思想家的观点。没有什么比内心充实的生活更让他感到快乐了:"当我萌生了一个想法,或者当我正在思考一种对待事物的新方式时,我就像站立在潮头一样,感到非常快乐。"

麦克伦南如饥似渴的阅读让他得出了与格雷厄姆和埃维拉德一样谨慎的结论:**未来是如此的"不确定",投资者应该集中精力避免遭受永久性的损失,并建立"能够承受世界各国各种风险的投资组合"**。正如麦克伦南看到的,我们首先应该确立一个总体目标,它要能指导我们所有的投资选择。为了说明这一点,他引用了古罗马哲学家塞涅卡(Seneca)的这句话:"如果一个人不知道自己要驶向哪个港口,那么哪个方向的风都不是顺风。"麦克伦南的目标很明确,他说:"我们的目标不是快速致富,而是根据现实条件创造价值。"对我们所有人而言,这是一个比跑赢市场更为明智的目标。

麦克伦南"对不确定性的尊重"部分源于他对历史的研究。20世纪初相对平静的世界局势颇让他心动,他指出,1908—1911年间,世界形势相对平稳,当时的投资者完全有理由对未来充满信心。当时全球经济经历了前所未有的长期增长,资产价值看起来比较合理,人们普遍认为通货膨胀已被克服,还有什么需要担心的呢?但不久之后,世界陷入了一片混乱。

1912年,号称"永不沉没"的泰坦尼克号在处女航中沉没,这一事件提醒人们,人类无法驾驭大自然。一场暗杀引发了连锁反应,促成了1914年第一次世界大战的爆发。战争期间，纽约证券交易所关闭了4个月，欧洲各大交易所也都关闭了。1918—1919年的流感疫情导致了5000万人死亡。1922年，恶性通货膨胀席卷德国，为希特勒之后上台执政奠定了基础。1929年的经济崩溃之后是大萧条。第二次世界大战于1939年爆发，至1945年才结束。一段平静繁荣的时期之后紧接着是30年的灾难，股市暴跌。从1926年到1945年，在一系列大事件的冲击下，全球股市动荡不安，给一代投资者留下了对风险难以磨灭的恐惧印象。①

投资者反复犯的一个危险错误是，认为未来与他们最近经历的时期相似。麦克伦南说："但未来可能会大不相同。下一代人的生活经历与上一代人的截然不同。"巴菲特在"9·11"事件发生后也提出了类似的观点。"9·11"事件给伯克希尔造成了数十亿美元的保险损失，他在2002年致股东的信中承认："我们忽略或忽视了大规模的恐怖袭击会导致损失的可能性……总之，我们业内所有人都犯了一个根本性的错误，我们只注重经验，而不考虑风险敞口。"**牢记这一教训后，麦克伦南把大量的注意力放在了风险敞口上，并积极为看起来与最近的经历完全不同的未来做准备。**

2017年夏，当我们第一次在他曼哈顿整洁的办公室里交谈时，他列出了投资者面临的一系列威胁。例如，他指出，美国的债务相对于GDP的比率甚至比2008年金融危机前的还要高；存款利率太低导致储户因谨慎受到了惩罚；自动化的兴起正在引发社会和政治动荡；地缘政治不稳定，充满了冲突的风险，尤其是中

---

① 彼得·伯恩斯坦（Peter Bernstein）在《与天为敌：一部人类风险探索史》（*Against the Gods: The Remarkable Story of Risk*）一书中写道，从1926年到1945年，股市年均总收益率只有7%。同时，年收益率的标准差为37%。收益率较低而波动率较高，这是可怕的组合。

事实证明，对投资者来说，1945年后的几十年是辉煌的时代。在1926—1945年间因觉得炒股风险过大而不再触及股市的人可能会错过这个时代，道琼斯工业平均指数从1945年的约150点飙升至了1966年的近1000点。伯恩斯坦指出，1945—1966年总收益率的标准差大幅下降，为1926—1945年的三分之一。收益率高而波动温和，这是一个令人欣喜的组合。其中的经验教训对投资者来说格外重要。如果你还期望着世界保持稳定或金融市场持续地沿着一条路径（好或坏）前进，那么你只要想一想1908—1911年、1912—1945年和1945—1966年这3个时期的差异就会变得清醒了。记住，改变是常态，自满是敌人。

国成了美国的竞争对手；资本的低成本已将资产价格推至了较高的水平，因此很难找到具有较大安全边际的股票。他称这些现象是"脆弱和虚弱的表现，历史表明，忽视它们是危险的"。

麦克伦南认为预测市场是"傻差事"，他不会假装自己知道接下来会发生什么。然而，像霍华德·马克斯一样，他认为，投资者必须认识到"风险的定价经历了巨大的周期……当风险定价明显合理时，比如2008年底或2009年，你应该更有投资意愿；当风险定价不合理时，你要更加谨慎，比如1999年、2007年或者现在"。

他把这比作生活在旧金山的断层线上。"也许10年后会爆发地震"，如果认为地震威胁不存在的话，那就太鲁莽了。他对我说："我们只想承认，一些事情未来可能不会有那么好的结果。**想要参与人类前行的征程，首先要在逆境中生存下来。**"这是在投资和生活中都需要牢记的一条箴言。

最终浮出水面的威胁是一种流行病，而不是地震，它引发了2020年初的市场崩溃。2020年6月，麦克伦南住到了位于康涅狄格州格林威治的一所房子里，这所房子是他在疫情期间为了逃离曼哈顿而租下来的。他说，在经历了10年几乎"不间断的增长"后，崩溃在"志得意满"的时候发生了，这凸显了他秉持的这一信念的正确性：**"市场是复杂的生态系统的一部分，而这个生态系统从本质上看是不可预测的。**你知道，在2019年12月，没有一位经济学家认为新冠病毒会对商业周期产生破坏性的影响。"保持韧性的关键是，确保在"感觉良好"时"谨慎行事"，因为"未来是不确定的，要谨防这类事件的发生"。

麦克伦南的目标是灵活地创造财富，那么他是如何构建能实现他这一目标的投资组合的呢？首先，他把全球市场想象成一块巨大的大理石，为了"塑造出更好的结果"，他开始"削去"不想拥有的每一块，去掉任何会加重脆弱性的东西。整个过程都是为了"消除错误"。正如麦克伦南所解释的那样，这么做是因为他有"危机感"，他知道"有很多事情会伤害我们"，而保持韧性则要求他"避开它们"。

麦克伦南能灵活地在世界各地寻找机会，因为他执掌一只全球基金和一只国际基金。大多数投资者都会寻找他所称的"主题增长"（thematic growth）的"热口袋"（heated pockets），比如2010年的巴西股市、2017年的社交媒体公司、2020年的电动车等时髦股。受近期经验的影响，投资者往往会对表现最佳的股票进行投资，由于人们普遍预期这些股票将继续上涨，股价会虚高。此外，高增长地区最终会引发激烈的竞争，正如马克斯所说的："成功本身就携带着失败的种子。"

如果你的目标是灵活地创造财富，你就不能跟风操作。因为这样做风险太大了。最受热捧的资产没有安全边际，因此，麦克伦南一开始就把那些时髦股淘汰掉了，包括那些不加选择地吸引"各种"流动资本的国家和行业。当备受青睐的金砖四国（巴西、俄罗斯、印度和中国）的股市暴跌和巴西股市崩盘时，这种习惯使他的股东免于受损。

同样，麦克伦南将他认为有可能加重其投资组合脆弱性的所有公司均排除在外，例如，他避免投资采用极易受技术变革影响的商业模式的公司，他同样避开了那些资产负债表不透明、杠杆率过高或管理草率的公司，因为这些公司"过于冒险了"，正因如此，当安然、房利美和一些银行在金融危机期间破产时，他管理的基金能安然无恙。

麦克伦南认为，即使是成功的企业也不可能永续发展，他会从比较悲观的视角看待它们，这是他从科学中借鉴的方法。他说："我相信，一切都在走向衰落。想想进化论，曾经存在过的99%的物种都已灭绝了，企业也不例外。"他认为经济是一个生态系统，在这个系统中，当前的王者最终将被颠覆性的技术和新的竞争对手所击败。麦克伦南说："今天很强大的企业未来不一定很强大，不确定性是系统固有的特征，这是规律。基本上，随着时间的推移，事物趋向于无序，保持结构和质量需要大量的能量，因此，从哲学上讲，我们非常尊重这一事实：事物不会永远存在，它会消失。"

第四章

这一认识对选股具有深远的意义。大多数投资者都希望持有增长前景良好的公司的股票，而麦克伦南重视的是"避免衰退公司"的股票。他是如何做的呢？他确认了不易受"复杂的竞争力量"影响的"持久性企业"，将其视为反熵策略。

他希望"坚持"投资的一个例子是发那科公司（FANUC Corp.），这是一家日本公司，是全球机器人产品（如伺服电动机）的大销售商，一直保持着稳固的领先地位。麦克伦南说，无论你在美国买什么车，其喷漆很可能都是由发那科公司的机器人完成的。公司拥有忠诚的客户群，他们已经习惯了使用该公司的产品。该公司收集客户的实时数据，并利用对市场的卓越知识不断扩大其相对于竞争对手的领先优势。制造业自动化的趋势对发那科公司有益，它不是技术变革的受害者。公司财务状况良好，资产负债表上有现金净额。管理团队具有远见卓识，他们明确谈到，公司的"持续生存"是他们优先考虑的事项。虽然这些做法均不能保证该公司对熵免疫，但麦克伦南认为其"难以取代"。

他认为主导业务特别有韧性的另一个例子是消费品公司高露洁（Colgate-Palmolive）。自19世纪70年代以来，该公司一直销售牙膏，还控制着全球40%以上的市场。牙膏是廉价的日用品，除在少数情况下，如一种成分被证明具有致癌性，该产品具有强大的抗颠覆性。麦克伦南说，即使在经济动荡时期，例如在2008年或2020年，该企业也在"不断发展"，而且，与发那科公司一样，"规模与忠诚的客户相结合往往能产生更高的利润，进而带来更多的现金流"。

高露洁并不是一家新奇或吸睛的公司。但它的商业模式却很难被复制，以至于具有了麦克伦南所称的"平凡的稀缺性"。就投资而言，**美通常在于平凡而不是奇特**，这种理念给人一种违反直觉的优雅感。多年来，他发现了无数"丑小鸭"的隐藏魅力，包括他在周期性衰退期间收购的林地公司和出租制服的公司，但像特斯拉（Tesla）那样的公司，他却没有投资。

同样，在2020年3月股市暴跌之际，麦克伦南还增持了日本星崎集团（Hoshizaki）的股份，它是另一家业务平凡但经营持久的企业，他称该公司为"餐厅制冰机的世界领导者",他解释说:"餐馆可能倒闭也可能成立,但它们都需要同样的设备,因此,把宝押在设备制造商身上远比把宝押在餐馆上更安全。"

麦克伦南还坚持认为,买入任何股票时要支付"衰退价",换言之,股票的估值必须足够低。他认为,他持股的公司和所有企业一样,最终会"走向衰落",他通常寻求以比他估计的公司内在价值低30%的价格买入股票。如果企业没有衰退而是继续增长了,"我们就免费赢得了增长的时机"。

经过麦克伦南的几轮筛选后,还能剩下什么呢?剩下的是一组"韧性强的企业",即经营持久、管理可靠、资本充足、价值被低估的企业,即使是在不存在永恒的达尔文生态系统中,这些企业也可能蓬勃发展。

平均而言,他持有这些股票的时间长达10年之久,随着估值的波动,他会对头寸进行调整。麦克伦南认识到,这些企业都不完善,有些还会让人失望,因此,为了增强韧性,他持有了大约140只股票。像格雷厄姆和埃维拉德一样,他认为多样化是"容错"战略的重要组成部分,能使自己在犯错、遭受厄运和看不到未来时生存下来。①

"以低价买入优质股"的机会是不确定的,往往出现在市场开始大幅震荡的时候,但麦克伦南非常乐意等待5年或10年,直到他观察名单上的公司满足了他的估值标准。与此同时,他会严格地积累资金,他绝不会为了寻求心理安慰而在价格过高时出手投资。事实上,他试图灌输给分析人士的最关键的思想就是,拒绝投资不合适的股票至关重要。

当市场情绪高涨且难以找到优质的廉价股时,麦克伦南就会按兵不动。2020年2月19日,即新冠疫情导致股市崩盘的前一天,第一鹰全球基金仅有71%的资

---

① 同样要承认的一点是,资产规模高达1000亿美元的基金经理无法管理一个集中的投资组合。莫尼什·帕伯莱的大部分资金都投资给了少数几只股票,他认为多样化的投资组合只能获得平庸的回报。但业绩优异和生存之间存在矛盾的关系。帕伯莱比麦克伦南更有可能产生惊人的高回报,但也更可能使自己的基金陷于困境。麦克伦南补充说,自1926年以来,"绝大多数市场的收益来自约4%的股票……如果投资组合过于集中,这4%的股票包括你所持的股票的可能性很低。"

第四章

产为股票，有15%的资产为现金和主权债务，这反映了他对股票估值过高和2017年以来逐渐累积的市场风险的担忧。他指出："当价格不利于投资时，我们不必进行资本操作，这有助于我们在下跌行情中保持韧性。"

该基金14%的资产为黄金，他认为这是对市场崩溃、地缘政治不稳或对纸币体系失去信心的长期对冲。他说："在非常糟糕的极端状态下，黄金与股市呈负相关关系。"黄金也是"元素周期表上最稀缺、最具韧性的元素之一……它不会生锈，不会腐烂，也不会像企业或政权那样衰落"。在人为制造不稳定的世界里，他（毫无疑问地）认为，黄金为他的全天候投资组合增加了"天然"的韧性，有助于确保他挺过那些意想不到的艰难岁月。毕竟，公司可能消亡，但黄金永存。

事实上，这只全球性基金在动荡的2020年表现良好，现金和黄金这两大"压舱物"使其收益保持了稳定。麦克伦南说："这是表明你需要未雨绸缪的典型例子。当暴风雨来临时，即使你四处找寻，也很难找到一把雨伞，因此，提前调整心态至关重要。"当其他人惊慌失措时，他也能够以"当前更合理的价格买入遭受重创的股票"。他说："只靠保守是不够的，你还要愿意在别人觉得最不适合时出手。"

麦克伦南采用的方法与大多数投资者形成了鲜明的对比。他重视从各方面消除脆弱性，这就需要他避免他们表现出来的所有"明显的行为缺陷"。例如，他们太过心急，以至于不能等到合适的价格出现时再买入；他们"租借"股票，而不是长期持有；他们受控于自负的错觉，认为自己能未卜先知，认识不到自己知识的局限性；他们盲目地追逐热潮，他们的判断被"收益红眼病"和错失良机的恐惧所左右。

人们为何会做出这种自我毁灭性的决定呢？麦克伦南对这个问题的看法深受《伯罗奔尼撒战争史》（*History of the Peloponnesian War*）一书的影响，这本书是雅典将军修昔底德于大约2400年前写就的。麦克伦南说，雅典和斯巴达最终陷入战争是因为双方在"情急之下"做出了"仓促"和"傲慢"的决定。他认为，无论是为了化解冲突还是积累财富，耐心和谦逊这些特质都是性情方面的优势。他再次表明，成功源于有意识地抵制一切助长脆弱性的因素。

麦克伦南在描述他建立不断成长的投资组合的过程时，回忆起了小时候在澳大利亚生活时母亲打理花园的情景。花园里总是存在这样或那样的问题，干燥的天气、枯萎的藤蔓、虫害等，他常常想知道她为什么要如此费心费力。如果任由其生长，或者仅仅满足于打理一块草坪，也就是说每周修剪一次草坪，那就容易多了。但30年来，她的精心护理取得了显著的成效。"随着时间的推移，我看到这个花园逐渐展现出了美丽的样貌。取得好结果需要时间，需要选择，我认为这对投资很有启示意义。"

第一鹰全球基金很像那座花园。自1979年埃维拉德执掌该基金以来，发生了很多事情，包括牛市、泡沫、通货膨胀、战争、崩溃、危机和疾病大流行，然而，规避风险的策略始终得到了严格的贯彻。结果如何呢？自1979年以来，该基金的年均收益率为12.46%，摩根士丹利资本国际（MSCI）世界指数的年均收益率为9.35%。[①] 如果你在1979年向第一鹰全球基金投资了10万美元，那么到2020年时你的资产将增加至1294万美元，而如果你投资了摩根士丹利资本国际世界指数，那么到2020年你的资产额为405万美元，两者相差近900万美元。这就是复利的神奇之处，几十年间，微小的优势不断累积，最终形成了巨大的优势。

矛盾的是，虽然埃维拉德和麦克伦南的投资业绩非常出色，但他们却从来不敢冒过大的风险。麦克伦南认为，他们之所以能成功是因为，他们一贯重视"缓解风险""消除错误"和"谨慎地有所不为"，从本质上说，他们奉行的是"不输即为赢"的理念。

---

① 这些数字不包括买入第一鹰全球基金的销售费用，其覆盖的时间范围为1979年1月至2020年5月。在近40年的时间里，该基金的累计收益率为12845%，而MSCI世界指数的为3945%。从中能得到什么启示呢？稳定的复利−灾难=非凡的成功。

第四章

"生活不简单"

不过,通往繁荣的道路并不是一帆风顺的。现已退休的埃维拉德毫不掩饰他职业生涯经历的困苦岁月留给他的情感创伤。回顾过去的生活,他为自己难以平衡工作和家庭生活而深感遗憾。他的工作是如此的"吸引人",而且"有时心里感到痛苦",以至于他"忽略"了两个女儿。如果他给予了她们更多的关注,他是否还会取得如此骄人的成就呢?"我不知道答案,我永远也不会知道。"他说,"神父说的对,生活不简单。"

尽管如此,他还是对自己取得的成就深感自豪。他说:"令我高兴的不是我做得比别人好,而是在很长的时间里我的收益率远远超过了指数基金。数字是不会说谎的。"麦克伦南和其他人一样,也会经历起伏。当我问他熵和无常的力量如何影响他的生活时,他回答说:"哈,这个问题我有发言权!你知道,我离过婚。"他和前妻育有3个孩子,在一起生活了多年后离婚了,然后他又坠入了爱河并再婚,生下了第四个孩子,是个女儿,名叫丁尼生,"取了个诗人的名字"。

麦克伦南说,无论是从职业生涯还是从个人生活来看,他发现,"极度痛苦的时刻"之后往往是"新的开始"和"极其有利的机会"。例如,20世纪90年代末对他和埃维拉德等价值投资者来说都是非常残酷的时期,"但21世纪初是个黄金时代,所以,如果能挺过来,你得到的回报将是巨大的。"

在市场上与在生活中一样,成败很大程度上取决于我们在低谷期的生存能力。

麦克伦南在高盛工作了14年,曾与华尔街一些业绩最出色的人共过事。他起初很想知道这些人是否具有某种与众不同的独特才能。"随着时间的推移,我逐渐发现,他们不放弃原则、不断地学习、不断地进步,持之以恒,在逆境中具有强烈的求生欲。"他看到了最出色的投资者具有的共性,"不放弃,不断获取新知识",而且能"熬过低谷期"。

麦克伦南很清楚,未来他会面临更多的麻烦、不稳定和衰退,毕竟,"熵是宇宙的铁律"，但他认为自己是"有见识的现实主义者"，而不是个悲观主义者。他说："我相信人类的潜能，但我认为前路不会一帆风顺，偶发性的意外会存在，因此，若你在构建投资组合时能考虑到这些意外，你更有可能从人类的进步中获益。"

保持韧性的5条规则

我们现在尝试着从格雷厄姆、卡恩、巴菲特、埃维拉德和麦克伦南身上汲取一些关于如何增强投资者韧性的实用经验。在我看来，我们应当铭记以下5条基本规则。

第一，我们要尊重不确定性。想想格雷厄姆和卡恩在过去约一个世纪里经历过的风风雨雨，你就会意识到，无序、混乱、动荡和意外不是系统的缺陷，而是系统的特性。我们无法预测这些干扰出现的时间、触发因素或确切性质，但我们要认识到，它们可能会出现，并为应对它们做好准备，以减轻它们出现时带来的危害。怎样做呢？确认我们的脆弱性并自觉地消除（或减少）它们。正如纳西姆·尼古拉斯·塔勒布在《反脆弱：从不确定性中获益》一书中所写的那样，"弄清楚什么是脆弱的，比预测对其造成伤害的某个事件是否会发生要容易得多。"

第二，要保持韧性，必须减少或消除债务，避免使用杠杆，谨防过度支出，这些都会使我们依赖陌生人的仁慈。要问自己这两个关键的问题："我在哪些方面比较脆弱？我如何降低脆弱性？"比如说，如果你把所有的钱都放在一家银行、一家券商、一个国家、一种货币、一个资产类别或一只基金中，你无异于在玩一把上了膛的枪。幸运时，你可能在短期内赚得盆满钵满，但是，随着时间的推移，当意外事件发生时，你的脆弱性就会暴露无遗。

第三，我们不应该只重视短期收益或超越基准，相反，我们更应该重视对抗冲击、避免破产和确保生存。从某种程度上看，随着经济增长、生产力提高、人口扩张和复利效力的发挥，我们自然而然会得到收益，但正如卡恩所警告的，我们不能忽视不利因素。

第四，谨防过度自信和自满。亚里士多德曾指出，"钱多人傻"。就我个人而言，我确信自己是个不够理性、无知、自欺欺人的人，而且尽管我常常嘲笑行为不当之人，但我也容易犯同样的错误，包括相信未来与最近的过去相似这一危险的习惯。

第五，作为有见识的现实主义者，我们应该敏锐地意识到我们面临的风险，并且应该始终获取安全边际。但要特别注意这一点：我们不能在风险意识的影响下变得惶恐、悲观或偏执。尼采警告说，"凝视深渊太久，你就会变成深渊"。正如麦克伦南在此次新冠疫情期间所展示的那样，坚韧的投资者有实力、有信心抓住机遇，而无信心的投资者将错失机遇。防守突然变为进攻，混乱带来了利润。

第五章
复杂的最高境界是简单

获得丰厚回报最简单的路径

我们的生活都被琐事浪费掉了……简单点,再简单点。

——亨利·戴维·梭罗

这个非凡时代最大的矛盾是,我们周围的世界变得越复杂,为了实现我们的财务目标,我们的追求就必须越简单……事实上,简单是获得财务成功的关键。

——约翰·博格

纽约的空气潮湿得令人窒息,在这样的夏日里,即使是身体最强壮的人也想逃离闷热的摩天大楼。华尔街那些西装革履、胸怀大志的富豪们一定热得喘着粗气。

但乔尔·格林布拉特不同,他早已从这座城市逃离,现正在一百六十多公里之外的汉普顿(Hamptons)海滩别墅工作。我们坐在他装潢精美的露台上,一边享受着凉爽的微风,一边欣赏着大西洋壮丽的景色。这座房子里有带篮球架的游泳池和带球门柱的草坪。几块冲浪板靠在我们身后的墙上。阳光照射在海面上,波光粼粼。

即将过六十大寿的格林布拉特身材修长,皮肤被晒得黝黑,他身着牛仔裤和黑色皮鞋,没有穿袜子,衣袖向上卷着,神情很轻松。他非常喜欢打网球。投资巨头并不一定具有高超的社交技能,但作为巨人中的巨人,格林布拉特举止迷

第五章

人,面带微笑,最重要的是,他浑身散发着自信和沉稳之气,给人一种超然的感觉。他对自己很满意,对自己取得的成就了如指掌。

了解了格林布拉特的卓越成就,我们就不会对他的行为举止感到奇怪了,他的投资回报率堪称业界传奇。1985年,年仅27岁的他创立了戈坦资本公司(Gotham Capital)并推出了一只资产约为700万美元的对冲基金。1989年,罗伯特·戈尔茨坦(Robert Goldstein)加入了他的基金公司,30年后仍然是他的合伙人。在最初的10年里,这只基金的年回报率为50%(扣除了各种税费但包含手续费)。在过去的20年里,该基金的年均收益率达到了惊人的40%。按这一收益率计算,最初的100万美元在20年后增加至了8.36亿美元——这是多么了不起的成绩啊!

5年后,戈坦资本将一半的资金返还给了投资者,10年后,它又返还了剩余的资金,这样一来,格林布拉特和戈尔茨坦就可以集中精力管理自己的财富了。大多数基金经理易受股东的牵制,但他们不必再受他人的牵制、不必对他人负责了。

格林布拉特可以无拘束地按自己内心的想法进行投资了,他开辟了一条不可预知的道路。许多优秀投资者的兴趣都比较狭隘,因为获得卓越的业绩需要保持专注,但格林布拉特过着丰富多彩的生活。首先,他是个热爱生活的顾家型男人,他有妻子,有5个孩子,还有两条狗;其次,他是一位才华横溢的作家,曾出版过3本投资类书籍。他在这些书里提了很多独特的建议,他的语言幽默诙谐(比如有一处注释是这样写的:"世界上有三种人,会数数的人和不会数数的人"),还包含了丰富的文字游戏以及他小时候的种种经历,包括模仿狗呕吐和未成年时赌马。①

---

① 有趣的是,格林布拉特总是很随意地说出些俏皮话。例如,在《股市天才》(*You Can Be a Stock Market Genius*)一书的词汇表中,他对乡村白痴(VILLAGE IDIOT)一词的界定是:一个花24美元买投资书,认为自己能战胜市场的人(开玩笑的)!

他的第一本书是《股市天才》，这本书是针对普通读者写就的，但却成了对冲基金经理学习的圣经。第二本书是《股市稳赚》(*The Little Book That Beats the Market*)，他写此书的目的是为孩子们揭开投资的神秘面纱，但其销量超过了30万册，被麦克·普里斯誉为"过去50年里最重要的投资书籍之一"。他的第三本书《价值投资的秘密：小投资者战胜基金经理的长线方法》(*The Big Secret for the Small Investor*) 销量不大，格林布拉特曾开玩笑地说，"它还是个秘密"，因为"没人读过它"。

自1996年起，他在哥伦比亚商学院讲授"价值与特殊事件投资"(Value and Special Situation Investment) 课程。到目前为止，他已经指导了大约800名MBA精英，与他们分享了战胜市场的知识框架。课程一开始，格林布拉特就开门见山地告诉学生们，他教授的技能可能会让他们变得非常富有，但他警告说，这些技能的社会价值与提高赛马优势的诀窍一样大。考虑到这一点，他要求学生们"想方设法回馈社会"。

写作和教学是格林布拉特回馈社会的两种方式。在一个充斥着利己主义思想和误导性建议的领域里（这些建议可能会危害你的财务健康），他继承了格雷厄姆、沃伦·巴菲特和霍华德·马克斯的优秀传统，向他人分享了行之有效的投资智慧。同时，作为一名慈善家，他也为创建一个由45所免费的公立特许学校组成的网络发挥了重要作用。这些学校为纽约市的18000名学生提供服务，他们中的大多数来自布朗克斯（Bronx）和哈莱姆（Harlem）等地的低收入和少数族裔家庭。

近年来，格林布拉特重新开始管理外部资金。他和戈尔茨坦一反之前使他们名扬天下的策略，出人意料地创立了一系列多头/空头共同基金，这是很有趣的转变。格林布拉特具有强烈的创业精神，喜欢创办新企业，但他并不想为了赚钱而建立一个金融帝国。"我不反对赚钱。"他说，"但这并不是我真正的动力，我的钱已足够多了。"

第五章

相反，他主要是为了享受胜利的喜悦，想以设计巧妙的方法赢得比赛。他说："破解最令我着迷的难题是一大乐趣，世界上的许多人都在努力解决这些问题，解决了它们会让我产生非常美妙的感觉。"事实上，在我眼里，格林布拉特就像一名密码破译者，沉醉于击败系统的智力挑战。

我想了解他30多年来在破译市场密码及战胜竞争对手的过程中发现了什么。我很快就明白，支撑他策略的原则非常简单。事实上，格林布拉特之所以能提出富于启发性的投资指导是因为，他有化繁为简的天赋。例如，他在曼哈顿中心办公室的一次谈话中告诉我，可把成功选股的全部秘诀归结于这一点："弄清楚什么股票值得投资并以便宜的价格买入。"

真就这么简单吗？我们来一探究竟吧！

但首先，我们要解释一下，为什么确立大体上正确的基本原则十分重要，然后，借鉴格林布拉特和其他金融巨头的经验，我们集中阐述几个具体的投资原则，这些原则能帮助我们在未来的几十年内少走弯路。这么做的目的是什么呢？我们要在这个纷繁复杂的世界里找到一条能获得更高回报的简单、合理、可靠的途径。

复杂的另一面是简单

20世纪70年代，我在伦敦生活，当时总共有3个电视频道可供我选择，至今我仍然清晰地记得，在1982年一个神奇的夜晚，又开播了第四个频道，该频道承诺将给观众带来一场电视盛宴。如今，在21世纪的纽约，我至少有一百个频道可以选择，然而，除了每四年观看一次世界杯外，我很少打开电视，而且我经常看到英格兰足球队被淘汰，这让我非常失望。

我们经常认为，更多的选择会让我们更快乐，从某种程度上看，这是事实，但我发现，过多的选择会增加复杂性，过于复杂会让人难以忍受，持这种观点的人不止我一个。心理学家巴里·施瓦茨（Barry Schwartz）在《选择的悖论：用心理学解读人的经济行为》(*The Paradox of Choice: Why More Is Less*)一书中指出，面对超市货架上的24种美味果酱时，许多购物者不知道该如何选择。

就投资而言，选择的激增会让你眼花缭乱，无所适从。你应该买入个股、交易型开放式指数基金（ETFs）、对冲基金还是共同基金？是买入主动管理基金还是指数基金？是应该选择一种投资风格，还是在成长型、价值型、合理价格成长型、深度价值型、动量型、宏观型或市场中性型等风格间进行混搭？你如何在国内和国外的股票、债券、现金以及私募股权、风险投资、房地产投资信托基金、黄金和猪腩期货等"可供选择的产品"之间分配资金？

实际上，化繁为简的能力非常重要。以《旧约》为例，其包含的戒律不少于613条，谁能记住这么多呢，更别说遵守它们了！也许这就是我们需要前十大戒条的原因，但是，当我刚才试图记下十诫时，我只记对了其中的6条，这还是在要求宽松的情况下完成的。

然而，我仍然记得这个故事：大约两千年前，一位名叫希勒尔的圣人被要求单腿站立着讲授整部《旧约》的内容，对此他回答说："不可对你的邻舍做你所憎恨的事情。其余的都是对这一条的评注。"只需用几个字就可以表达出《旧约》的这一首要规则：Veahavta lereacha kamocha，从希伯来语翻译过来就是"你应该像爱自己一样爱他人。"

同样，当有人问耶稣最重要的戒律是什么时，他也选择了简单的表达方式，他说："你要尽心、尽性、尽力爱你的神耶和华，爱人如己。"

我也偏爱佛陀这句精辟的劝告："不作恶，多行善，净化心灵。"要指导人生，我们还需要多少比这几个字更重要的告诫呢？像希勒尔和耶稣一样，佛大概认识到，我们这些凡夫俗子在面对复杂的事物时，极易感到困惑迷茫，而极少数简单、醒目的路标便可以相当有效地指引我们朝着涅槃的大方向前进。

在科学和商业等更为世俗的领域里，化繁为简同样是重要的策略，例如，科学家们经常引用奥卡姆剃刀原理，即"万物平等，最简单的方法往往是最好的"，

第五章

它是由14世纪的英国修士和哲学家奥卡姆的威廉（William of Occam）提出的。

这一原理形象地揭示了一条重要的理念：剔除所有不必要的细节后，我们更有可能找到正确的答案。爱因斯坦也深以为然，他观察到，"所有的物理理论，除了数学表达式之外，都应该做出一个甚至连孩子都能理解的简单描述"。"核物理学之父"欧内斯特·卢瑟福勋爵（Lord Ernest Rutherford）也得出了类似的结论，他好像说过这句话："如果不能向酒吧女招待解释清楚一个物理学原理，那么它就称不上好的物理学原理。"[1]

简单性在许多卓越的企业里也发挥着重要的作用。以谷歌的主页为例，它主要由一个标志和一个药丸形的搜索栏组成。再想想史蒂夫·乔布斯（Steve Jobs）为苹果产品打造的图形优美、优雅大方的标志，其设计灵感来自佛教禅宗的极简美学。正如乔布斯经常解释的那样，他对简单性的热爱不仅体现在设计方面，他说："我们在公司经营、产品设计、广告中都秉持这一基本原则：'保持简单，真正地简单。'"早在1977年，苹果公司的第一本营销小册子上就有一张闪亮的红苹果照片，下面印着这句标语："复杂的最高境界是简单。"[2]

金融服务业往往不喜欢简单性，因此该行业里出现了令人难以置信的"创新"，如债务抵押债券、结构性投资工具和信用违约掉期等，这些创新在2008年几乎摧毁了全球经济。已故的约翰·博格在1975年创立了先锋集团，一年后推出了第一只指数基金，他在《博格长赢投资之道》（Enough）一书中写道："金融机构的运作就如同一把奥卡姆剃刀，它们有支持复杂和昂贵投资的动机，它们不太

---

[1] 科学领域内我最喜欢的能证明简单性威力的例子来自"生活方式医学之父"迪恩·奥尼什博士（Dr. Dean Ornish），40多年来，他完成了健康和营养方面的许多开拓性研究，他仅用10多个字就总结了自己所有的研究成果："吃得好，多运动，压力少，爱更多。"他最近告诉我，"当你真正深刻地理解了某件事，花了一生去做某件事时，你可以把它变得很简单……你可以直击它的本质"。我强烈建议你阅读他所著的《还原：改变生活方式，逆转慢性疾病》（Undo It! How Simple Lifestyle Changes Can Reverse Most Chronic Diseases）一书，它可能挽救你的生命。

[2] 人们通常认为，这句话是达·芬奇说的，但事实是否如此，我们不得而知。

喜欢简单和廉价的投资，这与大多数投资者需要的和想要的背道而驰。"①

2001年我曾采访过博格，当时他对我说，他的理论再简单不过了。他认为从整体来看，低成本指数基金将击败主动管理型基金，因为后者要承受更高的运营和交易成本。他说："当存在金融中介机构（赌台管理员）时，它会抽走很多市场收益，所以指数基金必定会赢，其中的道理并不复杂。"事实证明，他对指数基金优势的分析非常有见地，后来先锋基金管理的资产增加至6.2万亿美元。②

对此理念深信不疑的另一个人是乔希·维茨金（Josh Waitzkin），他是国际象棋、武术和投资等多个领域的顶尖专家。他小时候就是一名神童，得过国际象棋全国冠军，也是电影《王者之旅》（*Searching for Bobby Fischer*）的主人公的原型。成年后，他成了太极拳推手的世界冠军、对冲基金经理教练，他还写过一本引人入胜的书，书名为《学习之道》（*The Art of Learning: An Inner Journey to Optimal Performance*）。

维茨金根据自己丰富的国际参赛经验，强调了将复杂的挑战分解为简单的组成部分的重要性。教授国际象棋时，他会把3个棋子（两个王和一个兵）之外的所有棋子都去掉，以此来探索降低复杂性后游戏的基本原则。同样地，他通过"逐步完善最简单的动作，例如双手向外推6英寸"来掌握太极拳的要领。通过心无旁骛地练习这些"简化的动作"，他逐渐把整个武术的基本原理内化于心，做

---

① 巴菲特在2016年致伯克希尔·哈撒韦股东的信中写道："如果要树立一座雕像来纪念为美国投资者做出最大贡献的人，毫无疑问我们应该选约翰·博格……早年间，博格常常被投资管理业的人嘲笑。然而，今天他欣慰地得知，数以百万计的投资者因他获得了高收益，没有他，他们的收益要低得多。他是他们的英雄，也是我的英雄。"博格已于2019年去世。

② 1976年，博格推出的第一只指数基金吸引了1140万美元的巨资。他当时的目标是获得与市场相差无几的收益率，正因如此，他的基金不被看好。但博格明白了一个深刻的事实：随着时间的推移，主动管理者收取的巨额费用可能对投资方的净收益产生毁灭性的影响。为了推广指数概念，博格展示了一张表格，上面显示，当每年的收益率为10%时，100万美元的资金在30年后将增加为1750万美元，相比之下，一名积极的投资者，扣除每年的支出（从而将10%的回报率降低到8.5%）后，100万美元的资金在30年后将增加为1150万美元。换句话说，若每年节省1.5%的开支，注重成本的投资者最终将额外获得600万美元的收益。正如博格告诉我的，"我只知道投资的数学是永恒的。"

第五章

到了"心、气、身的协调"。他总结说:"靠一种神秘的技术不大可能达到顶峰,我们要精通基本的技能。"

这是一个很重要的见解,即使最聪明的投资者也能从中获益。毕竟,对于聪明人来说,复杂性可能是一个特别诱人的陷阱。他们在学校上学时因解出了复杂的难题而获得奖励,因此当他们在投资中遇到难题时,他们也会被复杂的解决方案所吸引,这不足为奇。但投资与比武一样,获胜靠的不是炫目的神秘技术的展示,而是对游戏原则和基本技能的精通。正如巴菲特所说,"商学院更多地奖励困难、复杂的行为,但简单的行为更有效。"

巴菲特本人就是一位简化大师,他在1977年致股东的信中提出了选股的4个标准。他写道:**"我们想要的企业必须是:(1)我们可以了解的行业,(2)具有长期竞争力,(3)由才德兼具的人士所经营,(4)吸引人的价格。"** 你可能不觉得这些标准有什么,但是,要提出比这几条更为合理的选股标准恐怕很难。一转眼40多年过去了,但巴菲特的这4条标准依然像以往一样重要和适用。

卓越的投资者能把多年所学浓缩成几条关键的原则,我一次又一次被他们的这种能力所震撼。他们不是把事情简单化或假装复杂性和矛盾不存在,而是把无限丰富和有细微差距的细节进行综合分析,然后总结出精髓。这让我想起了最高法院大法官奥利弗·温德尔·霍姆斯(Oliver Wendell Holmes)说过的一句话:"我不会增添一些无用的因素使简单的生活变复杂,相反我会使生活由复杂变简单。"①

为什么总结出几个核心的投资原则如此重要?首先,这样做能促使我们思考我们真正相信什么。在被不确定性、怀疑和恐惧所困扰的动荡时期,这些原则尤其有用。想想2020年前几个月的情形,仅在美国就有10多万人因新冠疫情死亡,有数千万人失业,而且股市在短短几周内下跌了三分之一,当时我们是多么迷

---

① 不方便说的一点是,我怀疑霍姆斯没有说过这句话,但他在1902年写给乔治娜·波洛克夫人(Lady Georgina Pollock)的一封信中说:"对于简单性,我想说的是,它只是复杂性的另一面。就是这样!"

茫啊!

但形势大好时我们也很容易迷失方向,此时新闻里充斥着太多让人焦虑的噪音;推销劣质投资品和可疑的专业知识的"小贩们"发布了很多相互竞争的广告;到处是怂恿人们采用时髦策略或投资过热资产的、看似能让人一夜暴富的诱惑。

最出色的投资者能严于律己,他们不会被这些干扰所左右。正如格林布拉特所说:"我以简单的方法看待有意义的事情,而且我会一直坚持下去。就是这样!"

威尔·丹诺夫的秘诀

当我在波士顿富达投资公司(Fidelity Investments)的总部采访威尔·丹诺夫(Will Danoff)时,其长期以来奉行的简单投资信条给我留下了特别深刻的印象。丹诺夫朴实无华,是个和蔼可亲的工作狂。他总是咧着嘴笑,说话很风趣。他头发蓬乱,看起来像是一位睡眠不足的中层管理者,而不是宇宙巨人。不过,自1990年执掌富达对冲基金以来,他已将该基金打造成了拥有约1180亿美元资产的庞然大物,成了美国规模最大的由单人执掌的主动管理型基金。他总共管理着2000多亿美元的资产。

众所周知,执掌的基金规模庞大时,要跑赢大盘非常困难,但是,当我们在2017年会面时,丹诺夫做到了这一点。从1年期、3年期、5年期、10年期和27年期的数据来看,他的基金均跑赢了标普500指数。我急于揭开他成功的秘诀,但他只用几个字就概括了他的投资理念,即"股票跟着收益走"。

在这一原则的指引下,他不遗余力地寻找"将在5年内发展壮大的最佳企业",为什么呢?因为他认为,如果一家公司的每股收益在未来5年内能翻倍,那么其股价也有可能翻倍(一倍或多倍)。这样的观念很容易被他人忽略,因为它听起来过于简单,但请记住:投资可不像奥运会的跳水项目那样,评委会给难度

第五章

大的动作加分。

丹诺夫认为，一心一意预测利润增长率没什么错。与本书中提及的大多数投资者不同，他不太担心估值水平，除非它变得"荒唐可笑"。他问道："你想为股东赚钱，想拥有卓越的公司吗？要拥有卓越的公司，你必须付出合理的代价。"

这种心态促使他积累了大量管理良好的企业股，如伯克希尔·哈撒韦（自1996年以来一直是其大股东）、微软、字母表（丹诺夫是谷歌公司2004年IPO的最大投资者之一，此后他一直持有该公司股票）、亚马逊（他持仓最多的股票），还有脸书（他是其IPO最大的买家之一）。"道理很简单。"他说，"我对投资的态度是，要投资最出色的企业。"

为了解释他是如何考虑的，他向我展示了一堆破旧的、沾有咖啡污迹的笔记，这些笔记记录了他过去30年里与数万家公司的管理层面谈的内容。他拿出了最喜欢、也颇有纪念意义的一份记录，这是他与霍华德·舒尔茨（Howard Schultz）会面时用潦草的笔记写就的。舒尔茨是富有远见卓识的企业领导人，一手将星巴克打造成了全球知名品牌。他们是在1992年6月会面的，就在星巴克上市的前一周，当时该公司市值为2.5亿美元，如今，其市值约为1200亿美元。

丹诺夫看着那次会面时做的笔记对我说："你需要知道的一切都在这里了，你能在里面发现重大的机遇。"例如，舒尔茨指出，仅意大利就有至少20万家咖啡馆，相比之下，星巴克的店面只有139个，但这家总部位于西雅图的公司正在积极向其他城市扩张，以每个店面25万美元的成本开设新咖啡馆。到了第三年，一家咖啡馆可以创造15万美元的利润，初始投资的回报率是60%。丹诺夫说："关键是每个店面的回报率都很高"，因此公司"可以在不需要外部融资的情况下快速发展"。

丹诺夫说，他们第一次见面时，他并不太欣赏舒尔茨，但最终星巴克成了他执掌的对冲基金持股最多的公司之一。对该公司的投资很好地证明了，长期投资于保持异常高增长率的卓越企业是非常有价值的。丹诺夫指出了一张显示该公司

20年来惊人业绩的图表：20年来，其每股收益以每年27.45%的速度增长，而该公司的股价则以每年21.32%的幅度飙升。同期，标普500指数的年收益增长率为8.4%，而该指数的年增长率仅为7.9%。

丹诺夫用手指着图表上的曲线，问我是否能从中看出什么端倪。我回答说："股票价格终究会跟着收益走。"他睁大眼睛笑着说："没错，答对了！这就是我学到的，股票会跟着收益走。"

他的话听起来并不深奥，他一贯拒绝过度复杂化，这是他的一大优势。他的朋友比尔·米勒是投资界最有见地的思想家之一，他说，丹诺夫有意识地把注意力集中在最重要的问题上，他不会在令他分散注意力的细节上纠缠。"一次，威尔对我说：'我没那么聪明，而且市场上有很多信息。'因此，当我审视一家公司时，我会问自己：'其经营是在好转还是在恶化？'如果正在好转，那么我想了解背后发生了什么。"

米勒也学会了简化投资流程。他说："我正在努力摆脱不必要的工作。"例如，他曾创建过精密的财务模型，试图以此把控他所分析的每家公司的复杂性。"我不再建模了，这么做太愚蠢了，没任何意义。"现在，他只关注三四个他认为能推动企业发展的关键问题。"对于每一家公司而言，都有几个关键的投资变量。"他说，"剩下的就都是噪音了。"

规律已经表现得很明显了，格林布拉特、巴菲特、博格、丹诺夫和米勒都以自己的方式做到了化繁为简，我们其他人应该效仿他们。**我们每个人都需要一个简单、持续、长期有效的投资策略，一个我们充分理解并坚信无论身处顺境还是逆境都会坚持采用的投资策略。**由于这一理念非常重要，我们稍后还会深入细致地讨论它。现在，让我们更深入地研究格林布拉特的思想，看看他是如何解决投资难题的吧！

第五章

有效的市场、疯狂的人们和具有隐患的事物

20世纪70年代末,格林布拉特在沃顿商学院读本科,当时他的教授们坚持认为,试图战胜市场毫无意义。作为有效市场理论的支持者,他们声称股票价格反映了所有公开的信息。他们认为,消息灵通的买家和卖家之间的互动导致股票以其公允价值定价,这意味着寻找便宜货是徒劳无功的。

从知识层面看,有效市场论无疑是个出色的理论,它证明了群体的智慧,还对普通投资者投资指数基金起到了积极的推动作用。普通投资者投资指数基金是以这一令人沮丧但符合现实的理念为基础的:如果你不能战胜市场,那么你就应该专注于以尽可能低的成本获得相应的回报。对于绝大多数的投资者来说,投资指数化产品无疑是最合理、最简单的策略。

但格林布拉特并不认同这些理念,他说:"我对所学的有效市场知识有一种本能的反应。在我看来,只读读报纸、看看新闻没什么意义。"

他发现,股市通常会在52周的高点和低点之间剧烈波动。如果一只股票2月份的交易价格为50美元,11月份的交易价格飙升至了90美元,那么如何在这两个极端之间确定其价格呢?那些交易火爆的股票呢,比如突然之间火起来的"漂亮50"? 1972年,信息畅通的人群将宝丽来股票的估值定为了150美元,而在1974年却定为了14美元,这公平吗?答案很可能是否定的。

格林布拉特看到,整个市场无规律地从一个极端走向另一个极端,1972—1974年的繁荣和萧条就是典型的情形,他在整个职业生涯中曾数次观察到这种情形。他指出,标普500指数从1996年到2000年翻了一番,从2000年到2002年增长了一半,从2002年到2007年翻了一番,从2007年到2009年增长了一半,从2009年到2017年翻了两番。当市场飙升、震荡和暴跌时,投资者是否合理有效地确定了股价?抑或他们的理性远不如学术理论家的设想?

1979年,格林布拉特以优异的成绩毕业,之后他进入了沃顿商学院学习MBA

课程，但他接受的正规教育并没有让他解开这些市场谜团。他上了一堂投资管理课，但二次参数规划等深奥的主题没能给他带来任何启示。不过，他做到了与众不同："我得了班上的最低分。"

格林布拉特被《福布斯》拯救了。在沃顿商学院求学的第三年，他偶然看到了一篇介绍格雷厄姆鉴别廉价股策略的短文，之后他阅读了《证券分析》和《聪明的投资者》，他称这两本书的内容与"我在学校学到的知识截然不同"，格林布拉特说，格雷厄姆对市场运作的看法"非常简单明了，这让我极为兴奋"。

最重要的是，格雷厄姆给了他一个改变人生的启迪。正如格林布拉特所说，"股票代表的是你正在评估并试图以折扣价购买的企业的所有权"，那么，关键是要确认价格和企业价值之间存在极大差距的情形。这一价差给了你一个安全边际，格林布拉特（像格雷厄姆和巴菲特一样）认为这是投资中最重要的概念。

一旦你意识到，你的使命是给企业估价并以远低于其价值的价格购买其股票，你就会释然了。格林布拉特说："如果你能这么简单地看待投资，并且始终保持这种简单性，那么你就会发现这一理念非常吸引人，你也会觉得其他理念都很愚蠢。在它的影响下，我把别人告诉我的关于如何看待世界和市场的99%的理念都抛诸脑后了。"

许多投资者听说希腊债务危机会威胁欧洲经济的最新消息时，都会感到不安，但格林布拉特说："如果我在中西部拥有一家连锁店，我会因希腊发生了一些不好的事情而突然以其价值一半的价格卖掉它吗？我不会这么做！但你在报纸上能看到这样的做法，而且每个人都这么认为。结合现实问问自己，'二者是否有关系'，这很有益处。"

事实上，你可能已经意识到，投资界有很多人在胡说八道。华尔街的经济学家和市场策略师对宏观经济变化侃侃而谈，但无人能做出可靠的预测；媒体专家们苦思冥想随机的、无意义的短期价格波动的重要性；经纪公司里高智商的分析师们把时间浪费在了精确计算下一季度的公司收益上，这是一种荒谬的猜测游

第五章

戏，成功的投资者不会这么做。

学院里的教授们也不甘示弱，他们创造出了复杂的数学公式，并用专业术语讲述夏普比率、索蒂诺比率、阿尔法、贝塔系数、莫迪利亚尼—莫迪利亚尼测度以及其他神秘的概念，这些概念为混乱的市场增添了科学严谨的气息。与此同时，投资顾问利用这些高明的概念说服客户，怂恿他们频繁地调整投资组合。巴菲特嘲笑这些高价兜售复杂性的人是"超级帮手"，他们的"建议往往是以艰涩深奥、令人费解的语言表达的"。

相比之下，格雷厄姆的"市场先生说"简单明了多了，他以一则简短的寓言讲述了这个糊涂人的经历，说清了整个投资游戏的奥秘。在《聪明的投资者》一书中，格雷厄姆建议，设想你持有一家私人企业1000美元的股份。每一天，你的合作伙伴市场先生都会为你提供一份股票报价，他的报价会根据他当天的情绪而变化："当他给你的报价高得离谱时，你可能会兴高采烈地把股票卖给他；当他的报价很低时，你同样会开心地从他那里买股票。"剩下的时间里，你可以静观其变，等待市场先生再次失去理智，向你提供另一笔你无法拒绝的交易。

换句话说，市场并不是一台有效的机器，它无法一直设定可信的、公平的价格。它会出错，会做出愚蠢行为。"人们是疯狂和情绪化的。"格林布拉特说，"他们情绪化而非理智地买卖东西，而这正好给我们提供了机会……因此，如果你有一套评估企业价值的合理方法，你就能利用他人的情绪获益。"

这就提出了一个显而易见但至关重要的问题：**你知道如何评估一家企业的价值吗？**

你做出何种回答都无所谓，重要的是，你和我都要诚实地回答这个问题。在跳伞和选股等极限运动中，自欺欺人是代价惨痛的习惯。格林布拉特说："只有一小部分人重视企业，如果你做不到这一点，那你就不应该自行投资。你连什么样的企业值得投资都不知道，你又怎么能明智地投资呢？"①他接着补充说："大多数人应该只投资指数基金"，因为"他们不明白自己在做什么"。

我不具备评估企业的技术、耐心或兴趣，因此，我把这些工作委托给了专业人士，他们更胜任这些工作。我的做法是合理的，减少了我的很多麻烦。正如格林布拉特在《股市稳赚》这本小书中所写的："盲目地选择个股就像是拿着一根燃着的火柴在炸药厂里乱窜，命大的话，你可能会活下来，但你会表现得像个白痴。"

尽管我知道自己有几斤几两，但每隔几年，我还是会无视格林布拉特的这一警告买入一只股票。我现在持有3家公司的股票：一家是伯克希尔·哈撒韦公司，我希望持有其股票很多年，我想我对这家公司的了解足以证明我的长期投资是合理的。一家是矿业和房地产公司，我持有其一小部分股份。这只股票是一位不便透露其姓名的知名投资者推荐给我的。它的表现怎么样呢？到目前为止，这只股票下跌了87%。现在，我把它视为一个痛苦的提醒，提醒我要加倍小心，以免"点燃火柴和炸药"。还有一家是西瑞泰奇成长房地产信托公司，这是2020年零售房地产行业崩盘时我效仿莫尼什·帕伯莱完成的逆向投资。

格林布拉特根据不同企业的具体情况采用了4种估值法：1.进行折现现金流分析，计算公司未来收益估值的净现值；2.将公司的价值与同类企业的进行比较，评估其相对价值；3.估计公司的收购价值，计算知情的买家可能会支付的价格；4.计算公司的清算价值，即分析公司破产清算时的价值。

这些方法都不精确，而且也都有其局限性，但格林布拉特秉持的理念是，当一只股票足够便宜时，其上行潜力会明显大于下行潜力。购买便宜货这一思想本身非常简单，但执行起来并不容易，因为它涉及（大致）预测一家公司未来的收

---

① 如果你想提高分析资产负债表和损益表的能力，可参考格林布拉特推荐的一些书籍，如本杰明·格雷厄姆的《对财务报表的解释》（*Interpretation of Financial Statements*）、詹姆斯·班德勒（James Bandler）的《财务报表使用方法》（*How to Use Financial Statements*）以及约翰·特雷西（John Tracy）的《如何阅读财务报告》（*How to Read a Financial Report*）。

益和现金流等比较复杂的问题。这让我想起了查理·芒格与霍华德·马克斯共进午餐时做出的一针见血的评论："做到这一点应该不容易,任何觉得它简单的人都是愚蠢的。"

格林布拉特坚持认为,他自己的估值能力"很一般",他的优势主要在于,他能把市场上看到的一切"置于大背景中加以考虑",并以一贯采用的框架对它们进行分析。他对这一框架的信心如此坚定,以至于他向哥伦比亚大学的学生们做出了这样的保证:如果他们能较好地评估企业的价值,能以低于企业内在价值的大幅折扣买入股票,并能耐心地等待当前价格与企业估值之间的差距缩小,那么市场终会奖励他们。①

问题在于,你永远无法判断价格与内在价值趋同需要多长时间,不过,他表示,"我坚信,在90%的情况下,市场会在两三年内认可该价值。"

这就引出了被金融界视为最可靠法则的基本真理:从短期来看,市场是非理性的,经常会导致股票被错误地定价,但从长期来看,市场却是异常理性的。格林布拉特说:"最终,市场先生会做对。"

不公平的赌注和丑小鸭

离开沃顿商学院后,格林布拉特去了斯坦福法学院,做出这样的选择主要是因为,他不想去工作,但仅一年后他就退学了。此时,他的许多同龄人都踏上了成功之路,成了律师或投资银行家,但他不喜欢在一家规模庞大、毫无个性的公司里做传统的工作,每周辛辛苦苦地奔忙100个小时。他想找的是一份能让他身心愉悦、"靠聪明的想法获得报酬,而不是机械地打卡上班"的工作。

他到贝尔斯登公司做暑期工,由此踏入了期权交易这一新颖的领域。他回忆

---

① 巴菲特在伯克希尔·哈撒韦股东的"所有者手册"中解释说,"内在价值是一个非常重要的概念,它为我们评估投资的相对吸引力和企业提供了唯一合乎逻辑的方法。内在价值可被简单地定义为:在企业的剩余存续期内,能从企业获得的现金的贴现值。随着时间的推移,股票价格会趋于其内在价值。"

说，"我当时从事的是无风险的套利交易，我在交易大厅里跑来跑去，从打印机上拿到打印出来的文件，然后跑回我的办公桌前"，通过交易看跌期权和看涨期权，他可以在无损失风险的情况下"自动锁定利润"。"这让我眼界大开，知道了华尔街可能发生什么。"

格林布拉特一直对赌博很着迷。15岁时，他偷偷地溜进了赛狗场，为一只灰狗下了几块钱的赌注，暗自体验了一把赌博的快乐。他的大脑天生适合下注。"我喜欢计算概率。"他说，"我总是在有意无意地计算每一笔投资的赔率。我计算上涨的概率有多大，下跌的概率有多大。"当我提到，所有卓越的投资者似乎都会考虑概率、都会仔细权衡不同结果的可能性时，他回答说："嗯，不这样做你就不可能成为一名优秀的投资者。"

在接下来的3年时间里，格林布拉特担任一家初创投资公司的分析师，对参与并购的公司进行"风险套利"押注。没过多久他就意识到，这是一场很容易失败的游戏。当合并按计划进行时，"你能赚到一两美元"，他说，但如果交易意外终止，"你可能会损失10美元或20美元"，这与格雷厄姆收购廉价股的策略"正好相反"，运用后一种策略时，"你可能损失一两美元，但也可能赚10美元或20美元，这是很好的风险/回报比率"。

1985年，为了运用从格雷厄姆那里学到的投资原则，格林布拉特创办了戈坦资本公司。最初他只有700万美元资金，其中大部分是由"垃圾债券之王"迈克尔·米尔肯（Michael Milken）提供的。在沃顿商学院一位同学的帮助下，他结识了米尔肯。据说米尔肯在德崇证券（Drexel Burnham Lambert）的4年里赚了10多亿美元，所以在一个前途无量但尚未取得好成绩的27岁玩家身上下点注对他来说并不算太冒险。①

---

① 在格林布拉特不知情的情况下，米尔肯干了违法的勾当。1990年，米尔肯承认了6项证券和税收违规的罪名，最终支付了10多亿美元的法律和解费和罚款。他在监狱里待了22个月，但没有陷入贫困：据《福布斯》报道，他现在的身价约为37亿美元。2020年，米尔肯备受争议地获得了总统的特赦。

第五章

格林布拉特说，他在戈坦资本采用的投资策略是，"不靠冒险而是靠不公平的押注赚钱"，也就是说，他只在胜算极大时才出手投资。不同投资的细节可能存在差异，但他总是寻找"不对称"的交易，即"不会损失太多，但可能会赚很多"的交易，他调侃道，"不赔钱的交易大多是好交易"。

不公平的下注机会很少，但格林布拉特并不需要太多，他通常会把80%的资金用于6至8项交易，集中度水平很高。他解释说："好机会没有那么多，我寻找的是价格低的股票，如果其他人找到了它们，他们也会买入。"

由于在风险套利方面经验丰富，他对大多数投资者忽视的"特殊情况"独具慧眼，包括公司分拆、重组和破产后出现的"孤儿股票"。他还会投资流动性有限的小型股，因为大多数机构投资者规模庞大，不愿买入它们。他说："在不寻常的道路上或在其他人看不到的地方更容易找到便宜货。"格林布拉特可自由地在这些"不寻常的地方"寻找机会，因为他从不让自己执掌的基金变得臃肿。"只要我们愿意，我们可以募集到任何金额的资金，但这样做会降低回报率。"他说。1994年，当戈坦管理的资产达到约3亿美元时，他返还了所有的外部资本，因此，该基金保持了足够的灵活性，可以在任何地方进行冒险。

事实上，当我请他解释戈坦资本经营成功的原因时，他提到的第一个因素是，"我们的规模一直很小"。第二个因素是他的投资组合异常集中，所以"你只需要找到一些好标的即可"。第三个因素是，戈坦资本多年来几乎没遭受过大灾大难，格林布拉特认为好运是部分原因。"我也讨厌赔钱。"他补充说，"所以我们会精挑细选，严格把关。"

格林布拉特的精选策略意味着，他通常会拒绝那些表面看上去不错，但实际上不理想的股票。同样，如果很难对某家企业进行估值，他也会对其敬而远之。他说："我想让自己轻松一点，也许我比大多数人都懒惰一些，或者我想跨过的是高度为1英尺的跨栏，而不是10英尺的。"

但在罕见的情况下，机会在他最擅长的领域里出现，此时他会毫不犹豫地出手。格林布拉特说，在财神惠赐的珍贵礼物中，有一件是1993年赐予的。这是一次梦寐以求的投资机会，"几乎符合各项条件"。

一切始于1992年10月，当时万豪集团（Marriott Corporation）宣布将进行分拆。格林布拉特说，这家公司在房地产行业低迷时期陷入了困境，"他们建了许多酒店，但卖不出去了"。刚刚重组了唐纳德·特朗普（Donald Trump）正处于破产边缘的赌场和酒店帝国的金融奇才斯蒂芬·博伦巴赫（Stephen Bollenbach）空降到了万豪酒店，肩负起了拯救该公司的重任。

万豪有两大业务："一只漂亮的天鹅"和"一只丑小鸭"。"漂亮的天鹅"通过为其他公司管理酒店，产生了充足、稳定的费用流。"丑小鸭"建造并拥有酒店，负债累累。博伦巴赫大刀阔斧地进行了改革，犹如给公司做了一次大型外科手术。他把两个业务拆分了。

美丽的部分组成了一家新公司，即万豪国际酒店，万豪集团85%的价值被赋予了这家无债一身轻的新公司。与此同时，无法出售的酒店和大约25亿美元的债务被扔给了第二家公司万豪服务（Host Marriott）——这是个肮脏的小垃圾堆，显然是由所有无人愿意拥有的有毒废弃物组成的。美丽的天鹅（万豪国际酒店）可逍遥自在地在夕阳下畅游，而丑小鸭（万豪服务）却可能被淹死。从表面看似乎就是这样。

格林布拉特知道，几乎无人会费心劳力地去分析万豪服务公司，更不用说投资它了。他说："它看起来很可怕，欠了一屁股债，生意不好。"此外，在大多数机构投资者眼里，这家公司的规模太小了，即使他们能忍受它的缺陷，也无法持有它的股票。分拆完成后，万豪集团的现有股东将获得万豪服务公司的股票，但格林布拉特确信他们会抛售这些股票。他做了什么呢？他把目光瞄准了这只丑小鸭。

"找到便宜货的方法"，他说，就是在"其他人不想要的"资产中发现隐藏的价值。

第五章

有一条线索表明，万豪服务公司可能没有看上去那么糟糕，即博伦巴赫（"设计这个邪恶计划的人"）将要管理它。如果这家公司真的会破产，为什么以精明著称、特别能赚钱的博伦巴赫会掌管它呢？事实证明，他有强烈的让公司扭亏为盈的动机。除此之外，万豪家族还持有万豪服务25%的股份，因此，一些精明的内部人士非常希望该公司能取得成功。

格林布拉特深入研究了这家公司的状况后，发现了它惊人的价值。当然，该公司有很多"糟糕的房地产资产"，包括一些未完工的酒店，但也有一些特别有价值的资产，比如机场餐厅许可和几处无债务的楼盘。

最重要的是，该公司的股价为4美元，可谓非常便宜。根据他的估计，仅从无债务资产部分来看，该公司的股价就值6美元，如果其财务状况有所改善，其有债务的资产部分也可能变得很有价值。"不对称性太明显了。"他说，"我花4美元买了价值6美元的无债务资产，还能从另外的一堆资产中捞到好处。退一步讲，即使有债务的资产一文不值，我也是用4美元的钱买入了价值6美元的资产。"

因此，格林布拉特马上行动，将基金近40%的资金投给了万豪服务公司，这是十分大胆的举动，因为后者是一家起步艰难、前路看似坎坷的企业，但格林布拉特看到了其他人错过的机会：一个极不公平的、令人无法抗拒的赌注。

正如格雷厄姆教导的那样，投资最重要的是安全边际。如果你以远低于其内在价值的价格买入了一只股票，其他投资者迟早会发现这一点，他们最终会推高股价。与此同时，格林布拉特说，"我看不出我会赔很多钱"，这正是他大胆下注的原因。他说："要根据承担的风险大小来决定仓位。**我加仓的不是赚钱最多的股票，而是不会让我赔钱的股票。**"

结果怎样了呢？1993年秋，万豪服务作为一家独立的公司开始运营。在不到4个月的时间里，格林布拉特把他的投资增加了3倍，因为这只丑小鸭让质疑它的人失算了，它展翅翱翔了。格林布拉特从未预料到这次豪赌会这么快取得成功。"运气好。"他说，"但抓住好运的是我们自己。"

尽管结局很美好，但我得承认，这项投资的具体实施过程并没那么简单。首先，格林布拉特购买了优先股，这样，当公司破产时，他能得到额外的保护，此外他还利用看涨期权加强了防护。只有把冷静的理性、独立的思维和十足的勇气相结合，才能在一家不被看好的企业身上押上如此多的赌注，然而，他遵循的根本原则再简单不过了，还记得这一原则吗？它就是：找到值得投资的股票，以非常低的价格买入。

价廉+物美=投资成功的秘诀

格林布拉特的投资方法不断完善，部分是因为他看到巴菲特调整和改进了格雷厄姆的购买低价股的策略。正如格林布拉特所解释的那样，巴菲特做了"简单的小改进"，这"使他成了世界上最富有的人之一：**买进便宜股很棒，但若能买下便宜的优秀企业，那就更棒了**"。

巴菲特早期通过买卖低价收购的公司赚了一大笔钱，但随着资产的增加，他需要运用更具伸缩性的策略。在芒格的影响下，巴菲特转向以公平的价格收购他眼中的"出色企业"，并无限期地持有它们的股份。1988年，伯克希尔公司向可口可乐公司投资了6.5亿美元，看似支付的价格过高[①]，但事实证明，这次投资十分划算。为什么呢？因为可口可乐公司是一台特殊的增长机器，具有可持续的竞争优势和较高的投资回报。伯克希尔最终在12年的时间里赚了10倍的钱。

通过研究巴菲特的投资之道，格林布拉特对造就卓越企业的因素有了更为清晰的认识。2000年，穆迪公司（Moody's Corporation）被分拆，这家信用评级机构此前一直属于邓白氏公司（Dun & Bradstreet），堪称卓越公司的范例。格林布拉特说，穆迪公司"表面来看价格并不低"，但他和戈尔茨坦效仿了巴菲特的做法。为了确定穆迪是否值得溢价收购，他们研究了巴菲特对可口可乐公司的收购这一

[①] 1994年以前，巴菲特一直在增持可口可乐公司的股票，最终他对这家"世界上最出色的大型企业"投资了大约13亿美元。

第五章

完美范例,最终他们得出的结论是,穆迪可能是他们见过的最棒的企业。

穆迪所处的行业利润丰厚,进入壁垒很高,而且它是行业内最重要的两家公司之一。近20年来,该公司的年收入增长率为15%。尽管可口可乐的资本回报率令人印象深刻,但穆迪可能保持健康稳定的增长。除了办公桌和电脑支出之外,该公司没有其他投资性支出。按格林布拉特的保守估计,未来10年内,该公司的收入可能继续以每年12%的速度增长。问题是,这只股票的交易额是其下一年度盈利额的21倍。但当他想到巴菲特为可口可乐付出的代价时,他意识到,穆迪的股价"仍然是相当便宜的"。

还有谁发现了这一交易机会呢?巴菲特。他收购了穆迪15%的股份,20年后他仍然保留下了大部分。到2020年,他最初以2.48亿美元买入的股票增值至近60亿美元。格林布拉特也获得了可观的利润,只不过他卖出得早了些,他用卖出这只股票的资金买入了其他便宜的股票。"我们几乎所有的股票都卖得太早了。"他说,"如果你买的股票相当便宜,即使你获得了不错的收益,那也比不上股价翻了1倍或3倍后获得的收益。"

作为一名教授和作家,格林布拉特一直在努力地阐明他的投资之道。这一过程"对我来说非常有好处,我试图简单明了地说明我一直在努力做什么"。他说,"总结出来的内容变得越来越简单。"他逐渐意识到,他的投资之道可被总结为:以低价买入优秀的企业。他把格雷厄姆和巴菲特的投资精髓融合在了一起。

在格林布拉特的职业生涯中,有很多事例能证明这是明智的投资方法,但他想以更严谨的方式证明自己已破解了投资密码,因此,在2003年,他启动了一个总耗资额高达3500万美元的研究项目,他的使命是:证明"价廉物美"的公司能产生巨大的回报。

为了研究这类企业过去的表现,格林布拉特聘请了一位"电脑高手"来处理大量的数据。为了分析廉价和质量,他选择了能粗略反映这两个因素的指标。他认为,价廉物美的公司首先应该有较高的收益率,这表明它们相对于价格产生了大量的收益；其次，这类公司的有形资本回报率应该很高，这表明它们是能够将固定资产和营运资本高效地转化为收益的优质企业。[1]

然后，他聘请的那位计算机高手分析了3500只美国股票的数据，并根据这两个指标对它们进行了排名。综合得分最高的企业一般是以低于平均价格交易的相对优秀的企业。格林布拉特想知道，假设一位投资者在年初买入30只这类股票，一年后卖出它们，然后再买入30只排名靠前的股票，会是什么结果。在他的研究中，他假设这位投资者每年都会重复这一过程，能系统性地对廉价的优质公司进行投资。[2]

回测结果令格林布拉特"相当惊讶"。在1988—2004年间，使用这一策略的年回报率高达30.8%，而同期标普500指数的年回报率仅为12.4%。按照这个速度，10万美元的投资最终将增加至960多万美元，而投资标普500指数仅仅能增加至73万美元。这里的选股策略只依赖于两个指标，结果却远远优于市场。这一惊人的结论证明了保持简单策略的威力。

格林布拉特利用这一研究成果撰写了他的一本小书《股市稳赚》，他以幽默的语言阐述了如何利用"两个简单的工具击败最优秀的投资专家"。如果你想成为一名"股市高手"，他解释说："坚持买入优秀公司（资本回报率高的公司）的股票，并且只以便宜的价格（以能给你带来高收益的价格）买入。"

他把这两种制胜特征的简单组合戏称为"魔力公式"。

---

[1] 在他的研究报告中，格林布拉特以息税前利润（EBIT）与企业价值（股票市值+净计息债务）的比值来衡量收益率，即收益率=息税前利润/企业价值；他以息税前利润（EBIT）与所用有形资本（净营运资本+净固定资产）的比值来衡量资本回报率，即资本回报率=息税前利润/（净营运资本+净固定资产）。为简单起见，他在计算中运用了最近12个月的与收益相关的数据。

[2] 真实的数据处理过程要困难得多。例如，格林布拉特的研究团队计算了1988—2004年间（1988年1月—1989年1月、1988年2月—1989年2月）193个一年滚动期内按"魔力公式"构建的投资组合的业绩。计算的结果十分惊人，其中包括，在169个三年滚动期内，按"魔力公式"构建的投资组合的收益率全部高于市场的。

第五章

你相信魔力吗?

只是有个问题:即使你煞费苦心地总结出了魔力公式并将其公之于众,大多数投资者也难以成为股市高手。

《股市稳赚》于2005年出版后,格林布拉特逐渐意识到了实施他向读者推荐的计划有难。他和他的孩子们尝试了一段时间后发现,要记录这么多的交易太困难了。他补充说:"我收到了成百上千封邮件,上面写着,'嘿,谢谢你的书,你能帮我这么做吗?'"他还担心,一些读者可能会因为使用了从互联网上获取到的不可靠数据,或者在应用他给出的公式时计算出错而导致亏损。如果这些错误导致读者选错了股票,他实际上是伤害了他想帮助的人。这可如何是好呢?

格林布拉特的解决方案是创建一个免费的网站,即www.magicformulainvesting.com,该网站运用可靠的数据筛选出了符合他设定的两个标准的股票。他经常开玩笑地说,"华尔街没有牙仙子",但他喜欢保护普通投资者,因此,他成立了"仁爱经纪公司"(Benevolent Brokerage Firm),公司的客户可投资于他确认的符合魔力公式的股票。

格林布拉特给了客户们两个选择。选择1:他们可以开设一个"专业管理"账户,按照规定的程序,定期系统地买卖从他给定的名单上选出的股票,有大约90%的客户选择让公司代劳,这样他们就不用做任何决定了;选择2:他们可以采取DIY的方式,从同一张名单中挑选出最少20只股票,自己决定何时买入或卖出。选择DIY方式的少数勇者想必认为他们自己的判断能增添一点魔力,哎,他们太自以为是了!

格林布拉特研究了成千上万的客户和账户,他震惊地发现,DIY投资者的业绩要差得多。在两年的时间里,这一群体的累计收益率为59.4%,而标普500指数的为62.7%。相比之下,拥有专业管理账户的群体的收益率为84.1%,高出标普500指数21.4个百分点。令人惊讶的是,DIY投资者因自己的决策少赚了近25个百分点，他们的"判断"已经把一个击败市场的好策略变成了一个落后于市场的烂策略。这是自我破坏的惊人展现。

格林布拉特说："他们犯了投资者犯过的所有错误。"当股市上涨时，他们蜂拥而至；当股市下跌时，他们望风而逃。当这一策略表现优异时，他们蜂拥而至；当它表现不佳时，他们就不再运用它了。"理论上，他们可能相信以低价收购优质企业的理念，但实际上，他们在股票价格较高时追高，在股票价格较低时又放弃了该股票。"

更糟糕的是，DIY投资者避开了股票清单上看起来"最丑陋"的股票，没有意识到它们才是最诱人、最值得投资的便宜股。从情感上说，这些投资者很难买进名单上最便宜的公司股票，因为这些公司近期的发展不尽如人意，而且常常受到利空消息的影响。由于担心不确定性，这些投资者错失了因受打压的股票反弹而成为最大赢家的机会。

这些弄巧成拙的行为凸显出了每个投资者都可能面临的最棘手的挑战。**仅找到了能提高长期获胜概率的明智策略是不够的，你还要严格、一贯地运用这种策略，尤其是在你心里感到极不舒服时。**

格林布拉特说："当你设定了要坚守的简单原则时，其作用是不可估量的……是有意义的、不可动摇的简单原则。"为什么这么说呢？因为你需要清晰的思想来对抗所有的心理压力、挫折和诱惑，否则你会摇摆不定或偏离正确的轨道。格林布拉特说："这是不容易做到的事情，市场走势并不总是与你预想的一致。股票价格是随情绪而变化的，这是很令人讨厌的特点。你会受到各个方面的打击，你可能会发现，每位专家的看法都跟你不一样。"

当你赔了钱或者已经落后于市场好几年时，要坚守信念尤其困难。你会开始怀疑自己采用的策略是否仍然有效，或者是否发生了什么根本性的变化，但事实是，没什么策略能一直奏效，因此，遭受经济和精神上的痛苦是游戏中必不可少的一部分。弱者会不可避免地被淘汰，这也为那些最能坚守原则、最能承受压力的人创造出了更多的机会。正如格林布拉特所说,"人们在业绩不佳时必定承受痛苦,如果没有痛苦,那么人人都能做我们正在做的事情。"

格林布拉特坚信,他会在痛苦时期坚守原则,毫不动摇,但普通投资者很容易放弃原则,其中的原因不难理解。在一项涉及1000家美国大公司的回测中,从1988年到2009年间,按魔力公式选择的股票的年均回报率为19.7%,而标普500指数的为9.5%,二者存在非常大的差距。尽管如此,在这22年中,按魔力公式选出的股票仍有6年落后于标普500指数,而且这些股票在2002年和2008年分别遭受了25.3%和38.8%的惨重损失。当你失血过多时,你很难保持镇定,除非你和格林布拉特一样对这一策略的合理性深信不疑。

这些数据使他得出了一个重要的启示:"对大多数人来说,最好的策略并不是能让人获得最高回报的策略。"相反,理想的策略是"即使在困难时期也能被坚守的好策略"。

近年来,这一认识促使格林布拉特开发出了一种新的"捕鼠器"——一种能降低风险、"减少痛苦"的多空策略。他采用这一策略的目标是获得波动性较低的合理收益,这样投资他基金的人就更有可能"长期坚守"。

对于一位在20年的时间里运用集中投资法获得40%的年回报率的著名投资者来说,这是令人惊讶的演变,但这一事实也提醒人们,大多数投资者应该致力于获得稳健和可持续的回报,而不是逞匹夫之勇。格林布拉特说:"当我持有6到8只股票时,每隔两三年就可能在短短几天之内损失20%或30%,这样的情形并不少见。"这是一种难以坚持的策略,对大多数个人投资者来说,"它不是好的选择,但对我来说却不错,当股票下跌了20%或30%时,我不会惊慌失措,因为我知道我拥有什么"。

如今,格林布拉特的团队已评估了4000多家企业,而且根据它们的廉价度进行了排名。从长期来看,他的基金投资了数百只股票,这些股票的交易价格均低于他估计的公允价值。他自然而然地把更多的赌注押在了最便宜的股票上。在做空方面,他押注了数百只溢价交易的股票,同样,他的仓位大小是根据估值决定的,最昂贵的股票自然而然地成了他空头仓位最多的股票。他说:"我们的基本理念是,买入最便宜的,卖空最昂贵的,我们的操作是系统性的,不受任何情绪的干扰。"他知道有些押注可能对他不利,但只要能做到"大体正确",他就心满意足了。

要执行一项涉及数百个多头和空头头寸的复杂策略绝非易事,格林布拉特组建了一支由金融分析师和技术专家组成的20人团队来帮助他实现这一目标。然而,作为其策略基础的原则始终是简单而强大的,我们所有人都应该铭记这些原则,它们是:

1. 股票代表着企业的所有权,必须重视企业。

2. 只有当股票的交易价格低于其价值时,才应该买入它们。

3. 从长期来看,市场是理性的,它将(或多或少地)反映出企业的公允价值。

问题是,没有人知道市场多久之后才能反映出公允价值,是数周、数月还是数年,但格林布拉特愿意等待,因为他相信这些原则是靠得住的。他说:"如果股票代表了企业的所有权,而且我擅长对它们进行估值,那么至少在一般情况下,随着时间的推移,我会做得很好。和万有引力定律一样,经济规律不会消失。"

4点简单的启示

当我思考从格林布拉特身上学到了什么时,4点简单的启示赫然出现在了我脑海里。**第一,你不需要最佳策略,你只需要一个能实现你财务目标的明智策略。**正如普鲁士军事战略家卡尔·冯·克劳塞维茨将军(General Carl von Clausewitz)所说,"追求完美是好计划的最大敌人"。

第二,策略应该非常简单、合理,你能理解它,你相信它的内核,即使在困难时期、在它看起来不再有效时你也能毫不动摇地坚持采用它。它还必须契合你对痛苦、波动和损失的承受力。写出策略及其依据的原则和你认为它未来能发挥效力的原因是很好的做法，把它视为一份政策声明或财务行为准则，在你承受压力和面对困惑的时候，在你想要获得心理平衡感和方向感的时候，你可以看看它。

第三，扪心自问，你是否真的有战胜市场的能力和特质。格林布拉特不寻常的特质使他拥有了显著的优势：他具有强大的分析能力，能将复杂的游戏解构为最基本的原则：评估企业的价值，折价买入，然后等待。他知道如何评估企业的价值。他不受传统观点或权威人士的影响，比如沃顿商学院的教授们宣扬的市场有效说，相反，他乐于一次次地证明他们是错误的。另外，他富有耐心、脾气平和、自信、能干、理性、自律。

第四，切记这一点：要成为富有的、成功的投资者不一定非要战胜市场。几十年来，约翰·博格目睹了数千名基金经理试图证明自己的长期业绩优于指数基金，但他们都失败了。他对我说："事实证明，这些所谓的'恒星'都是'彗星'，它们曾在片刻间照亮了夜空，但很快就燃烧殆尽了，它们的灰烬轻轻地飘落在了地上。相信我，这样的事情几乎总在发生。"

博格认为，"最简单的做法"是购买并持有一只配置均衡的指数基金，这类基金持有固定比例的国内外股票和债券。就是这样，不必绞尽脑汁地寻找市场时机，也不必费神劳力地选择下一只热门股或基金。

在写这一章内容时，我听从了他的建议，为我妻子的退休账户选择了一只指数基金，它是一只全球性基金，80%的资产投资于股票，20%的资产投资于债券。我不确定这是不是最佳的策略，不过，只要她能长期持有该基金并定期加仓，这就够了。这是一个简单的策略，综合考虑了多样化、风险和回报之间的平衡、税收效率、费用低廉以及长期持有等因素，它不那么耀眼、华丽，但正如博格对我说的，"你不必苛求完美"。

就我个人而言，我一直都在指数化的数学逻辑和击败市场的梦想之间徘徊，但我知道这一点：无论选择哪条路，保持简单都是有意义的。

第六章
尼克和扎克的精彩冒险

**一段非同寻常的投资伙伴关系揭示出，
最丰厚的回报属于那些对即时满足的诱惑说不的人**

> 无乐小乐，小辩小慧，观求大者，乃获大安。（勿以世俗小乐为乐，勿求世俗的小辩小慧，当求出世之乐之慧，获此大乐大慧永安康。）
>
> ——《法句经》

> 所以，凡听见我这话就去行的，好比一个聪明人，把房子盖在磐石上。雨淋，水冲，风吹，撞着那房子，房子总不倒塌，因为根基立在磐石上。凡听见我这话不去行的，好比一个无知的人，把房子盖在沙土上。雨淋，水冲，风吹，撞着那房子，房子就倒塌了，并且倒塌得很厉害。
>
> ——《马太福音》第7章第24—27节

尼克·斯利普（Nick Sleep）小时候梦想成为一名景观设计师，他想让自己设计的公园和公共空间能为人们提供一个远离喧嚣的场所，所以从爱丁堡大学毕业后，他进入了当地一家公司做园林学徒。他说："我的浪漫设想被与宿舍窗户和停车场有关的无聊工作彻底击碎了。"几个月后，他被解雇了。"那里的工作人员从30个减为了20个，我是被炒鱿鱼的10个人中的一个。"

斯利普是英国人，他想留在爱丁堡工作，因为他和未婚妻塞丽塔（Serita）已

第六章

在爱丁堡的郊区买了一套小公寓。他说："所以我四处走了走，看了看爱丁堡有哪些优势行业。"从事信息技术领域的职业似乎是个可行的选择，但他也了解到，爱丁堡在基金管理领域享有盛誉。他读了一本名为《投资信托解释》(*Investment Trusts Explained*)的书，弄清了投资业务是怎么一回事。这本书激发了他的兴趣，他说："我喜欢这种感觉，就像在做测智商的题。"

后来斯利普在苏格兰一家小型基金公司找到了一份实习投资分析师的工作，他不太胜任这份工作，因为在大学求学时，他先学的地质学，后转学了地理，没有选股方面的知识储备。他的工作经历也没有证明他从出生起就渴望从事金融业：他曾在哈洛德百货公司（Harrods）工作过；在一家IT公司做过临时工，并获得过一笔参加风帆冲浪赛的赞助费。他长得像电影明星般英俊帅气，说话轻声细语，不适合公司持续低噪音的环境。

尽管如此，他还是幸运地进入了一个十分契合他独特思维的领域。像所有卓越的投资者一样，斯利普从不寻常的角度看待世界，他怀疑这样的习惯源于他少年时在惠灵顿学院的成长经历，这所学校是维多利亚女王创办的一所英国寄宿学校，他是为数不多的住在家里的走读生，这意味着他在学校的生活是"自由自在的"。他甚至能在周末去一家酒吧工作，而他的大多数同学都住在占地400英亩的校园里。他说："我很早就习惯了与众不同，人群之外的生活很快乐。"

大约20岁时，他被罗伯特·梅纳德·波西格（Robert Pirsig）所著的《禅与摩托车维修艺术》（*Zen and the Art of Motorcycle Maintenance: An Inquiry into Values*）一书迷住了。这本教程式的回忆录之前曾被121家出版商拒过稿，它的主题是奇特而巧妙的冥想，旨在教导人们过"高质量"的生活。波西格赞扬那些注重自己行为和决策质量的人，即使是最平凡的工作也能磨炼人，能反映出人内在的特质，如耐心、正直、理性和安静等。他写道，无论你是在修椅子、缝衣服，还是在磨菜刀，你都可以做得"很漂亮"，或是"很丑陋"。

在波西格看来，摩托车维修为如何超凡地生活和工作提供了良好的启示。他写道："你要面对的真正的机器是你自己。你的内在和外在并不是分离的，它们会亲近或者远离高质量。"

正如你能想象到的，华尔街大多数雄心勃勃的奋斗者对与摩托车有关的神秘言论没什么耐心，但波西格对深情、道德、理智、诚实的生活方式的憧憬引起了斯利普深深的共鸣，也影响了他的投资风格。他在一封邮件中谈到波西格对他的长期影响时说："你真的想高质量地完成每件事，因为那样你内心才能感到满足与平静。"

但就投资而言，这意味着什么呢？2001年斯利普和他的朋友凯伊斯·"扎克"·扎卡里亚（Qais "Zak" Zakaria）创建了一只名为游牧者合伙投资（Nomad Investment Partnership）的基金，他们把这只基金视为一个实验室，测试如何"高质量"地投资、思考和行为。在一封致股东的雄辩而有趣的信中，深思熟虑的斯利普写道："游牧者对我们的意义远不止管理一只基金那么简单……管理它就如同一次理性的、形而上学的、近乎精神上的旅行（没有沙漠和骆驼，尽管扎克可能更喜欢它们）。"

若非他们特殊的实验取得了惊人的结果，这一切都不会有什么影响。13年来，游牧者的收益率为921.1%，摩根士丹利资本国际（MSCI）世界指数的为116.9%。[①] 换句话说，他们的基金收益率比基准指数高出了800多个百分点。也就是说，投资于该指数的100万美元在13年后会增加为217万美元，而投资于游牧者的100万美元则会飙升至1021万美元。

2014年，斯利普和扎卡里亚返还了股东的资金，并以45岁的年龄从基金经理的岗位上退休。自那以后，他们同样非常成功地管理了自己的财富。在退休后的头5年里，他们的财富增长了近两倍。斯利普一向对传统的观念漠不关心，他几乎把所有的资金都投在了3只股票上。有时，他和扎卡里亚对一只股票的投资额

---

① 这些数字扣除了游牧者的业绩费用。该基金扣除费用之前的年化收益率为20.8%，扣除费用后的年化收益率为18.4%，MSCI世界指数扣除费用后的年化收益率为6.5%。

占他们资金总额的70%。

业内很少有投资者享有如此高的评价。自称钦佩"完全独立"和"思维清晰"之人的比尔·米勒把资金投给了游牧者；盖伊·斯皮尔是斯利普的朋友，他把斯利普视为投资界思想最深刻的人之一。当我问莫尼什·帕伯莱该采访哪些投资者时，他对我说："尼克·斯利普是个例外。他研究问题时很深入，他的投资集中度很高。你不妨试试采访他……他会是个迷人的采访对象，但他可能不会接受采访，因为他是个非常低调隐秘的人。"

事实上，斯利普和扎卡里亚的神秘之处部分在于，他们总是低调地谋发展。他们对基金营销的兴趣微乎其微，对自吹自擂更无兴趣，因此，他们的事迹从未被宣扬过，但在过去的几年里，我多次采访过斯利普。然后，在2018年的秋天，我和他及扎卡里亚在他们位于伦敦国王路的办公室里畅谈了一下午。他们的办公室很亮堂，我们聊的话题非常随意，气氛欢快。扎卡里亚甚至没有办公桌，他更喜欢坐在一把带扶手的毛绒皮革椅子上工作。这把椅子面向一面墙，墙上挂着他们的养蜂人套装。就在那里，即所谓的"银河总部"，他们回顾了他们的"资本主义历险记"。

听完他们的讲述，我仿佛听了一个好人获胜的振奋人心的故事，也是一个投资者以自律和耐心抵制了即时满足的诱惑、进而取得非凡成就的故事。在短期思维盛行的高速发展时代，推迟获得回报的能力是取得成功的一个重要因素，不仅在市场上是如此，在生意和生活中亦是如此。

建在沙土上的房子

扎卡里亚和斯利普一样，做梦也没想到有朝一日会在华尔街工作。他说："老实说，我很想做别的事情，如果父母允许的话，我想成为一名气象学家，我觉得气象工作很有趣。我以前总是看天气预报，还自己预报天气，我父母认为我这样做很愚蠢。"

扎卡里亚于1969年出生在伊拉克一个相对优渥的家庭。他的父亲在伊拉克中央银行工作，母亲在巴格达大学讲授营养学，但那是一个充满政治阴谋和暴力的危险时期。"我们遭到了清洗。"扎卡里亚说。他的家人逃走了，留下了一切家当。1972年，一家天主教慈善机构帮助他的父母在英国找到了一处避难所，他们将在那里抚养3个孩子。"他们在那里安顿了下来，一无所有。"扎卡里亚说，"除了一辆橙色的沃尔沃什么也没有，那还是土耳其的某个人送给他们的。"

他父亲四处求职，最终找到了一份初级会计师的工作，后来一路高升，最终创业，开始向伊拉克出口机械。他父母希望他能加入公司，以便为将来接班做准备，同时也能帮助他们对抗生活中的不确定性。"钱对他们来说非常重要。"他说，"财富的积累，不一定是花钱，事关安全和地位。"1987年，扎卡里亚前往剑桥大学学习数学。一切似乎都处在正确的轨道上，但就在那一年，他的父亲破产了。

事后得知，他的父亲借钱在股市做投机交易。他交易了受追捧的热门股，中了卑鄙的推销员的金字塔计划圈套。扎卡里亚说，"股票经纪人根据金字塔上的顺序推荐股票，你投入的资金越多，你从金字塔中得到的收益就越高。我父亲从未得到过足够高的收益。当这个计划失败时，他失去了一切。"家里负债累累，出口生意终止。

父亲的经历让他对投资业务产生了极坏的印象。"我父亲在他了解的业务上赚了钱，而在他不了解的业务上赔了钱，他被非常卑鄙的人带到了破产的境地。"这些记忆使扎卡里亚对那些推销快速致富计划的人以及华尔街的"赌场"充满了怀疑。

1990年，扎卡里亚从剑桥大学毕业，之后他顺理成章地进入了投资领域。家族企业不再是一种选择，他也不能像兄弟姐妹那样成为医生，因为他晕血；父母也不允许他从事气象工作，他们认为那是蠢人干的工作。于是，他在香港找了份工作，成了亚洲领先的资产管理公司怡富公司（Jardine Fleming）的股票分析师。

第六章

他的工作顺风顺水,一直到1996年。当时他的上司,一位炙手可热的基金经理,被指控暗地里将成功的交易分配至自己的账户,攫取了客户本应获得的利润。这位基金经理遭到了解雇,还被罚了数百万美元。由于公司名誉扫地,不得不进行重组。扎卡里亚也被炒鱿鱼了。

"我给几个朋友打了电话,问他们:'有什么我可以做的工作吗?我什么工作都愿意做。'"一位在德意志银行从事股票经纪业务的朋友发了慈悲,给了他一份站在卖方立场分析亚洲股票的工作。这对他可谓莫大的讽刺,但事实就是这么残酷。扎卡里亚不信任销售人员尤其是股票经纪人,但此时他要通过向银行的机构客户兜售股票建议来获得收入。"这份工作我做了4年,简直如在地狱一般。"他说,"我不是一个容易听信他人的建议买东西的人,我也不能把股票建议兜售给任何人。"

德意志银行的工作为扎卡里亚提供了华尔街式的速成训练。他说:"这是非常糟糕的工作场所。"随之而来的还有道德上的妥协。"我的好朋友也是我的上司,他对我说,'即使你认为这样做是错的,你也绝对不能劝人不做他们想做的事情,让他们做吧,因为他们永远不会感谢你。'我想,这是一种可怕的生活方式,太糟糕了!我的意思是,当你认为他们做错了时,你就应该告诉他们。"扎卡里亚说,他太不适合这份工作了,如果没有上司"罩着"他,他一个月内就可能被解雇了。不过,值得欣慰的是,他遇到了尼克·斯利普。

斯利普回到爱丁堡从事第一份投资工作3年后,转投金融服务业巨头加拿大永明有限公司(Sun Life)做投资分析师,这家公司有数万名员工。他说:"我讨厌在那里工作,一旦你在一家充满活力的公司里工作过,你就很难在沉闷和无聊的大公司里工作了。"几个月后他辞职了,1995年他进入了马拉松资产管理公司(Marathon Asset Management),此后他在该公司工作了十多年。这是一家生机勃勃、飞速发展的伦敦投资公司,颇有雄心壮志,"试图战胜大型企业"。

斯利普的导师杰里米·霍斯金(Jeremy Hosking)是马拉松资产管理公司的

联合创始人,他是个英国怪人,喜好收集老式蒸汽机。"他天生就是批评传统信仰的人。"斯利普说,"他喜欢购买他能找到的最受他人鄙视的资产……他喜欢争论,喜欢挑战困难。"1997年亚洲金融危机爆发时,霍斯金和斯利普一直在低迷的东南亚市场寻找廉价股。随着亚洲经济奇迹转变为灾难,其他人似乎都想离开这里,但马拉松资产管理公司的男子汉们却独具慧眼,他们在一家亚洲经纪公司里发现了与众不同的扎卡里亚。

斯利普和扎卡里亚会定期会面,讨论他们在新加坡、中国香港和菲律宾等地发现的疯狂交易。大多数经纪人关注的是易于出售的热门资产,但扎卡里亚对折扣惊人的廉价股十分着迷。斯利普说:"扎克是一位廉价股经纪人,对他有吸引力的股票也对我们有吸引力,但其他任何人都不看好这些股票,认为它们没有商业价值,因此不会买入。"马拉松资产管理公司看中的正是扎卡里亚的"鉴宝"能力。霍斯金对扎卡里亚说:"当你无法将股票出售给其他人时,请向我们致电。"

在经济奇迹年代,投资者对亚洲如此乐观,以至于他们愿意以3倍于资产置换成本的价格买入股票,而在危机期间,投资者可以以资产重置成本的四分之一买入这些股票。马拉松资产管理公司在东南亚陆续投入了约5亿美元,仅不到一年时间,亚洲经济开始反弹,该公司大赚了一笔。扎卡里亚功不可没,斯利普说:"他正是我们在亚洲危机时期所需要的分析师。他虽然是投资银行的推销员,但他并没有真正地从事推销工作,他没有卖掉银行想让他卖掉的股票。"扎卡里亚逆流而动(有点绝望地)的意识即将增强。

如果你是一位讽刺小说家,想写关于华尔街的糟糕故事,那么你可能会选择一个贪婪的黄金时代,例如1999年底和2000年初,当时的科技股和互联网股热潮使银行家、经纪人、基金经理和定投者都陷入了癫狂状态,数以百万计的人都渴望着一夜暴富,生怕错过了大好的发财机会。

德意志银行及其竞争对手以过高的估值将一些不完善的公司上市,从中获得了丰厚的收益,有人对这些公司能否存在下去提出了疑问,但遭到了它们的无视。据说信誉卓著的经纪公司的分析师们充当了无耻的股票发起人。[①]像扎卡里亚这样的经纪人被要求将这些垃圾股卖给对价格一无所知或梦想着在狂潮消退之前快速致富的投资者。这是十足的赌场做法,但扎卡里亚拒绝这么做。"这些IPO都是非常糟糕的,而且我告诉人们,它们糟糕透顶了。当然,我卖不出任何股票,结果很惨。"

令他刻骨铭心的一笔交易涉及中国台湾一家名为和信超媒体(GigaMedia Ltd)的科技创业公司,该公司成立不到两年的时间,盈利遥遥无期。高盛和德意志银行不顾事实,决定在2000年2月泡沫最严重的时候在纳斯达克公开发行该公司的股票。扎卡里亚说,他的一位同事("销售员的完美典范")在巴黎给一位基金经理打电话时说:"我认为您应该买进这只股票。"这位基金经理下了一笔1.5亿美元的订单,但问题是,这一额度超出了他的基金资产总额,不过,似乎没人在意这一点,一切都是游戏。这位基金经理以为,银行会向他发放购买这只股票所需的贷款,而且该股票的价格将飙升。

不出所料,和信超媒体的股价在IPO当天从27美元飙升至了88美元,让"这条赔钱的小鱼"的估值超过了40亿美元,但一切都是幻觉。几周之后,互联网泡沫破灭,和信超媒体的股票暴跌了98%。

在扎卡里亚看来,不理性、不顾事实和不管谁受伤害,都要不惜一切代价迅速赚钱的意愿导致了这样的结果。他说:"我非常焦虑,我需要一些能让我感到踏实的东西,我在德意志银行的日子对我的身体损伤太大了,因为做股票经纪人让我感觉很不踏实。早上出门时,你不知道这一天将会怎样度过,你的客户会喜欢你还是会讨厌你,你的老板会不会解雇你。一切都很不稳定。"

[①] 美林(Merrill Lynch)的研究部门尤其见利忘义,它把自己定位为一支帮助公司吸引有利可图的投行客户的啦啦队。美林的明星互联网分析师亨利·布洛吉特(Henry Blodget)为那些被他私下里骂为"垃圾""狗屎"和"分崩离析"的公司发布了买入建议。2003年,监管机构对布洛吉特处以400万美元的罚款,并永久禁止他进入证券业。我写这些并不是想把他拉出来单独批判,而是想让大家感受一下那个癫狂时期的氛围,并警示大家,要对华尔街强烈兜售的一切东西永远保持警惕。

尼克和扎克的精彩冒险

马拉松资产管理公司拯救了他。2000年4月，当网络宠儿们纷纷跌落神坛时，扎卡里亚逃离了德意志银行。他加入了马拉松资产管理公司担任分析师，并开始在伦敦工作，成了斯利普的同事。5月，他们俩一起前往奥马哈参加了伯克希尔·哈撒韦公司的股东年度大会。"感觉太棒了。"扎卡里亚说。沃伦·巴菲特和查理·芒格在大会上谈到了他们打算持股数十年的公司，他们没有选择IPO，也不打算以他人受损为代价让自己的腰包变得鼓起来。"哦，天哪，"扎卡里亚说，"他们没想赌博，他们真正地考虑了企业！"

斯利普此前一直在劝说他的老板们让他推出一只投资比较集中的基金，他想效仿巴菲特的做法操作这只基金。巴菲特给他留下了深刻的印象，在他眼里，巴菲特就是高质量的化身。巴菲特对企业的深谋远虑，尤其是他对待伯克希尔股东的方式，还有巴菲特只领10万美元的微薄年薪等，都让他深为折服。斯利普说，一个极端是，"巴菲特尽可能地按原则行事"，另一个极端是，"营销驱动的公司可能兜售投资基金，也可能兜售汽车或洗衣机……他们不在乎客户"。

2001年，当老板们同意他推出游牧者合伙投资基金时，他请求扎卡里亚与他一同担任该基金的经理。"显然，我们打算做点与众不同的事情。"事实上，从一开始，他们就打算摒弃投资行业内那些"罪恶和愚蠢"的做法。"我们想证明另一种投资和行为方式是行得通的。"斯利普说，"我们不必做华尔街那些乌七八糟的事情。"

从不在意胡言乱语[①]

斯利普和扎卡里亚无意建立一只收费高昂、规模庞大的基金，他们也不想

[①] 你可能想知道这个词的起源或意义，它源自1977年英国朋克乐队性手枪发行的一张专辑《别介意胡言乱语，性手枪在此》(*Never Mind the Bollocks, Here's the Sex Pistols*)。"胡言乱语"（bollocks）——英国人对睾丸的一种称呼——是极具冒犯性的一个词，许多商店都拒绝出售这张专辑。但是《牛津英语词典》(*Oxford English Dictionary*)上说，这个词至少从13世纪就开始被使用了。有一位专家指出，该词甚至出现在了《圣经》的早期译本中。这场争论推动了理查德·布兰森（Richard Branson）的事业发展，因为这张专辑是他的维珍唱片公司（Virgin Records）发行的。

第六章

以市场大师的身份出现在美国消费者新闻与商业频道（CNBC）或登上《福布斯》杂志的封面。他们不想给自己买城堡、飞机或游艇，他们的目标很简单，他们想创造卓越的长期回报。

具体来说，他们的目标是把游牧者合伙投资基金的资产净值提高10倍。斯利普有3个女儿和一个教子，他是这样向孩子们描述这一目标的：如果孩子们问他："你们在战争中做了什么？"他想回答说："我们把一磅变成了十磅。"

任何想要获得巨额回报的人都应该好好研究一下斯利普和扎卡里亚选择投资目标的方法，同样重要的是，应该研究一下他们忽略了什么。斯利普引用了哲学家威廉·詹姆斯（William James）的这句话："聪明之道无他，学会忽略一些事情而已。"他和扎卡里亚拒绝采用一系列标准的做法。"我们只是摆脱了我们不喜欢的东西。"斯利普说，"我们是新手，没什么经验。"

首先，他们忽略了所有可能让投资者分心的短时信息。斯利普指出，信息与食物一样，都有保质期，但有的特别容易腐烂，有的保质期则很长。保质期是很有价值的筛选标准。

例如，2020年5月，当我再次与斯利普和扎卡里亚交谈时，财经新闻里充斥着新冠疫情对消费者支出、企业利润、失业率、利率和资产价格的短期影响的猜测。英国《金融时报》（*Financial Times*）里的一篇文章甚至讨论了美国经济复苏的轨迹是像字母F、U、W、L，还是像耐克的标志。在斯利普和扎卡里亚看来，这些转瞬即逝的新闻报道都是每日市场"肥皂剧"的一部分，过于肤浅、短命、不可靠，因此不能吸引他们的注意力。既然无法预测接下来的经济状况，为什么要把精力浪费在这些不可知的事情上呢？

同样，他们也不理会从华尔街涌现出的大量短期金融数据和建议。经纪公司有刺激投资者进行交易的动机，它们对数千家公司下一季的每股收益做出了不可靠的估计。斯利普将渴求这些信息的人称为"季度每股收益瘾君子"，这些信息会在12周后变得"一文不值"。在他看来，无论是最新的经济数据，还是一家公司的业绩超出了分析师预期的琐碎消息,"短期持股人群"都会不断地对"虚假刺激"做出反应。"你要有信心,不要相信那些胡言乱语,不要听它们。"

摆脱这种困境的一个切实可行的方法是,不看华尔街公布的所有卖方研究。"我们把它们堆起来。"扎卡里亚说,"大概一个月后才开始翻看它们,边翻看边想,'如此无聊',所有研究都会被扔进垃圾箱……它们真的只是流言蜚语和胡言乱语,一想到没有参考它们我们就很高兴。"斯利普和扎卡里亚直言不讳地告诉股票经纪人,向他们打电话推销股票是徒劳的,因为他们会根据自己的研究得出独立的结论。

为了摆脱市场的日常运作产生的不良影响,他们还尽量减少了对彭博终端的使用。基金经理们常常紧盯着墙上的4个显示屏,屏上显示的是实时数据和财务新闻。彭博的这些显示屏年租金约为2.4万美元,在专业的投资者眼中,它们是地位的象征,但斯利普和扎卡里亚将他们唯一的显示屏安装在了一张矮桌上,旁边没放椅子。"我们就是想让人在看显示屏的时候感到不舒服。"扎卡里亚说,"尼克想把它放在一张矮桌上,这样,你坚持不了5分钟就会说,'噢,我的背疼死了,你继续看吧。'"

芝加哥一只对冲基金的经理帕特·多西(Pat Dorsey)也表达了类似的观点。"投资者最好不要在办公室里安装电视和彭博终端。"他曾对我说,"我必须走50英尺远的路才能看到股票价格或者查看有关我们投资组合的消息,这样的安排很好,因为它们太诱人了,就像着了魔地查看电子邮件一样,你会有点不由自主,但我们都知道,这样做完全是在浪费时间。"

在奖励即时获取无限多信息的文化中,这种**刻意断开联系**的做法似乎是不合情理的,但斯利普和扎卡里亚不认同这种标准的游戏规则,他们不愿意持续地收集数据,并把宝押在近期数据漂亮的股票上。他们想安安静静地思考,不愿受斯利普所称的"猜来猜去"的信息的干扰。

忽略掉大多数同行重视的东西需要非凡的信念,但一旦他们决定远离华尔街的喧嚣，他们就如释重负了。"就像有一个声音一直回荡在你的脑海里。"斯利普说，"别再听它了，你会过得很好。"那他们怎么打发时间呢？"我们看年报，直到筋疲力尽，我们尽可能走访每一家公司，直到我们厌烦了为止。"斯利普每年出行多次，以至于他护照的每一页都被填满了，不得不换了一本新的。

斯利普和扎卡里亚分析公司和会见CEO时，非常重视长"保质期"的见解。他们试图弄清这些问题：**在10年或20年内，这家企业想完成什么目标？为了提高实现目标的概率，管理层现在必须做些什么？又有哪些因素可能阻止这家公司实现如此喜人的目标呢？他们把这种思维方式称为"目标分析法"**。

华尔街的人往往关注短期结果，他们喜欢问这些问题：公司未来3个月的利润是多少？股票12个月的目标价是多少？斯利普和扎卡里亚关注的却是企业为发挥其潜能需要投入什么。例如，他们想知道，**公司能否通过提供优质的产品、低廉的价格和高效的服务来增进与客户的关系？CEO是否为提高公司的长期价值合理地配置了资本？公司是否向员工支付了低工资、虐待了供应商、辜负了客户的信任，或从事了任何其他可能危及其最终成就的短视行为？**

值得注意的是，在生活的其他领域，目标分析法也是很方便实用的工具。比如说，如果你的目标是在年老时保持身体健康，你可能会问自己，为提高实现目标的概率，你现在需要投入什么（营养、锻炼、减压、体检等方面）。如果你想被家人和朋友们缅怀，你可以想象他们正在参加你的葬礼，你问他们，现在的你需要如何做，他们才会特别怀念与你在一起的岁月。重视目标的理念对斯利普和扎卡里亚产生了深远的影响。斯利普说："当你80岁时，回首过去，想想你公平地对待了客户，认真地工作了一辈子，理智地做了慈善，而不是拥有4栋房子和一架飞机，你会是什么感觉？"

由于他们是两只意外进入了投资行业的"鸭子"——一位是受挫的景观设计师，一位是不得志的气象学家，他们自然而然地想走不同寻常的路。因为在很长的时间里不是业内人士，他们对一切都提出了质疑，最重要的是，他们永远不能接受这一在业内不言而喻的信念：自己的利益胜过客户的。因此，游牧者的收费计划异乎寻常地公平。斯利普和扎卡里亚只收取能够弥补成本的低费用，而不是惯常的1%或2%的资产管理费。当基金的年化收益率高于6%时，他们还会获得超额收益的20%，但是，如果基金的业绩不佳，他们根本不会收取任何费用。

几年后，他们做出了看似更不利于自己的决定：如果游牧者之后的收益率不能达到6%的门槛值，他们将向股东退还之前收取的部分费用。"我们非常喜欢这一想法：我们不会收一大笔钱，"扎卡里亚说，"我们不会像其他人那样做，他们的行为像强盗。"

他们的态度受到了《禅与摩托车维修艺术》一书的影响，斯利普认识扎卡里亚不久后就向他推荐了这本书。该书增强了他们抵制任何看似自私或欺骗的低质量行为的决心。"对事物的快速拒绝使生活变得非常简单了。"扎卡里亚说，"一切都是为了质量……钱是次要的，更重要的是做好工作，做高质量的工作，做正确的事情。我不认为我们做出决策是为了以下这些事情——"

"把钱装进我们的腰包，绝对不是。"斯利普说出了扎卡里亚的想法。

"我们所做的可能会引发争论。"扎卡里亚说，"你想建立一家不以赚钱为目的的投资机构吗？我们只是想把每件事都做对。"

众所周知，大多数投资公司的首要任务是确保利润最大化，这就导致了明显的利益冲突。例如，它们经常通过销售价格过高、回报率低的产品来实现繁荣；它们还极其重视扩大资产管理规模，因为这样做能收取较多的费用，进而增加工资和奖金。随着资产规模的扩大，投资回报率往往会降低，这已不是什么秘密了。但是，基金经理们通常会抵制关闭超大规模的基金、不再接受新投资这一合理的解决方案。正如厄普顿·辛克莱（Upton Sinclair）所写的："当一个人的薪水取决于他不理解的事物时，要让他理解该事物是何等困难！"

相比之下，游牧者基金从一开始就被视为实现投资者回报最大化而非资产最大化的工具。"我们信奉不同的道德理念。"斯利普说，"如果你想从事资产募集

第六章

业务，你会有销售人员、合规人员、客户管控人员、会带有官僚作风，企业会变成一台复杂的大机器。如果你想获得复利、想取得良好的投资业绩，你就不需要这些……我们只是专注于挑选优质股，我们认为其他一切都无关紧要。"

首先，他们认为销售和市场营销是干扰因素。他们几乎从不接受媒体采访；他们不在乎潜在客户的投资额是多还是少，因为他们的首要任务从来不是打造最赚钱的商业企业。他们还明确表示，当游牧者的规模妨碍了其业绩时，他们会把资金返还给现有股东，并拒绝新的投资者加入。从2004年开始，他们多次关闭了该基金，禁止了新的认购。当时他们管理的资产规模大约为1亿美元，按行业标准来看，这个数字是微不足道的。只有当他们找到了可以部署更多资金的好时机时，他们才会重新开放认购。

他们也会拒绝那些看起来不合适或烦人的投资者，而不管这些投资者有多财大气粗。扎卡里亚笑着回忆起了与某个团队之间举行的一次滑稽可笑的会谈，这个团队管理着10亿美元的资产，这些资产属于食品包装公司利乐（Tetra Pak）的继承人。这些财务顾问要求获得游牧者的独家股票研究报告，把这作为他们投资游牧者基金的条件。扎卡里亚说，气氛变得"越来越僵"，斯利普双臂交叉，双腿交叉，显得越来越不耐烦了。15分钟后，斯利普和扎卡里亚就请来访者走人了。

投资游牧者基金的人还需要签署一份文件，确认其投资时间不得短于5年。"我希望他们从心底里把游牧者与其他投资产品区别看待。"斯利普说，"我们经营的不是另一只该死的对冲基金……我们的投资方式完全不同。"

事实上，游牧者拒绝采用对冲基金业司空见惯的冲短期业绩、快速致富的策略，这些策略被斯利普称为"投资伟哥"（investment Viagras）。例如，游牧者从不使用杠杆，从不做空股票，从不投机期权或期货，从不对宏观经济进行押注，从不因最新消息而进行过度交易，从未涉足过里昂（LYONs）和普里德斯（PRIDEs）等名字颇具男子汉气概的异国金融工具。相反，斯利普和扎卡里亚玩的是"漫长而简单的游戏"，其中包括购买一些他们深入研究过的股票并长期持有。

他们不紧不慢、耐心、深思熟虑的投资策略是如此地反文化,以至于听起来有些古怪。这些年来,投资者的持股时间急剧缩短。当先锋基金的创始人约翰·博格于1951年进入投资行业时,共同基金持股的平均时间为6年左右,到了2000年,这个数字已缩减为一年左右,博格因此发出警告说:"愚蠢的短期投机已经取代了明智的长期投资。"2006年,斯利普在致股东的信中说,游牧者的股票平均持有时长是7年,而其他投资者持有游牧者投资组合中美国公司股票(伯克希尔·哈撒韦的除外)的平均时间只有51天。

斯利普和扎卡里亚对这种趋向短期主义的转变感到震惊。"我们一辈子都搞不懂投资者为什么每隔几个月就会换股,这对整个社会有什么好处呢?"斯利普写道:"当投资者总是在改变主意时,这个社会的基本架构就会被打破。"游牧者将通过迥然不同的方法取得成功。斯利普说:"《圣经》有云,你想把房子建在岩石上而不是沙土上,你想建造持久坚固的房子。"①

建在岩石上的房子

斯利普和扎卡里亚之所以将他们的基金命名为游牧者是因为,他们愿意在任何地方寻找有价值的投资标的,他们不打算复制某个指数或以指数为基础取得良好的业绩,他们想不受任何人制约地追求卓越的绝对回报,想在世界上最不受欢迎的角落进行"寻宝"。

该基金于2001年9月10日("9·11"事件前一天)开始交易,当时由于投资者面临着恐怖主义、战争和经济混乱等威胁,市场遭受了重创。更令人沮丧的是,许多投资者还没有从科技泡沫破裂的冲击中走出来。斯利普和扎卡里亚在动荡中瞄准了暂时低迷的企业大胆投资,而其他投资者却不敢轻举妄动,因为未来

---

① 斯利普相信"与教派无关的仁慈",他说:"我不知道上帝是否存在,但如果把'上帝'一词改成'美好',那么我完全相信它……对我而言,有美好存在就足够了,我相信美好的事物越来越多。"

第六章

看似特别不稳定。

在菲律宾，他们投资了全国最大的水泥生产商联合水泥公司（Union Cement），此前该公司的股价从30美分暴跌至不足2美分。投资者普遍不看好该公司，以至于市场对它的估价为其资产重置成本的四分之一。在泰国，他们投资了一家报纸出版商《民意报》（Matichon）。该公司股票从12美元跌至了1美元，其交易价格是营业收入的0.75倍，而其价值大约是交易价格的3倍。在美国，他们买入了朗讯科技（Lucent Technologies）的优先股。朗讯科技是一家陷入困境的明星电信公司，当时其市值缩水了98%。这些都是经典的"雪茄烟蒂"——虽称不上最优秀的企业，但价格非常便宜。由于从这些投机性的投资中获得了丰厚的回报，到了2003年底，游牧者的资产净值翻了一番。

随着担忧情绪的消退和市场的复苏，廉价股的供应减少了，于是，斯利普和扎卡里亚冒险来到了仅存的几处洼地。2004年，他们从南非进入了津巴布韦。在罗伯特·穆加贝（Robert Mugabe）的统治下，津巴布韦的经济因腐败、货币崩溃、许多私有农场国有化以及成群结队的抢劫者出没而陷入瘫痪。斯利普和扎卡里亚大胆买入了4只津巴布韦股，实际上它们都是垄断企业的股票，交易价格极低。其中的志美公司（Zimcem）是一家水泥生产商，在哈拉雷（Harare）的证券交易所以其资产重置成本的70%出售。

在致游牧者投资者的信中，斯利普提到了这个令人厌恶的市场具有的异乎寻常的吸引力，他说："客户讨厌它，合规人员讨厌它，顾问讨厌它，市场营销人员讨厌它。投资机会很少，没有被纳入基准……非常完美！"

有一段时间，由于津巴布韦证券交易所完全停止交易，游牧者对其一篮子投资股票的估值为零。即使现在，该国的经济仍然深陷泥淖之中。尽管如此，当游牧者于2013年售出最后一批津巴布韦股票时，这些股票的价格已经上涨了3到8倍。作为纪念，斯利普和扎卡里亚送给了每位股东一张价值100万亿津巴布韦元的钞票，它是该国政府在恶性通货膨胀最严重的时候发行的，毫无价值，如同废纸。

考虑到当时的机会，游牧者投资以低价出售的企业是合理的，但这种策略有一个缺陷：当这类股票的价格反弹、变得不再便宜时，他们不得不卖掉它们，并寻找新的便宜股。但是，当他们试图重新分配资金时，如果没有特别合适的企业在售呢？对于这种再投资风险，**一个明显的解决方案是购买并长期持有优质企业的股票，这样更有可能在未来多年内持续获利。**

后一种策略源于一次代价高昂的失误。2002年，游牧者完成了自成立以来金额最大的一笔押注，它投资了负债累累的英国公交运营商捷达公司（Stagecoach）。该公司在海外扩张业务时，因目标定得过高而失败，导致其股价从2.85英镑暴跌至了14便士，但斯利普和扎卡里亚估计，该公司的股票应该值60便士。他们认为，在创始人的带领下，该公司应该能转危为安。创始人做过公共汽车售票员，后因管理公司有方，成了英国最富有的人之一。公司陷入危机后，他从半退休的状态复出。他整顿了企业，精简了业务，一度被忽视的摇钱树——在英国的巴士业务，再度得到了重视。创始人的策略很奏效。后来，斯利普和扎卡里亚以90便士左右的价格套现，获得了6倍的收益，但捷达的经营比他们预想的还要好，到了2007年末，其股票暴涨至了3.68英镑。"我们觉得自己太差劲了。"斯利普说，"我们受到了思维的束缚，我们看走眼了。"

斯利普和扎卡里亚开始寻找其他由具有远见卓识的管理者经营的企业，他们相信，随着时间的推移，持有这些企业的股票能不断积累财富。斯利普说："如果管理者能理性思考，目光长远，你可以把资本配置决策交给他们做，你自己就不必再买卖股票了。"他们也开始思考哪些特征能解释公司的成功保质期异常长的原因，最终他们得出了一个很有启发性的结论：有一种商业模式可能比其他模式更强大，他们把它称为**共享的规模经济**（scale economies shared）。

让他们对这种模式产生兴趣的是开市客批发公司（Costco Wholesale），这是一家美国折扣零售商，具有他们想要寻找的企业的一切特质。2002年，由于投资

第六章

者担心该公司的利润率低,其股价从55美元跌至了30美元,但斯利普和扎卡里亚开始投资该公司,因为他们发现,开市客一门心思为顾客提供价值,这一做法的意义被市场低估了。当时,客户每年支付45美元的会员费就可以进入装满高质量产品的仓库,以尽可能低的价格购买它们。开市客对其商品的加价幅度不超过成本价的15%,而一家普通的超市可能会加价30%。会员们没有必要到别处去淘便宜货了,因为开市客对他们非常公平。该公司本可以通过提价来提高利润率,但这样做会有损会员对它的信任。

在华尔街的怀疑者看来,开市客的这种慷慨似乎是软弱、缺乏竞争力的表现,其做法相当于搞集体主义那一套,但斯利普和扎卡里亚看到了该公司这么做的长期合理性。回头客在不断增加,而且他们在开市客的其他商店里花费了更多的钱,这给公司带来了巨额的收入。随着公司的发展,它与供应商在谈判后达成了更有利的协议,并且不断压低了采购成本。随后公司进一步降价,与消费者分享了规模经济的好处。据斯利普和扎卡里亚估计,开市客每赚取1美元,其会员就能节省5美元。这种自我约束政策的结果是形成了一种良性循环,总结起来就是:"收入增加利于扩大规模,规模扩大促进成本降低,成本降低导致价格降低,价格降低导致收入增加。"

大多数成功的大公司最终都会陷入平庸,但开市客愿意与客户分享其规模扩大带来的好处,这意味着规模已成为了它的一大优势,而非负担,这样一来,与其他利润率更高的竞争对手相比,它的优势扩大了。成立于1983年的开市客通过回馈会员不断发展壮大,它没有攫取所有的战利品,它的低利润率恰恰反映了它的耐心而不是软弱。斯利普在致游牧者基金投资者的信中解释说:"该公司为了延长特许经营权的有效期推迟了利润的获取,华尔街的人当然喜欢现在就获得利润,但那只是因为他们痴迷于短期结果。"

斯利普和扎卡里亚对开市客的尊敬与日俱增,他们的投资额也在不断增加。到2005年,他们对该公司的投资额占游牧者基金资产额的六分之一,如今,它仍然是他们的个人投资组合中重要的资产之一。在他们持有这只股票的18年里，其价格也从30美元涨到了380美元，同时还收获了丰厚的股息。不过，考虑到开市客有可能继续朝着理想的目标前进，他们近期没有出售这只股票的打算。

斯利普和扎卡里亚不频繁交易的一个好处是，他们有时间阅读、思考和深入讨论学到的知识。斯利普思维敏捷，可轻松地在不同的学科间跳跃，从中发现共有的主题和规律，从商业史到宗教，从神经科学到体育等，而扎卡里亚（斯利普称他"非常聪明"）虽然思考问题的广度不够，但很深入。他们经常讨论的一个问题是，哪种商业模式最有效。他们会把有效的商业模式名单列在办公室的白板上。他们在反复讨论后得出的结论是，就促进企业长寿而言，没有哪种模式比得上规模经济。

当他们研究沃尔玛公司自20世纪70年代以来的年报时，他们意识到，该公司与开市客有许多共同之处。同样，戴尔电脑、西南航空和特易购（Tesco）等长期以来的赢家也走了类似的道路。这些效率极高的公司将成本保持在较低的水平，并将大部分节省下来的支出回馈给了消费者，而消费者又通过多次购买它们的产品回报了它们。

同样，盖可保险（GEICO）和内布拉斯加州家具商场（Nebraska Furniture Mart）这两家巴菲特最喜欢的企业也是在发展的过程中不断降低了成本，为客户节省了大量资金，进而逐步扩大了竞争优势。一个世纪前，亨利·福特（Henry Ford）也曾使用过类似的策略，他的公司利用流水线生产的优势，将T型车的价格从1908年的850美元降到了1925年的不足300美元。"所以说，这不是新商业模式。"斯利普说，"但运用这种模式确实需要宗教般的热情。"

这类公司的文化通常是由具有远见卓识的创始人而非雇员塑造的，他们往往重视微小的细节、客户体验的改善，在经济繁荣时期也重视降低成本，而且，即使当前面临着公布强劲数据的外部压力，他们也会为遥远的未来进行投资。斯利普说："他们都是非常反传统的。"这些传奇人物包括沃尔玛的山姆·沃尔顿、开

第六章

市客的吉姆·西格尔（Jim Sinegal）、西南航空的赫伯·凯莱赫（Herb Kelleher）和内布拉斯加州家具市场的罗斯·布卢姆金（Rose Blumkin）。布卢姆金是俄罗斯移民，从6岁起一直工作到了她过完100周岁的生日，她忠实地遵循三大原则："价廉、说实话、不欺骗任何人"，一手打造了美国规模最大的家居用品企业。

一旦斯利普和扎卡里亚明白了这一商业模式的神奇之处，他们就把它作为了基金投资的首要关注点。"雪茄烟蒂"对他们的吸引力减弱了，他们把注意力转移到少数几家能与客户共享规模经济优势的公司身上了。他们敏锐地意识到，人一生中发现真理的机会何其少，但他们清楚，这次他们发现了一个。"这是你一生中发现的最出色的想法了。"斯利普说，"它将主导一切，因为你将来不可能得到很多这样的见解了，其他的想法都有点次，不是吗？它们适用的时间短暂，作用也不大。"

斯利普和扎卡里亚在他们的投资组合中加入了具有这类特征的公司，他们把游牧者15%的资金投给了英国在线时尚零售商ASOS，这家公司的成本比传统的实体店更具优势。他们还不断增持了该公司的股票，其间其股价从3英镑上升至了70英镑。他们对卡皮莱特连锁店（Carpetright）进行了大量投资，这家连锁店是由患有严重诵读困难症的英国企业家哈里斯勋爵（Lord Harris）创办的，后者于15岁时继承了父亲的小企业，最后在欧洲各地设立了数百家店面。游牧者还成了全球成本最低的航空公司亚洲航空的最大外资股东。接下来他们投资了亚马逊，后者是共享规模经济的终极实践者。

1997年斯利普第一次看到了亚马逊的信息，当时它还是一家正准备上市的新贵书店。其创始人杰夫·贝索斯（Jeff Bezos）在伦敦做了一次演讲，解释了这家当时不盈利的初创公司将如何向读者提供近乎无限的图书选择，如何通过避免实体店的开支获得成本优势，以及如何将现金流再投资于其他业务。斯利普回到他在马拉松（Marathon）的办公室后对老板说："这家企业真是太棒了，它的规模可能会很大。"老板说："嗯，是的，尼克，但他们做了什么其他人做不到的事情吗?"

斯利普和扎卡里亚花了数年时间研究亚马逊的竞争优势,最终他们恍然大悟了。他们发现,贝索斯走的是福特、沃尔顿、西格尔等人走过的路,而且互联网使他们的经典策略更容易实施了。

和福特等人一样,贝索斯卓有成效地控制了成本。亚马逊甚至把办公室自动售货机上的灯泡去掉了,根据斯利普的数据,仅此一举一年就能为公司节省2万美元。贝索斯一门心思地为顾客节省金钱和时间,耐心地为未来进行投资,实施新的商业计划,却从不指望在5到7年内看到结果。每年他都以折扣价和航运补贴的形式投入数亿美元,这是延迟获得满足感的完美表现。

事实上,华尔街的人常常抱怨亚马逊公司不公布利润数据,他们没有意识到贝索斯在耐心地为日后的高速增长奠定基础。2005年,贝索斯在致亚马逊股东的信中解释说:"以低价的形式将效率提升和规模经济带来的好处返还给客户创造了良性循环,从长期来看,这将导致更多的自由现金流。"斯利普和扎卡里亚找到了灵魂伴侣。

就在那一年,贝索斯在亚马逊推出了超级会员制,会员年费为79美元,公司为会员提供两天的免费送货服务。后来,为了增强吸引力,公司还向会员提供了免费电影、电视节目、无限量存储照片等福利。在短期内,提供过多的福利和折扣不利于公司收支,但从长远来看,这能增强客户忠诚度并激发客户更多地消费。当贝索斯推出超级会员制时,斯利普和扎卡里亚立马意识到,这相当于开市客的年度会员制。"哦,天哪,我知道他们在玩什么把戏。"斯利普说,"亚马逊突然变成了加速版的开市客。"

从2005年开始,游牧者基金以每股30美元左右的价格大举买入亚马逊股票。2006年,斯利普和扎卡里亚辞去了马拉松的职务,将游牧者打造成了完全独立的基金,从此以后,他们可以更加自由地践行独特的投资理念了。他们将20%的基金资金投给了亚马逊,而且股东允许他们的投资额超越这一限额。有四分之一的

第六章

客户从游牧者赎回了资金,因为他们觉得该基金过度投资于一只股票很危险。

市场上对亚马逊的质疑声不绝于耳,在2008年市场崩盘前夕,斯利普出席了在纽约举办的一次活动,其间乔治·索罗斯谈到了即将爆发的金融灾难。在市场崩盘之际,这位历史上最成功的交易者只提到了一只将被做空的股票,那就是亚马逊。

当天中午,斯利普拜访了比尔·米勒,后者管理的共同基金是亚马逊最大的外部股东。米勒比任何人都更早地认识到了亚马逊的优势并收购了该公司15%的股份。他告诉斯利普说,为了满足基金投资者的赎回要求,他被迫减持了亚马逊的股票。当天晚上,斯利普给身在伦敦的扎卡里亚打电话问道:"你确定我们现在这么做是因为这里的每个人都往另一个方向去了吗?"他们从未对一家公司的最终成就感到如此自信过,但如果他们的分析错了呢?如果他们错了,而所有怀疑者都对了呢?斯利普说:"我们要么大获成功,要么一败涂地。"

2008年,亚马逊损失了近一半的市值,游牧者的资产则缩水了45.3%。斯利普和扎卡里亚在一个"豪华雅致"的地方(麦当劳)紧急碰了面,讨论了若未来市场崩盘持续下去,游牧者可能面临的危险。他们一想到日后有可能沦落到华尔街某家差劲的公司做分析师就感到不寒而栗。

尽管如此,他们并没有被吓破胆。当其他人惊慌失措时,他们利用市场的混乱升级了他们的投资组合,把更多的资金集中于最优质的公司,包括亚马逊、开市客、ASOS和伯克希尔·哈撒韦。当反弹来临时,它们的回报是相当惊人的。从2009年到2013年,游牧者基金的收益率高达404%。

2014年初,斯利普和扎卡里亚关闭了游牧者合伙投资基金公司,当时该基金的资产规模已增加至大约30亿美元。他们赚了很多的钱,但赚钱从来不是他们冒险投资的目的。斯利普在一封电子邮件中写道,许多基金"以做大蛋糕为目标,能给我们满足感的不是蛋糕的大小,而是解决投资问题的过程,一路走来,一路学习,尽我们所能做好工作,这是我们在内心设定的目标,做大蛋糕只是(令人愉快的）副产品"。

扎卡里亚特别担心投资工作会变得重复而无聊。他说："从知识层面上讲，我们觉得已经完全掌握了投资，我们从各个角度考虑它，考虑了我们认为重要的事情。我认为我们已经掌握了一切，我想这一判断是正确的。"因此，他们退休了，打算把余生奉献给慈善事业。斯利普给巴菲特写了一封信，感谢他在游牧者公司的发展中起到的作用。巴菲特回信说："你和扎克做出了正确的选择，我想你会发现，生活才刚刚开始。"

在不到13年的时间里，游牧者获得了921%的惊人利润（扣除各项费用前），但稍低于他们将1英镑变成10英镑的目标。亚马逊的股票在其中发挥了关键性的作用，自2005年以来，其价格上涨了10倍，致使它占该基金资产的比例一度增加到了40%左右。

退休后，扎卡里亚从游牧者的投资组合中选出了大约6只他最喜欢的股票继续持有，他持股最多的公司是亚马逊。2020年，该公司的每股市值突破了3000美元，公司市值达到了1.5万亿美元，这使贝索斯跃升为了世界首富。扎卡里亚的个人投资组合从未出售过亚马逊的股票，他70%的资产都来自这只股票，其余的资金几乎全部投给了开市客、伯克希尔·哈撒韦和一家名为Boohoo.com的在线零售商。扎卡里亚说，他偶尔会看一眼自己的投资组合，而且他会问自己："尼克会怎么做？我想，'尼克什么都不会做，'我说，'好吧，过6个月再看看吧。'"

至于斯利普，他几乎把所有的资金都投在亚马逊、开市客和伯克希尔这3只股票上了。他说："很少有企业像它们这样投资，它们不关心华尔街，不在乎潮流和时尚。从长期来看，它们做的是对的。"考虑到这3家公司都很有可能实现理想的目标，仅含这3只股票的投资组合的波动性并没有给他造成困扰。

然而，到了2018年，亚马逊的股价飙升，致使这只股票的资产额占到了斯利普净资产额的70%以上，他开始担心了。亚马逊的市值能增长至3万亿美元或4万亿美元吗？或者说，亚马逊的模式也有其局限性吗？他不确定。因此，在持有了

13年后,他在一天之内以每股1500美元的价格出售了一半的该公司股份。感觉如何呢?他说:"感觉很不好,内心非常矛盾,我不确定这是个好决定。"

在出售了亚马逊股票且得到了暴利后的一段时间内,斯利普耐心地坐拥着数千万美元的现金,他不知道该如何投资。但当我们在2020年交谈时,他已经把钱投给了第四只股票——在线零售商ASOS,游牧者基金之前就曾持有过这只股票。自从他购入这只股票以来,其股价已经翻了一番。总之,他的生活还是很甜蜜的。

保质期长的5点启示

在我看来,我们可以从斯利普和扎卡里亚的经历中得到5点启示。

第一,他们的经历让我们明白了在商业、投资和生活中以追求高质量为指导原则意味着什么。这是他们受《禅和摩托车维修艺术》一书的启发形成的道德和智慧理念。人们很容易把"质量"视为一个模糊和主观的概念,但它为许多决策提供了一个极为有用的筛选标准。例如,斯利普和扎卡里亚显然认为,只收取足够游牧者保持运营的低年度管理费是一个更高质量的选择,无论他们的业绩如何,这一选择都会使他们变得富有。

第二,我们要铭记这一思想:关注保质期长的因素,不要太在意昙花一现的因素。他们在选择信息时运用了这一原则,在选择拟投资的公司时也运用了这一原则。

第三,我们能认识到,规模经济共享这种特殊的商业模式创造了一种良性循环,能够在长期内创造可持续的财富。斯利普和扎卡里亚利用这一真知灼见,通过聚焦于运用类似模式的高质量企业,获得了巨额的利润。自相矛盾的是,他们还认为,持有少量股票(通常约为10只)的风险比持有数百只股票的风险要小——多样化是标准的策略,必然会导致平庸的回报。"我们知道,我们不了解很多事情。"斯利普说,"所以对我们来说,只持有某些公司的股票是合理的,因为我们真正了解它们。"

他们最了解、最喜爱的企业是亚马逊、开市客和伯克希尔,这并不奇怪。即使在新冠疫情把全球搞得天翻地覆时,这些企业也展现出了非凡的韧性。毕竟,它们的规模经济能使它们为客户提供超值的服务。"特别是亚马逊和开市客,在危机中它们的业务量反而增加了。总体而言,环境对经济的影响越大,这些企业的成本优势就越大。"

第四,即使是在自私行为是常态、生性贪婪的资本主义企业里,也没有必要为了取得惊人的成功而做出不道德或肆无忌惮的行为。在金融危机期间,斯利普写文章讨论了"玩家为获胜可不择手段"的文化造成的破坏性影响,他和扎卡里亚希望游牧者能体现出一种更加开明的资本主义文化。

这就解释了他们实施利于股东而非自己的收费方案的原因。他们对彼此也很慷慨,例如,扎卡里亚坚持认为斯利普应该拥有投资公司51%的股份,而不是与自己一样;出现分歧时,扎卡里亚相信斯利普做出的最终决定。斯利普说,虐待一位"把装上子弹的左轮手枪扔到桌子对面后说:'来吧,如果你愿意,你可以开枪打我!'"的搭档是不可想象的。他补充说,"我们的关系非常好,这对我们的成功很重要",在关闭基金公司几年后,他们仍然共用一间办公室,从中可知二人的关系。正如斯利普所说,"良好的行为有较长的保质期。"

极为重视慈善也是他们践行温和的资本主义文化的一个显著特征。"在确认了我们想经营游牧者基金的那一刻,我们俩都很清楚,我们的工作就是把钱返还给社会。"斯利普说,"这样的想法降低了我们因钱太多而变得焦躁不安的风险。"他补充说:"散财也让人快乐。"

扎卡里亚和妻子莫琳资助了一系列面向科学和医学研究的慈善机构,包括伦敦数学实验室、皇家学会和皇家神经残疾医院等。而斯利普则将大部分时间用于帮助一家名为边远青年社区的慈善机构,该机构为贫困地区的孩子提供了一个安全的避风港,旨在提高他们的社交能力并学习新技能。他说,他和扎卡里亚的核心工作已经转变为"尽最大努力做从长期来看最有意义的善事"。

斯利普并没有放弃所有世俗的乐趣。他喜欢赛车，有时会驾驶着1965年的谢尔比野马GT350和1967年的洛拉T70参加比赛。他还与女儿杰西轮流驾驶着1964年的梅赛德斯宝塔参加了一场从北京到巴黎（经由蒙古和西伯利亚）的拉力赛，历时36天。

第五，在一个短期主义和即时满足日益盛行的世界里，那些一贯朝相反方向前进的人可获得巨大的优势。这一点不仅适用于商业和投资领域，而且适用于人际关系、健康、职业以及其他一切重要的领域。

考虑到我们所处的环境，延迟满足并非易事。在较富裕的国家，一切皆有所需，包括食物、信息、疯狂的电视节目等，或者任何能激起我们即时兴趣的东西。在电子邮件、短信、脸书帖子和推特通知的轮番轰炸下，我们的注意力持续的时间正在缩短。同样，在投资领域，我们现在只需在手机上按几下，就可以在瞬间进入或退出市场。我们都在以自己的方式努力地适应科技和社会革命，这既是奇迹，也是风险源头。作为追求快乐的生物，我们往往会被当前感觉良好的事物所吸引，尽管我们（或其他人）以后可能会付出代价。这不仅体现在我们的个人生活中，而且体现在从政府赤字到无限制的能源消耗等各个方面。

"这都与延迟满足有关。"斯利普说，"当你审视生活中犯过的所有错误时，无论是私人生活中的还是职业领域里的，你会发现，这些错误几乎都是因为你重视短期的措施或是短期的高点所致的……这是炒股人的习惯。"

想一想这些有损投资者回报的冲动行为就知道斯利普所言非虚：交易过于频繁；根据耸人听闻或捕风捉影的消息作出情绪化的决定；追逐最受热捧的（和价格过高的）资产；不合时宜地抛售业绩已落后了一两年的基金；或者过早地卖出赢家股，而不是让它们在几年内利滚利。斯利普说，抵制这些冲动行为的能力是"超级强大的"，"在你考虑哪种策略有效时，你要特别重视这种能力的发挥。"

斯利普和扎卡里亚都是控制冲动行为的高手，否则，他们怎么能在开市客、亚马逊的股价从每股30美元飙升至3000多美元时，仍分别持有了它们18年、16年呢？他们明白这个基本事实：延迟满足和优先考虑长期结果会使他们受益，但是，仅靠理智地运用这一原则是不够的，构建支持运用这种原则的和谐内部生态系统也同样重要。

首先，他们的大多数投资者都是投资期限长的非营利性机构（比如大学的捐赠基金）。在致股东的信中，斯利普盛赞投资者们"富有耐心"，这是鼓励他们保持正确心态的得体方式。游牧者还投资于其他由不墨守成规的人经营的企业，就比如贝索斯和巴菲特等人，这些人的眼光格外长远。斯利普和扎卡里亚的办公室位于国王路一家中草药店的楼上，这里比较安静，远离了大投资中心的喧嚣，办公不受不良环境的影响。他们不会听卖方分析师和财务顾问（他们喜欢监控基金的日常业绩）的意见，不会受这些人的不利影响。他们对所有的戏剧性事件和刺激都漠不关心，如隐士或僧侣一般淡定从容。

如果你和我一样，希望投资取得持久的成功，那么我们就要以他们俩为榜样，系统地抵制可能导致我们冲动行事的内外部力量。鉴于此，我忽略了所有关于市场调整和崩溃的毫无价值的媒体言论；我连续几周不看我的投资业绩[①]，我默认的立场是什么都不做，因此，我大部分时间里只投资于两只指数基金和一只价值导向型对冲基金，而这两只指数基金我持有至少20年了。每当我对别人的回报率感到不耐烦或心生嫉妒、因为想快速捞一笔而对热门公司或股票下注、偏离了正轨时，我就会犯下代价惨重的错误。自相矛盾的是，走较慢的路几乎总是能较快地抵达终点。

我最敬佩的投资者往往表现得极不活跃，倒不是因为他们懒惰，而是因为他们认识到了保持耐心的好处。霍华德·马克斯曾对我说："我们的业绩并不取决于

[①] 自我第一次写出这句话以来，我逐渐意识到这样做并不完全正确。实际上，在压力时期，例如新冠疫情期间，我常常每天几次核查我的投资组合。这种紧张兮兮的习惯弊大于利。好的一点是，我没有做出任何冲动的投资举动。不过，我担心自己退步，沉迷于这种适得其反的习惯。

我们的买卖行为,而是取决于我们的持有行为,所以主要的投资活动是持有,而不是买卖。我一直在想,如果我们只在星期四交易,在其他4天时间里静坐思考,这样的安排是否更好?"

没有人比托马斯·鲁索(Thomas Russo)更能诠释这种慢动作思维了,他在宾夕法尼亚州兰开斯特的加德纳·鲁索和加德纳公司(Gardner Russo & Gardner)工作了30多年,获得了高于市场的稳定回报。"我把自己视为农民。"鲁索说,"华尔街到处都是猎人,他们总是在四处寻找猎物。他们发现猎物后,会把它带回来,然后举办一场精彩的盛宴。接下来他们会去寻找下一个猎物。我是播撒下种子,然后花所有的时间精心培育它们。"他持股最多的公司包括伯克希尔·哈撒韦、百富门(Brown-Forman)和雀巢,自20世纪80年代以来,他一直持有这些公司的股票。几年前,也就是在他59岁时,我问他是否想一辈子持有伯克希尔和雀巢公司的股票,他毫不犹豫地回答说:"是的。"

与斯利普和扎卡里亚一样,鲁索在整个职业生涯中都很认可延迟回报的力量。他持股的企业有一个共同点:承受痛苦的能力强,也就是说,它们的投资都是着眼于"长期的",即使代价是它们在前期要忍受多年的损失。正如鲁索所说的,每当我们为了"在明天有所收获"而"在今天有所牺牲"时,我们就会从中受益。

令我着迷的是,这一永恒的原则不仅适用于商业和投资领域,而且适用于我们生活中的各个领域。当我们锻炼或节食时,当我们为了考试而努力学习或工作到很晚时,当我们为退休后的生活攒钱或投资时,我们都在践行这一原则。在每一种情况下,我们都为了获得长期利益而接纳或忍受了短期内看起来不利的事物。不过,斯利普说:"我认为,短期内对我们不利的很多事情都很吸引人。"他举了一些常见的例子:喝醉、"吃太多蛋糕"、撒谎、"逛有美女的酒吧"和"从街角小店偷糖果"。他说,"所有这些看起来都不是好事,但做起来很刺激,常常是一时起意,还能获得回报,但说到底,做这些事对未来不利。"

这些都不是什么新理念，在《创世记》中，以扫是个贪图一时满足的人，为得到一碗毫无价值的扁豆汤，他把自己与生俱来的宝贵权利交给了弟弟雅各。相比之下，雅各的儿子约瑟深谙延迟满足之道，他很有远见地在"7年丰收"期间储备了大量粮食，确保了埃及在随后的"7年饥荒"中幸存了下来。几千年后，我们一次次地面临着同样的选择：选现在还是未来，选即时还是延迟。

对大多数凡人来说，做出选择很难，但扎卡里亚说，当其他人屈服于诱惑时，他想做个"苦行僧"，想"拒绝获得即时满足"，他很享受那种虔诚的感觉。这让我想起了一个奇妙的佛教短语"无悔之乐"，指的是抵制不健康或不熟练行为后产生的奇妙感觉。同样，拉夫·耶胡达·阿什拉格（Rav Yehuda Ashlag）和拉夫·菲利普·伯格（Rav Philip Berg）等犹太卡巴拉主义者（kabbalists）教导我们，要获得持久的幸福、满足和自由，唯一的方法就是抵制我们的消极倾向。在里程碑式的著作《外行的卡巴拉》（*Kabbalah for the Layman*）中，拉夫·伯格写道："卡巴拉主义者不会选择阻力最小、节奏快、即时满足的线路，他们会选择阻力最大的。"这是关于走不同寻常的满足之路的一条极其重要的真理。

斯利普说，一个实用的窍门是"在短期内奖励自己"，可以想象一下你选择了不理会自己的即时欲求后，将来可能享受的所有好处，这样一来，你就把延迟满足与快乐联系在一起了，"你就更有可能接受它了"。事实上，斯利普说，"我很喜欢无视一些东西，这能让生活变得更美好。"

第七章
高绩效习惯

最优秀的投资者通过培养良好的习惯形成压倒性的竞争优势，这些习惯带来的好处会随时间不断累积

> 从小养成这样或那样的习惯绝非小事，相反，它非常重要，或者说最重要。
>
> ——亚里士多德

> 我认为，人们在到达一定年龄前会低估习惯的重要性，他们也会低估在45岁或50岁时改变习惯的难度，以及年轻时养成正确习惯的重要性。
>
> ——沃伦·巴菲特

1990年，汤姆·盖纳（Tom Gayner）体重为86公斤，没有人会把他与奥运会沙滩排球金牌得主联系起来，尽管如此，他仍称自己的体重"在合理的范围内"。那年，28岁的盖纳在弗吉尼亚州里士满的一家保险公司——马克尔公司（Markel Corporation）找到了一份管理投资组合的工作。投资需要久坐，需要阅读、思考和分析数字。他天生适合投资，在八九岁时，他每个星期五晚上会和祖母一起坐在电视机前愉快地观看路易斯·鲁凯泽主持的《华尔街一周》。

随着年龄的增长，盖纳的久坐和思考能力产生了意想不到的结果。他的体重逐渐增加，最终超过了90公斤。下定决心减肥后，他向朋友和同事们宣布，在接下来的10年里，他每年将减掉0.45公斤，乍听起来可能觉得有点荒谬，但有研究

第七章

表明，美国男性的体重在成年初期到中年期间，每年平均会增加0.45—0.9公斤。盖纳很善于以钱生钱，他很清楚，微小的优势或劣势会长期累积，所以他开始改变一些不健康的习惯。

他说："当我还是个孩子时，我的饮食习惯就像一只野浣熊。"他估计自己每年会吃掉约200个甜甜圈。一些节食者宣布完全放弃这种"罪恶"的享受，承诺（在一段时间内）不吃甜甜圈，但之后他们（几乎不可避免地）都大开了吃戒，但盖纳不是这样，他愉快地承认，他每年仍可能要吃掉20个甜甜圈，不过，总的来说，他对健康饮食的坚持还是令人钦佩的。这些年来，我和他一起吃过几顿饭，包括在纽约一家老式的俱乐部吃了顿午餐（他点了一份凯撒沙拉配三文鱼和不加糖的冰茶），在他的办公室里吃了两顿午餐（更多的沙拉、更多的鱼），在里士满郊区他家里吃了一顿晚餐（他做了美味的蒜味三文鱼配甘蓝，还有葡萄酒和冰激凌）。与生活的其他领域一样，盖纳在营养方面的策略"从大方向上看是正确的"，但并不完美。他说："总的来说，我是个知足常乐者，而不是个完美主义者。"

他对锻炼也持类似的态度。"我从小就不擅长运动。"他说，"我运动生涯的巅峰时期是在七年级。"他说他在50岁之前总共跑了不到8公里。后来当他乘坐飞机时，在报纸上读到了一篇题为"你讨厌跑步吗？"（*Do You Hate Running?*）的文章，他当时心想："是的，我讨厌跑步。"这篇文章列出了一个为期28天的计划，计划设计得非常巧妙，很吸引人，他决定尝试一下。在第一周，他按要求每天最多跑5分钟；在第二周，他每天跑10分钟；第三周，他每天跑15分钟；第四周，他每天跑20分钟。他说，到那时，"你已经养成了一种全新的习惯"。果然，5年多过去了，他仍然每周跑步5次。他通常在早上5:30或6:00左右出发，在30分钟内慢跑约4.8公里，此时我们大多数人还躺在床上睡大觉呢。他说："我跑步的速度很有迷惑性，比看上去还要慢。"

盖纳现在是金融控股公司马克尔的联合CEO，该公司在全球范围内开展保险和投资业务。盖纳跑步不是为了创造百米赛跑的纪录，他的这个习惯（会以一些瑜伽运动和适度的哑铃运动结尾）有助于满足他日常工作中的体力需求和缓解压力。他日理万机，管理着约210亿美元的股票和债券，还要管理19家全资子公司以及约1.7万名员工。"如果你是一名高管或基金经理，肩负着这样的重任时，你要一周7天、一天24小时地参加比赛，没有休赛期，没有休息日。"[①]他说，"因此，我认为自律非常重要，要注意你的健康，你的睡眠，你的锻炼，注意工作与生活的平衡，要花时间陪妻子和孩子以及你的教区同胞，要注意所有这些事情。这样做不一定能产生你想要的结果，但肯定能提高你实现目标的概率。"

严格自律是他的一大特点。大多数人坚持不了几天就半途而废了。我家里也有哑铃和跳绳，但我使用它们不超过3次，它们存在的主要意义就是令我感到羞愧。然而，盖纳一直在努力，虽然从来做不到完美，但方向总是正确的。他说，关键是他做每件事时都力求"适度"。"如果我要做出极端的改变，那改变将是不可持续的，但适度的、渐进性的改变是可持续的。"

他也小心谨慎地不让自己在错误的方向上走太远。在办公室附近的一个湖边快步走了一圈后，他向我展示了他的苹果手表是如何监控他运动的，这可以确保他"每天锻炼30分钟"。同样地，他每天都会称体重，除非在旅行，而且"当体重不达标时，我会更加努力地锻炼，或者试着在一段时间内更加注意饮食。当你从不让事情失控时，你就不会轻易偏离中心。总的来说，这是我理想的生活之道。"

这一"适度"且长期得到坚持的策略成效很显著。[②]2017年我花了一天半的

---

① 我并不是说盖纳的饮食和锻炼方式对每个人都有效，因为遗传和新陈代谢等诸多因素会相互影响，但我相信，与巴菲特的健康养生法相比，他的方法更适合大多数。巴菲特的健康养生法包括在上班途中去麦当劳吃早餐，吃大量的红肉，喝大量的可口可乐。巴菲特曾经对莫尼什·帕伯莱的女儿开玩笑地说，他不到5岁时不吃的东西，他连碰都不会碰。

② 新闻快讯：当2020年我们再次交谈时，盖纳告诉我："今天早上我踏上体重秤时，上面显示的数字是86公斤。"他的不懈努力获得了回报，他终于恢复了30年前的体重。

时间采访盖纳，当时他的体重约为88公斤，并不比27年前的他重多少。就增重而言，我的表现远远超过了他，这正说明了日常行为的细微差异如何在几十年间累积成巨大的差距。

所有这些都指向了一个重要的结论，它既适用于投资，也适用于生活，即**巨大的胜利往往是持续的小进步和提高长期累积的结果**。"成功的秘诀就是，每一天都比前一天做得好一些，"盖纳说，"你可以采用不同的方法，但事情就是这样……不断进步才是关键。"

"积微成著"

盖纳在投资中也运用了同样的理念。许多投资者忽而重视短期盈利，忽而重视长期前景，就像溜溜球型减肥者在流行的节食法之间摇摆不定，始终减不了肥一样。盖纳是稳步发展的守护神，他坚持按照4个原则选股，30年来从未改变过。这些原则给他指明了正确的方向，助他远离了"愚蠢行为……它们就像防护栏"。

第一，他寻求的是"资本回报率高、杠杆率低的盈利性企业"；第二，企业的管理团队必须"德才兼备"；第三，公司应该有充分的机会将利润进行再投资并获得可观的回报；第四，股票价格"合理"。

一旦盖纳找到了符合这4个标准的公司，他就会做好"永远"对它们投资的打算，让股票无限期地利滚利，同时还可以延迟纳税。1990年，他在马克尔公司买入了第一只股票，即伯克希尔·哈撒韦公司的股票，现在他持有该公司的股份已经超过了6亿美元。1965年，巴菲特错误地收购了濒临倒闭的纺织制造商伯克希尔，尽管如此，由于他将公司资产再投资于更有前途的领域，该公司的股价从15美元左右飙升至了33万美元。盖纳说："注意，做出再投资决策的人是个天才。"在盖纳看来，伯克希尔公司符合他4个标准中的第三条，即"再投资势头"强劲，这也是他选股时最看重的一条标准。

盖纳持股第二多的公司是车美仕（CarMax），他自20世纪90年代末就持有这家公司的股票了。当时，它还是一家小公司，以固定的价格出售二手车。该公司经营理念新奇，不拘泥于传统的做法，不与买家讨价还价，也不欺骗买家。盖纳是一位虔诚的圣公会教徒，从小就是一名贵格会教徒。他回忆说，梅西百货公司是19世纪50年代由一位贵格会教徒创办的，他以固定的价格出售每一件商品，消除了顾客被狡猾的推销员蒙骗的一切嫌疑。考虑到车美仕对透明度和公平交易的承诺，它怎么能不具有类似的优势呢？更重要的是，车美仕的股票价格低廉，而且有通过开设新的经销店将利润进行再投资的无限机会。自他首次投资该公司以来，其经销商已经从大约8家增加到了200家，其股票也飙涨了60多倍。

进入盖纳投资组合的主要是值得长期持有的股票，如布鲁克菲尔德资产管理公司（Brookfield Asset Management）、华特迪士尼公司（the Walt Disney Company）、帝亚吉欧（Diageo）、维萨（Visa）和家得宝（Home Depot）等企业的股票，尽管面临创造性破坏的威胁，但他预计，这些企业将长期繁荣发展。例如，帝亚吉欧拥有苏格兰威士忌品牌约翰尼·沃克（Johnnie Walker），该品牌已有200年的历史了，这如同给他吃了颗定心丸，他说："在我眼里，它是相当持久的东西，我寻找的正是这样的东西。"他并不打算交易这些股票，而是想在企业发展壮大的过程中一直持有这些股票。"我的经验是，最富有的人是那些找到优质股票并长期持有的人，那些最不快乐、最疯狂、最不成功的人总是在追逐下一只热门股。"

盖纳总共持有大约100只股票，防范之心看似有些过强了，但他三分之二的资金都投给了20只股票，这是适度激进的做法。他对亚马逊、字母表和脸书等科技股的态度与其他股票的一样，他"非常迟钝"地意识到了它们的可持续竞争优势，但很久之后才发现它们符合他的4项投资标准。尽管如此，它们的价格并不便宜，他也无法准确地评估它们的价值，所以他采取了渐进的做法，"逐步"积累了大量（算不上巨量）头寸，通过分摊成本来降低买入价过高的风险。这样，即使他判断有误，也不会造成致命的后果。

盖纳对预防灾难的重视让我想起了杰弗里·冈德拉奇的一个绝妙见解，后者

第七章

是双线资本（Double Line Capital）的CEO，管理着约1400亿美元的资产，被誉为"债券之王"。性子有点急但聪明过人的亿万富翁冈德拉奇说，他大约有30%的判断是错误的，因此，在进行任何投资之前，他都会问自己这个关键的问题："如果我判断错了，结果会怎样？"然后他会权衡自己的押注，这样无论发生什么，结果都不会是灾难性的。"不要犯致命的错误。"冈德拉奇对我说，"这是长寿的根本，说到底，企业要成功，首先得长寿。"

盖纳的投资组合是稳定可靠的。假使他持有了更多亚马逊、谷歌和脸书的股票，他的收益率可能会高出很多，但他对待投资决策的态度与对待饮食和锻炼一样，他不是要做到最好，而是要一以贯之地保持理智和适度。30年来，由于利用了长期复利的力量，这种做法的累积效应是巨大的。虽然收益没有"以特别快的速度"增加，但"出现灾难性后果的概率"也没有增加。

在盖纳职业生涯最糟糕的两年（1999年和2008年）里，其股票投资组合分别下跌了10.3%（当时科技股狂飙，他犯了做空科技股的错误）和34%（当时的信贷危机暴露出他持股的一些企业杠杆率过高）。他的妻子苏珊在马克尔公司旗下一家出售预制房屋的企业担任CEO，据她回忆，这两个时期是盖纳的"灵魂黑夜"，让他内心充满了"自我怀疑和绝望"。盖纳说，因金融危机期间压力太大，他掉了很多头发。尽管如此，他还是渡过了难关，最终恢复了元气，步入了稳定上升的通道。

结果是非同寻常的。从1990年到2019年，盖纳的股票投资组合获得了12.5%的年均收益，而标普500指数的为11.4%。据此计算，投资于盖纳投资组合的100万美元将增加至3420万美元，而投资于标普500指数的100万美元则会增加至2550万美元。差距之大，令人印象深刻。这个例子说明了长期保持适度的优势是多么有价值。

盖纳说："如果你能一直保持知足常乐和理智的心态，那么一路走来，你会看到有各色各样的人在你前面倒下，你会越来越靠前，到最后，你会对自己的高位次感到讶异。""我从来都不是第一名,但我总是在稳步地前进。正如我父亲所说的,最重要的是稳定性。[①]所以要坚持这么做,这样你就不会在比赛中出局。令人惊讶的是,随着时间的推移,由于竞争者变得越来越少,你会越来越领先。"

马克尔公司通过采用类似的策略不断发展壮大。1986年上市时,它还是一家默默无闻的专业保险公司,市值约为4000万美元。1930年创立了该公司的马克尔家族聘请盖纳(多年来一直是该公司的分析师和股票经纪人)推行伯克希尔·哈撒韦公司的商业模式。于是,盖纳拿走了马克尔保险部门的保费,并用"浮存金"购买股票,自2005年后,他像巴菲特一样,利用从保险业务中收取的保费收购整个公司。他的效仿很成功,持续了几十年。尽管如此,盖纳还是不喜欢"效仿"这个词,因为这可能意味着他只是在模仿巴菲特,而不是观察哪些做法有效,并根据公司的实际情况对这些做法做出了"整合"。

结果如何呢?盖纳拿出了马克尔公司1987年的年报对我说,当时公司的总资产为5730万美元,截至2019年底,其总资产已飙升至了374亿美元。马克尔的市值已增长至140亿美元左右,在2020年的《财富》500强排行榜中,名列第335位。"我们发展得很好。"盖纳说,"我们遵循的路径一样,发展轨迹一样,可谓积微成著,积少成多。"

马克尔的股东也非常高兴,包括盖纳本人,他将一多半的个人资金购买了公司股票。在IPO时,马克尔公司的股价为8.33美元/股,截至2019年底,其股价已攀升至1143美元/股,这意味着137倍的增益。

盖纳的经历表明,从长期来看,你不需要做到极致就能获得超乎寻常的结果。他说:"做到极致反而会让人陷入麻烦。"他追求的是一条温和的道路,历史

[①] 盖纳的父亲对他的影响最大,他风趣幽默,坚韧不拔。他在大萧条时期长大,大萧条使家族的玻璃制造企业破产,导致他们家陷入了贫困。年轻时,他晚上会偷偷溜出家门,去一家酒吧里吹单簧管挣钱。他参加了第二次世界大战,膝盖曾中过枪。后来,他获得了会计从业资格,买了一家酒类商店,还从事小规模的房地产交易。"我父亲是我见过的最富有的人。"盖纳说,"这并不是说他比杰夫·贝索斯或沃伦·巴菲特更有钱,而是因为他很知足。这是一种很好的心理状态。"

第七章

上最睿智的思想家也赞同这一做法,如孔子、亚里士多德、佛陀和迈蒙尼提斯。

约2400年前,古希腊哲学家亚里士多德指出,卓越和持久的幸福取决于我们践行"中庸之道"的能力——就食物、酒和性等生理享受而言,我们应该在过度放纵和禁欲之间找到一个平衡点。同样,面对风险,他建议在胆怯和鲁莽这两个相互对立的极端之间谨慎行事,他说:"逃避一切、恐惧一切、对任何事情都无坚定立场的人是懦夫,无所畏惧地去迎接一切危险的人是莽夫。"[1]

盖纳既不懦弱也不鲁莽,他所做的一切似乎都是合情合理、考虑周全的,无论是他的饮食和锻炼方式,还是适度多样化和集中化的投资组合的构建。这样的投资和生活方式不仅能给他带来丰厚的回报,还能让你我这样的普通人去学习效仿。我采访过的一些著名的投资者具有非凡的智慧,包括查理·芒格、爱德华·索普和比尔·米勒等,他们似乎与盖纳的风格不同。盖纳也非常聪明,但他真正的优势体现在行为而不是智力上。他说,与一些最聪明的同行相比,"我以更严格的自律、更平稳的心态和更努力的坚持来弥补智力上的不足。"

也就是说,盖纳的实力很容易被低估。他看上去总是快乐的,而且喜欢自嘲,缺乏我们期待的那种金融界大佬的自尊和魅力。他开的车是丰田普锐斯("我喜欢每加仑汽油能跑80公里的车,因为便宜。"他说,"我想,假如我们不需要石油,世界将变得更加和平。")。他住在一所舒适但装修简单的房子里,他和高中时恋上的心上人"非常幸福地结了婚"。他的心上人是一名长老会牧师的女儿,他15岁时就和她开始约会了,19岁时他们完婚。第一次约会时,他的父母开车送他们去了新泽西州塞勒姆一个小镇的奶油冻摊点。他们家在那里有一个100英亩的农场,他就是在那里长大的。

---

[1] 卢·马林诺夫(Lou Marinoff)在《中庸之道:在极端的世界中寻找幸福》(*The Middle Way: Finding Happiness in a World of Extrements*)这本富有启发性的书中探讨了亚里士多德、佛陀和孔子之间一些有趣的相似之处。佛陀和亚里士多德一样,劝诫他的弟子们追求"中庸之道",避免两个对立和"无益"的极端:"沉溺于感官享乐"和"沉溺于自我禁欲"。至于孔子,他教导说"圣人"遵循"中庸之道",这样才能实现心理平衡和和谐的社会秩序。

简言之，盖纳不高调浮夸，然而，投资界像他这样的人不多了。他积累财富时采用的"令人满意、缓慢、稳定的"方法在很大程度上以常识和精心培养的习惯为基础，而不靠深奥的技能或大胆的冒险。当我问他，普通投资者为了致富应该怎么做时，他给出了一个最无新意的建议："花的要比赚的少，用余钱进行投资并获得正收益。能做到这两点，你就不可能失败。"他又补充说："如果你赚得多花得少，你很快就会变富有。"

盖纳非常重视控制成本，他以极低的费用和最高的税收效率管理着马克尔的投资——任何人都可以通过降低交易频率和避免投资费用高的金融产品获得这种成本优势。他在个人生活中也很节俭，他说这一理念在他童年时就已"根深蒂固"了。虽然他一年的总收入高达数百万美元，但他忍受不了机场高昂的食品价格，度假期间几乎不会在一天之内下两次馆子。

如果说节俭是导致他理财成功的基本因素，那么勤奋也是。作为弗吉尼亚大学毕业的高才生，他能毫不费力地取得成功吗？现在呢？答案是否定的。他通常在早上7点15分到办公室，因为早上他的工作效率最高，很少有事情能让他分心。"我们安静地安排各项事务。"他问我，"你在我办公室时，听到我的电话铃响了几次？"

他的电脑屏幕前张贴着一张纸，上面写着迈克尔·乔丹说过的一句话："我一生中屡败屡战，这正是我成功的原因。"盖纳喜欢以乔丹的事迹鼓励自己。乔丹在高中二年级时还没有进入篮球队，但之后他凭借"超人"的职业道德和"顽强的意志"，成了有史以来最伟大的球员。**盖纳说："你无法控制结果，你只能控制自己的努力和奉献，而且不管发生什么，都要全力以赴地完成手头的任务。"**

当我在2020年再次采访他时，美国正在经历着骚乱和疫情，但盖纳仍然一如既往地努力工作，坚持按既定的流程投资，以身作则，为员工树立榜样。他对我说："一步一个脚印，这就是贯穿我一生的原则，现在也是如此。"

盖纳逐步完善自我的另一个策略是"持续"地学习。他贪婪地阅读各种书

第七章

籍,从培养习惯的科学书籍到人物传记,再到他最喜欢的作家马克·吐温的小说。他也把自己视为"神经网络中的一个节点":他与许多聪明睿智的人建立了联系,这些人可以助他拓展知识和提高技能。

查克·阿克雷(Chuck Akre)是一位著名的基金经理(我们稍后会再次介绍他),在他的帮助下,盖纳明白了再投资是企业成功最强大的驱动力;乔希·塔拉索夫(Josh Tarasoff)是位天才的对冲基金经理,他让盖纳明白了为什么应持有亚马逊公司的股票。盖纳还与巴菲特一起在华盛顿邮报公司的董事会任职了多年。他对巴菲特的评价是,"毅力和耐力"是巴菲特的重要优势:"他拥有令人难以置信的精力和耐力……早晨,他精神抖擞地出发了,就像一只永不停歇的劲量兔子(Energizer Bunny),体力真是惊人!"

盖纳获得许多重量级投资者的信任绝非偶然。"我是个好人,这是我的一大优点,"他说,"我尽力帮助别人,我尽力做正确的事,因此,我有很多朋友、同学和同事,他们总是支持我,而不是反对我。他们帮助我,而且只会帮助我。"我们有时会以为,人必须做到冷酷无情才能登上高位,但盖纳的经历说明,待人友好、行为正派是有回报的。我把这种被低估的优势称为"好人效应"(Mensch Effect)。蓝宝石基金的负责人盖伊·斯皮尔投入了大量的精力帮助他人,他周围的人也都希望能帮助他。斯皮尔称这种现象为"善意引发善意"。

盖纳确信,如果你的目标是取得可持续的成功,那么举止得体会产生良好的效果,因为当你值得信赖时,会有更多的人希望与你做生意。他说:"一些人在职场里吹嘘自己、欺凌、恐吓他人,还耍滑头,他们在一段时间内取得了巨大的成功,但这类做法的效果不会长久,有时可能维持一段时间,但并不长久。你会发现,那些长期取得成功的人都是正直诚信的人。"

当我试图确认推动盖纳取得辉煌成就的诸多因素时,我想起了尼克·斯利普向我提到的一个理念:"the aggregation of marginal gains"(积微成著)。这句话出自传奇的教练大卫·布雷斯福德爵士(Sir David Brailsford)之口。在他的带领下,英国自行车队在北京和伦敦奥运会上所向披靡，斩获了多枚金牌。取得这些成绩并非因为重大的创新，而是众多微小的改进，这些改进逐渐累积，最终形成了压倒性的优势。例如，为增强自行车轮子的抓地力，布雷斯福德的队员用酒精擦拭车轮；为保持肌肉的温度，他们穿电热短裤；为降低患病风险，他们研究了外科医生如何洗手；为了睡好觉，他们甚至在旅行中自带枕头。

布雷斯福德拥有工商管理硕士学位，他的行为方式深受日本持续改善（kaizen）原则的启发。丰田在发展为卓越企业的过程中，这一原则发挥了极其重要的作用。《哈佛商业评论》曾刊登过布雷斯福德与埃本·哈雷尔（Eben Harrell）的谈话内容，其中有这么一段话："我突然想到，我们应该从小处着眼，奉行积微成著、持续改善的哲学。忘记完美，专注于进步，点滴积累，积少成多。"

斯利普也是个喜欢骑自行车的人，他说，哪怕是微小的收益，最优秀的企业也想确保获得它。他回忆起卡皮莱特的创始人哈里斯勋爵为了省钱，坚持重复使用旧价格标签的情形。"这不是什么秘诀，"斯利普说，"你只要重视所有的小事，积少成多就行了。"

如果你想了解盖纳成功的原因，请继续阅读下去。没有人像他那样在乎小事了。就他个人而言，他日常的习惯似乎很普通，就像骑自行车的人带着他们最喜欢的枕头旅行一样。他起得很早，到办公室也很早，他喜欢慢跑和做瑜伽，喜欢吃成堆的沙拉和甜甜圈。为了能集中精力，他在一间安静的办公室里工作。他一贯以4个可靠的原则作为选股标准。他以节税的方式投资，会尽可能降低投资费用。他挣得多，花得少。他喜欢阅读。他研究并明智地效仿了其他投资大师的做法。他祈祷，去教堂做礼拜，从更崇高的信仰中汲取情感力量。他以能激发信任和善意的方式行事。

单个来看，这些做法都不是惊天动地之举，但请记住：积微成著，它们的复合效应是巨大的。此外，明智的习惯所产生的微小好处会在多年里持续积累。从短期来看，这些微小的进步似乎微不足道，但时间是坏习惯的敌人，也是好习惯

第七章

的朋友，年复一年，十年又十年的积累效果是惊人的。事实上，让盖纳脱颖而出的正是他的这一重要特质：持久不变，始终如一。

好的一点是，我们不需要学习什么秘诀，也不需要多高的智商，**我们需要的是培养一个能让我们不断积累微小优势的、方向正确的和可持续的明智习惯**。盖纳引领着我们踏上了正确的轨道，现在让我们看看，卓越的投资者还利用了其他哪些高效的习惯来使自己保持长期优势。

全力以赴

2000年，我采访了杰夫·韦尼克（Jeff Vinik），他是一位高深莫测的投资巨星，33岁时就执掌了富达麦哲伦基金（Fidelity's Magellan Fund），成了世界上规模最大、最著名的共同基金的经理。接替他执掌富达对冲基金的威尔·丹诺夫说，韦尼克是富达公司一代人中"最出色的基金经理"，堪称"投资奇才"。

韦尼克在执掌麦哲伦的4年时间里跑赢了标普500指数，后因一次不合时宜的债券押注离开了富达并创建了一家对冲基金公司，取得了不俗的投资业绩。就在我们交谈后不久，他为了管理自己的财富和有更多的时间陪伴家人，将韦尼克资产管理公司管理的数十亿美元返还给了投资者。当时，他已经做了12年的基金经理，他的年化收益率达到了惊人的32%。

当我问韦尼克取得成功的秘诀时，他做出了两点解释。首先，他说："在我的职业生涯中，我确实采用了一贯的投资方法，即专注于那些盈利前景良好、估值非常合理的公司"，例如，最近他因"普通餐馆类小盘股"赚了一笔钱，"它们的年收益增长率为20%，但市盈率为12倍。这才是真正的投资，这才能赚到钱"。我突然发现，这似乎就是乔尔·格林布拉特所说的看透复杂投资的本质、反复利用最基本的原则赚钱的完美例子。

其次，韦尼克说："12年来我还坚持了一件事，那就是非常非常努力地工作。你分析的公司越多，你浏览的现金流量表越多，你能发现的好点子就越多，业绩就越好。努力工作是不可或缺的因素。"

他的日程安排是怎样的呢？韦尼克告诉我："我通常早上6:45到达办公室，大约下午5点回家，所以我可以和家人共度很多时光。通常情况下，我会在孩子们上床睡觉后读两三个小时的书。"他翻阅了大量公司文件和行业出版物，还试图阅读"华尔街公布的所有研究"，此时他惊人的记忆力派上了大用场，他说："我会在脑海里追踪成千上万家公司的发展情况。"这样，他就可以随时发现被其他人忽视了的微妙变化，例如，他能发现之前遭鄙视的周期性企业的前景即将改善、其利润开始加速增长的转折点。

丹诺夫的投资风格有所不同，他更加重视长期持有股票，但他也具有强烈的职业道德感。他说："管理基金需要更努力地工作，需要和更多的分析师进行交流，需要看更多的年报。你做得越多，你的业绩就越好，这是疯狂的竞争。"丹诺夫于1990年开始管理对冲基金，尽管他有一些怪癖，但他对战胜市场、为股东增值的渴望从未因之减少分毫。"坦白说，其他基金经理根本不在乎这些，"他说，许多人是"为了收费"或"获得荣誉……但我更在乎别的东西"。

丹诺夫向我朗读了他1993年收到的一对夫妇的来信。这对夫妇投资了他的基金，为当时刚满一岁的儿子将来上大学攒钱，他们在信中说："我们附上了孩子的照片，这样你就能感觉到真有人把自己辛辛苦苦挣来的钱委托给了你。"责任感、"内疚感"、"恐惧感"以及"以身作则"的愿望都成了他强大的动力。他说："我每天都要全力以赴。"[①]

不管投资动机是什么，在我眼里，卓越的投资者都是疯狂的智力运动员。他们在不断地获取知识层面的优势，即更快地获得更多更好的信息或对人人可获得的信息做出更精确的研判。所有这些来之不易的知识所发挥的作用会随着时间的

[①] 我最喜欢的与丹诺夫有关的事迹来自比尔·米勒。米勒回忆说，30年前他去凤凰城（Phoenix）出席一场投资大会，其间有人把他介绍给了丹诺夫："我伸出手说，'很高兴见到你，威尔'。他没有伸出手，只是看着我说，'我要战胜你，伙计，我真的要战胜你。'"

推移累加，并以不可预知的方式产生回报。

丹诺夫每年都会与数百家公司的管理层会面，他向我展示了2004年4月与一家"濒临破产"的网络公司的高管会面时的笔记。这家搜索引擎公司名为问杰公司（Ask Jeeves），其高管透露，他们正被气势如虹的新贵公司谷歌碾压。就在那一天，丹诺夫说，"我第一次意识到谷歌是一家特别的公司"。带着这样的见解，他于2004年8月会见了谷歌的联合创始人谢尔盖·布林（Sergey Brin）和CEO埃里克·施密特（Eric Schmidt），并开始领略其巨大的潜力。丹诺夫说，谷歌的收入每隔几个月就会翻一番，而且该公司声称有25%的营业利润率，还有大量的现金，没有债务。"它的财务状况非常出色，尤其是与当今许多无利可图的独角兽企业相比。"当谷歌于当月晚些时候上市时，大多数基金经理都绕开了它，但丹诺夫管理的基金成了其最大的投资者之一。16年后，这家公司仍然是他持仓量最多、最赚钱的股票。

作为管理着7.3万亿美元客户资产的大公司的顶级玩家，丹诺夫可以接触到任何层面的人。但与众不同的是，他决心利用这一优势不断驱使自己努力工作。2010年他去帕洛阿托考察时，发现自己满满当当的日程安排中出现了一个空档期，这让他很不舒服。"周三下午4点半以后为什么我们不见任何人？"他问他的同事们，"也许我们应该见见特斯拉的人。"之后丹诺夫访问了这家当时正处于亏损状态的汽车制造商。当时是12月份，他们抵达特斯拉时，天都要黑了。几分钟之内，特斯拉那位极具魅力的创始人埃隆·马斯克（Elon Musk）就现身了，他向丹诺夫讲述了"制造能让美国再次引以为傲的神奇汽车"这一愿景。丹诺夫对此印象深刻，因此他提前布局了一项极其有利可图的投资，在这次好运之旅结束后的10年里，他一直都持有特斯拉的股票。

韦尼克和丹诺夫起初都是彼得·林奇的门徒，深得林奇的真传。林奇执掌麦哲伦基金长达13年，他精力旺盛，工作强度很大。20年前我采访林奇时，他解释了促使他每天研究大量股票的简单逻辑。他对我说："我一直认为，当你一天看了

10个点子时，你可能会从中找出一个好的；当你看了20个时，你可能会发现两个好的。"回忆起他最出色的投资时，林奇补充说："若1982年有100个人以开放的心态参观了克莱斯勒公司，会有99个人买它的股票。"

这一切与大量微小优势的累积效应有关，这些优势在多年的时间里奇迹般地累积了起来：林奇要费心劳力地多走访一家公司；丹诺夫坚持要把行程填满；孩子们睡觉后，韦尼克强迫自己多读两三个小时的书。最能预示一个人成功的因素往往是他对理想的不懈追求。

比尔·米勒刚入行时曾向林奇求教，林奇告诉他，无论是从经济层面还是从智力层面来看，投资业的回报都是很丰厚的，因此吸引了过多的聪明人进入。林奇说："战胜他们的唯一方法就是比他们更努力，因为你不会比其他人聪明多少。"林奇告诉米勒，他多年来保持领先地位依靠的是：早上6:30乘车去办公室，晚饭后和周末工作，多年不休假，多阅读投资研究报告。当米勒问，随着年龄的增长，林奇是否会放慢节奏时，林奇回答说："不会，在这个行业里，只有两个挡位，一个是超速挡，一个是停车挡。"米勒对此表示同意，他说："这一说法基本正确，你必须全速前进。"

2014年，我问90岁高龄的马丁·惠特曼，为什么2008年金融危机期间和之后他的投资业绩如此糟糕？对一位价值投资巨头来说，这样的惨败实属罕见。他对我说："随着年龄的增长和财富的增加，我变得懒惰了。2007年我看清了很多事情，但没有采取行动。我本该把所有的房地产股都卖掉……这并不反映投资技能。你必须勤勉小心，但在2008年，我没有做到这一点。"

我钦佩惠特曼的坦率，但他的话也令我感到不安，我之前和他一起投资了很多年，结果令人满意，后来我把母亲大部分的积蓄都委托给了他的公司管理，但我没有想到他会变得自满。回忆起对金融危机的糟糕应对，惠特曼说："从智力层面看，这样的结果令人不满，但也没什么大不了……我的儿女们少继承一千万和少投入一两千万做慈善没什么大不了。"我不忍心告诉他，他的不小心和不作为

第七章

对我母亲产生了巨大的影响。

"除了她,没有人想嫁给我"

要超越这么多聪明的竞争者,光靠努力工作是不够的,你的思维也必须超越他们。即使是经验最丰富的投资者也必须不断学习,因为世界瞬息万变,知识很快就会过时。正如芒格经常提到的那样,巴菲特难能可贵的一个特点是,即使到了老年,他仍然是一台"持续学习的机器",他每天会阅读五六个小时,为了避免外界干扰,他经常把自己关在办公室里。

"巴菲特是不断提升自我的绝佳范例。"保罗·朗齐斯(Paul Lountzis)说。他是朗齐斯资产管理公司(Lountzis Asset Management)的总裁,30年来一直出席伯克希尔的年度股东大会,他对巴菲特持续进步的能力深感钦佩。巴菲特一开始投资于廉价股,后来把目光转向了优秀的企业,接下来开始收购整个公司,然后冒险进入了中国和以色列等海外市场。他还投资了两个之前回避的行业:铁路和科技。这样的演变使巴菲特在80多岁高龄时选择了职业生涯中最赚钱的股票——苹果公司的股票,截至目前,这笔投资的利润已超过了800亿美元。"他一直恪守纪律和原则,但他又能根据当时特定的经济和投资环境灵活变通,真是令人难以置信,很少有人能做到这一点。"

朗齐斯也是不断学习、不断提升自我的典范,这样的习惯使他摆脱了贫苦的环境,成长为备受推崇的理财师。他于1960年出生于宾夕法尼亚州的一个希腊移民家庭,父亲是一名酒保,母亲是一名缝纫机工,还有4个兄弟姐妹。他说:"我父亲会把收到的小费放在厨房的桌子上,我母亲就拿这些钱去杂货店买东西。父母为了养育我们省吃俭用,母亲舍不得给自己买新鞋,她穿朋友的鞋子。"等到第三个孩子出生时,他们攒下了30美元。

朗齐斯8岁就开始洗盘子赚钱,后来去麦当劳做清洁工,每个周末和假期都在医院工作两天。他靠打工挣的钱交学费,完成了在奥尔布赖特学院的学业,不过，他用了8年时间才毕业。

另一方面，他学习了投资知识。他说："我完全被迷住了。"13岁时，他读到了有关巴菲特的文章。14岁时，他读了格雷厄姆的《聪明的投资者》一书。接着，他如饥似渴地阅读了菲利普·费雪（Philip Fisher）于1958年出版的经典著作《怎样选择成长股》(Common Stocks and Uncommon Profits)，这本书使他认识到研究"流言蜚语"是获取信息优势的一种途径。朗齐斯说："这两本书确实为我的投资奠定了基础，我读它们不下五六十遍了。"

朗齐斯是一个热情奔放的人，谈到他的4个成年子女和与他相濡以沫将近40年的妻子凯莉时，他总是滔滔不绝。但他特别渴望成为更加出色的投资者，因此平时几乎把所有时间花在了学习相关的知识上。他说："我尝试每天读4—7小时的书，我没有其他爱好，我这辈子从没打过高尔夫球……我的个性就是这样，我总是想变得更明智一些，因此得不断学习。"

他认为社交活动很烦人，对他是一种干扰："我爱与人交往，但如果我学不到知识，增长不了见识，无法获得智慧的启迪，我宁愿做别的事情。"他的妻子有一点很可贵，"她对我没有任何要求，这一点对我太重要了。她理解我，让我做真实的自己。除了她，不会有人嫁给我了"。朗齐斯对自己的极端做法并不感到后悔，他说："要真正成为某个领域的大师，你就必须十分专注。若有人告诉你，你可以立刻拥有一切，不要相信他，你无法做到这一点。我是说，不打网球你绝不会成为罗杰·费德勒（Roger Federer）。整个过程是耗时费力的。"

朗齐斯贪婪地从商业和投资巨人那里寻找深刻的见解，他很喜欢阅读写企业家的书，比如写耐克公司联合创始人菲尔·奈特（Phil Knight）的书："我可以阅读所有关于他的书，它们深深地吸引了我。"他还有一台服务器，里面储存了数千段视频。这些视频讲述的都是金融奇才的经历，包括莫尼什·帕伯莱和斯坦利·德鲁肯米勒等对冲基金经理，迈克尔·莫里茨（Michael Moritz）和吉姆·戈茨（Jim Goetz）等风险资本家以及利昂·布莱克（Leon Black）和斯蒂芬·施瓦

第七章

茨曼（Stephen Schwarzman）等私募股权大佬，他们的经历能促进他更好地思考投资、市场和世界的走向。朗齐斯说，他至少保存有500段巴菲特的视频和他能找到的芒格的珍贵录音。他还保存了几十次参加年度股东大会的记录。在他看来，巴菲特和芒格"不仅非常聪明"，"他们简直就是天才！"

大多数时候，朗齐斯都在健身房里边骑佩洛顿（Peloton）自行车，边通过苹果手机看视频。晚上他常常躺在床上用苹果平板电脑看视频，常常在充满了投资智慧的甜美声音中入眠。他边听边思考这些问题："我错过了什么？谁在做别人不愿意做的事？我怎样才能变得更优秀？"他的目标永远不是效仿其他投资者，"你不能模仿他们，因为你不是他们"。他说："你要学习他们的经验，要根据自己的实际情况进行修订和调整。"

朗齐斯的研究范围很广，但他能成为"一台强大的学习机器"是因为他有重复的习惯。例如，他估计自己观看过巴菲特1998年在佛罗里达大学的演讲视频多达15次，并且至少阅读过5次演讲稿。

同样，他非常深入地研究了伯克希尔1993年的年报，以至于他可以一字不漏地背诵巴菲特评估股票风险时考虑的5个主要因素。正是这种重复的习惯促使他近30年里每年都亲自到奥马哈参加伯克希尔的年度股东大会，也促使他一遍又一遍地读同一本书。他说，重复多次的好处是，许多"根本性"的原则"深深地镌刻在了我的脑海里"，效果就像每天重复说同样的祷告语或誓言一样。

我怀疑重复的价值被大大低估了，如果我们能找到一两本经常读的书，并让它们成为我们日常生活的一部分，我们可能会做得更好。

朗齐斯铭记了许多永恒的投资原则，并在工作、生活中践行它们。他按照既定的流程建立了一个投资组合，涵盖了大约15只他精选出来的股票。[1] 他重视优

---

[1] 朗齐斯年轻时曾在比尔·鲁安的公司里担任分析师，他传承了后者的一些做法，比如专注于一些估值极具吸引力的优质企业。2020年，朗齐斯告诉我，他利用新冠病毒大流行引发的股市崩盘机会，增持了伯克希尔·哈撒韦公司的股票，使其在投资组合中的比例提高至25%。

秀的企业，这些企业的领导者具有"创造性、适应性和远见"，也具有"巨大的勇气"。在空前混乱的时代，最具优势的企业也可能遭受威胁，领导者的这些品质比以往任何时候都显得更为重要。朗齐斯说："问题在于，诸如适应性或勇气之类的定性因素在财务报表中'是无法体现的'，财务报表只能记录过去的定量因素。"

他给出的更像是一名调查记者的解决办法，而不是一名会计的。他说："企业变化得非常快，许多业务正在变得过时，所以你必须看看周围的角落，获得一些超越数字的见解。你必须走出去，与竞争对手、客户、前雇员交流，然后在脑海里形成与数字相吻合的图像。"他经常亲自拜访专家，比如退休的CEO，因为他们可以提供"独特的、差异化的见解"。

劳拉·格里茨（Laura Geritz）也是"一台强大的学习机器"，但她获得的是不同的信息优势。格里茨主要在美国投资，但她也是海外市场的重要投资者。一年当中，她有6—9个月的时间在环游世界，寻找最佳的投资标的。她48岁时，已经去过75个国家了。格里茨在总部位于犹他州盐湖城的融哲环球咨询公司（Rondure Global Advisors）担任CEO兼首席投资官，她对旗下两只共同基金的股东心怀强烈的责任感，但她自己对攒钱兴趣不大。她说："我的钱已经足够多了。"受"学习热情"的驱使，她喜欢智力冒险。

在一个大佬多为男性（很多人都曾在同一所精英商学院里学习）的行业里，格里茨显得很另类。她是一名真正的原创者，她把自己的"非线性"投资法比作自由诗中的无韵律诗。从一开始，她就不像能进入基金管理行业的人。她的许多亲戚都是农民和工人，她的父亲在一所名不见经传的学院担任文学教授，还把家搬到了格里茨所称的"堪萨斯州西部的一个小镇，这个小镇的状况与非虚构小说《冷血》（In Cold Blood）里第一段描述的一模一样"。这部小说的作者是杜鲁门·卡波第（Truman Capote），讲述的是一家四口遭灭门的惨案。如果你不记得第一段是怎么写的，可以读一读下面的文字："霍尔科姆村坐落于堪萨斯州西

第七章

部地势较高、种植小麦的平原上,是一个偏僻的地方,被其他堪萨斯人称为'那边'。"格里茨身材娇小,态度温和谦逊,看上去不像一位"勇士",但从"那边"走出来的她取得了辉煌的地位和成就。强大的内驱力和决心对她的成功发挥了至关重要的作用。

格里茨在堪萨斯大学学习政治学和历史,但她每天喜欢读《华尔街日报》。到19岁时,她攒下了一笔钱,开启了人生里的第一次投资,买入了马丁·惠特曼(Marty Whitman)管理的基金所投资的股票。她幻想着将来从事专业投资,但她认为,除非自己掌握了独特的技能,否则她将永远无法在这一行业立足。于是她攻读了东亚语言和文化硕士学位,并在日本生活了一年,这使她能够熟练地用日语进行交流。后来她在美国世纪投资公司(American Century Investments)找到了一份双语客户代表的工作。几年后,她从1.2万人中脱颖而出,成了该公司基金管理团队的分析师。之后她在沃萨奇咨询公司(Wasatch Advisors)工作了10年,担任面向新兴市场和前沿市场的基金经理,正是在这家公司,她声名大噪。2016年,她辞职创建了自己的公司,聘请了3名分析师与她一起在一间"非常嘈杂"的办公室里工作。

2017年我们第一次交谈时,她的基金刚设立两周,但当时她已经完成了对俄罗斯、土耳其、日本和韩国的实地考察。她每年筛选两次股票,经她分析过的股票多达6.9万只,这有助于她识别不受欢迎的市场,在全球范围内寻找价廉物美的大公司。她说:"我喜欢去别人不愿意去的地方,如果你想与众不同,想成为卓越的人,你就决不能随波逐流。"最让她感到兴奋的是土耳其的市场,她刚刚在那里会见了大约30家公司的管理层,但由于不难理解的原因,鲜有投资者对该市场感兴趣。

国内复杂的政治环境导致土耳其旅游业崩溃,货币暴跌,通货膨胀率和债务率飙升,外国投资者纷纷逃离。

但格里茨之前曾多次去过土耳其,她的分析视角与其他投资者的不同。几年前，当人们普遍看好该国的经济前景时，她参加了在伊斯坦布尔举办的一次投资大会。当时，在举办活动的酒店住一晚需1200美元，但她拒绝住在那里。"那一次，我住进了一家旅馆，每晚花70美元。"格里茨说："我认为，现在人们太过悲观了。"现实似乎远没有外国新闻报道的那么可怕。她说："在现场，我不觉得有任何理由让你感到害怕，它是世界上最友好的国家之一。"

对格里茨来说，现实与认知之间的差距为她长期投资土耳其3家最优秀的企业提供了大好的机会。这3家公司分别是土耳其市场上最大的食品连锁店、领先的防务公司和占主导地位的糖果制造商。它们都具有可持续的竞争优势、可靠的现金流、较高的投资回报率和强劲的资产负债表（最关键的因素）。此外，它们的股价非常便宜，投资它们不太可能使她遭受永久性的资本损失。考虑到在发展中市场投资的风险，这种重视降低风险的做法是很有必要的。事实上，格里茨名下的大多数公司都保持了充足的现金，这样能确保它们安然度过资本供应枯竭、业务萎缩的艰难时期。"我确实是在幸存者身上投资，"她说，"我投资于卓越的公司，但我喜欢在遭受了重创的国家进行投资。"

与地域观念较强的投资者相比，格里茨愿意广泛旅行，这使她积累了优势。她说："你去过的地方越多，你就越能看出规律。"包括随着信贷扩张或收缩、乐观情绪的上升或下降以及不同国家反复出现的繁荣和萧条周期，识别这一规律有助于"避免在新兴市场和前沿市场出现大规模的崩溃"。例如，在外国资本大量涌入、政府超支、价格疯涨的繁荣时期，她清空了巴西的股票。物价过度上涨看起来是不祥的征兆。"在很多旅馆住一晚要花1000美元，"她回忆说，"我记得在机场花了35美元买了一块比萨。"

当外国人坚信尼日利亚是"非洲最好的投资目的地"并因此蜂拥而至时，她也看到了类似的警示信号，她谨慎地说："我以前看到过类似的情形，我在中国看到过，当时股票的估值很高，每个人都喜欢这个市场。我在巴西也见到过。"

每次旅行前，为了增强对目的地的了解，格里茨都会制订学习计划。她说：

第七章

"去每个国家前,我至少会读有关这个国家的3本书。通常情况下,一本是写该国或地区的经济或政治状况的;一本是文学作品;一本是写该国或地区流行文化中不太重要的方面的,如神秘小说或犯罪小说。"她说:"如果要去乌干达考察,我可能会带一个装满衣服的小箱子和一个装着20本书的大背包。"她说:"开个玩笑!"她还带着Kindle,"但它在几个国家没法使用。没有书我无法生活。"

格里茨和融哲的团队成员每隔几周碰一次面,讨论近期读过的书:"我们最近读的书是《邓普顿教你逆向投资》(*Investing the Templeton Way*),我读过这本书很多遍了。我们也读《坚毅》(*Grit*)或《创意大脑》(*The Creative Brain*)这样的书。"在过去的13年里,她每年还选择一个主题(有时是两个)进行深入的研究。她满怀期待地选择了这些主题,包括非洲、中东、物理、石油和"俄罗斯的文学和历史"。2019年,我们边吃寿司午餐边聊天,我问她最近在研究什么主题。她回答说:"啊,一个奇怪的主题!我正在读所有关于探险家的书,从维京人开始。"

格里茨一周读两三本书,很少看报纸,也不理会彭博终端上的短资讯。她说:"我宁愿读《机器人的崛起》(*Rise of the Robots*),想象10年后的世界会是什么样子,也不愿意思考10分钟前的世界是什么样子。"这是一种非常理智的投资态度,因为她相信,深入阅读和广泛旅行会让她在分析问题时有更广阔的视角,这是一个重要的优势。"坐在办公室里日复一日地研读财务报告是有局限性的。"她说,"我认为我们的工作不是线性的。"

格里茨甚至试图将自由的心态制度化,她将周五设为"我们的创意日",她的同事们可以随心所欲地度过这一天。她经常会坐在盐湖城的一条小溪边安静地读书或写日记,总结旅行中的所思所想。她发现住在犹他州很明智,她说:"这里远离喧嚣,能让你安静地思考。"在病毒流行期间,一场地震和几项建筑工程使她的公寓不再适合她"深入思考"了,于是她在爱达荷州一个偏远地区的小溪边租了间"安静的房子",带着45本书过起了心满意足的隔离生活。

但格里茨还会去更远的地方沉思,她曾去澳大利亚海岸附近一个仅有8间房屋的岛上度假，"你带着杂货乘船，他们把你送到岛上。有时你能用手机联络外界，有时不能。那里不通网，只有音乐、美丽的水景和书与你为伴。"

有时为了更好地融入当地的文化，深入研究当地人的生活、消费方式，格里茨会在国外居住数周。她会在拟了解的市场中心附近租一间便宜的度假屋居住，并把这里作为区域基地。她这么做的部分原因是，乘经济舱旅行时，"来回穿梭变得越来越困难"。多年来，她已在坦桑尼亚、肯尼亚、英国、法国、荷兰、迪拜、阿布扎比、泰国、新加坡和日本等多个国家/地区开展了业务。

几年前日本房地产价格低迷，她抓住机会在日本京都市中心买下了一套公寓，把它作为出访亚洲各地公司的基地。公寓里的陈设很简单，只有一张床、一套沙发、一张桌子和几把椅子。这里曾是一家专卖河豚鱼的餐馆，这种鱼异常美味，但需要用巧妙的方法把其体内的有毒部分除去才可食用。院子里有一块大石头，尽管占地很大，但不能移走它，因为当地人认为，把它放在那里是为了纪念"蛇神"。格里茨每年至少会在京都待一个月，当我问她是把美国还是日本当成自己的家时，她回答说："老实说，是日本。"

我们大多数人都渴望生活在归属感和包容感强的地方，但她的自然状态是成为"一个完完全全的局外人"。作为一名投资者，她说："关键是要能做好观察，在日本能做一名真正的观察者，因为你永远无法融入社会，永远不会被社会完全接受。"

要想在日本这样与众不同的国家里成功地投资，她就必须抛开成见，观察当地特殊的文化。例如，美国公司通常把股东利益放在首位，但日本的企业有所不同。融哲海外基金三分之一的资产在日本，格里茨表示，日本企业的首要服务对象是客户，接下来依次是员工、商业伙伴和整个社会，"我认为股东排在最后"。

西方的激进投资者常常劝说日本的CEO通过高效地配置现金或承担更多的债务来提高短期利润，但都无济于事。格里茨说，日本人更重视的是建筑公司，尽管面临地震、海啸、战争和流行病等因素的威胁，但有的建筑公司能持续经营好

第七章

几个世纪。她说:"这里不流行即时满足的文化。"鉴于她偏爱可持续地积累财富,日本企业的保守主义理念很适合她。

格里茨的环球旅行满足了她无限的好奇心,但这样做是有代价的。"你会停不下来,"她说,"如果我停下来很长时间,我就会失去优势……因为你的投资者不会停下来,这事关他们的未来。"即使是"大多数普通人"喜欢的简单消遣,"比如去滑雪场或和朋友出去玩对我来说也难以做到,"她说,"因为我想研究股票和国家。"

家庭呢?"我没有孩子,我真的很幸运,我有一个我爱的丈夫,他理解我的工作,知道和我在一起需要付出什么,他一直非常支持我的工作。"她的丈夫名叫罗布,是她读高中时认识的,现在在一家体育用品制造企业从事国际销售工作。罗布的工作比较灵活,因而能与格里茨一起出行考察,但有时候因工作需要,他们会分开很长时间。罗布大部分时间住在京都的家里,而格里茨大部分时间住在犹他州的家里。

格里茨从一开始就知道,投资业面临的压力极大,需要精力高度集中,因此,她推迟了养育孩子的计划。她说:"这么做的部分原因是,女性刚进入职场时面临的挑战很大,要跟上业内男性的节奏,早早生养孩子不是最佳选择。"格里茨在美国世纪投资管理公司工作时,该公司几乎没有任何女性榜样。她记得,办公室里有一位女士因为要养育孩子,无法在早上8点之前和下午5点之后工作,"公司告诉她,她永远不会升职加薪了,因为她的工作时长与公司期望的相差太远……不一定有人明确告知你一些信息,你只要模仿那些成功的人就可以了,而那些成功的人从早上6点到晚上10点一直待在办公室里,周六和周日亦是如此。"

在职业生涯的后期,格里茨觉得自己为生孩子做好了准备,但她的丈夫却犹豫了。"然后时间就从我们身边溜走了。"她后悔过吗?"有时会后悔,"另一方面,她说,"我爱我所做的一切,我不觉得我牺牲了什么。"

做减法的艺术

本章提及的所有投资者都有一个共同的习惯：**他们几乎只关注自己最擅长的领域和对自己最重要的事务。**他们的成功源于对这一原则的坚守：专注于一个相对狭窄的领域，忽略无数干扰他们追求卓越的因素。

我的老朋友贾森·茨威格（Jason Zweig）是《华尔街日报》个人理财专栏的作家，也是《聪明的投资者》修订版的编辑，他曾经给我写信说："想想芒格、米勒和巴菲特这些人吧，他们不愿意花一分钟或一点精力去做或思考任何不能让他们进步的事情……他们做真实的自己，对于不擅长的事务，他们从不自欺欺人。实事求是、做真实的自己是他们成功的一大秘诀。做到这一点很难、很苦，但很重要。"

我认为，这样的态度适用于我们想掌握的任何难以捉摸的技能，无论是挑选股票、治疗病人，还是掌握一门语言。我心目中的一位英雄是已故的奥利弗·萨克斯（Oliver Sacks），他是著名的神经学家和杰出的作家，他家里挂着一块黄色的大牌子，上面写着"不！"。他在回忆录中解释说，这是为了"提醒自己对他人的邀请说不，以便为写作留出时间"。

早在几千年前，道家学派创始人老子就曾说过，通往智慧的道路包括"减去"一切不必要的活动，他写道："为学日益，为道日损（译文：求知要不断地增加，求道却要不断地减少）。"

做减法的艺术无比重要，特别是在信息过载的时代，我们的思考很容易变得碎片化。倘若不加甄别，乱七八糟的政治新闻、社交媒体通知、机器人通话和其他破坏性噪音就会进入你的大脑。富兰克林·福尔（Franklin Foer）在《没有思想的世界》（*World Without Mind: The Existential Threat of Big Tech*）一书中警告说："我们正被各种噪音所诱惑，无法进行深入的思考。在我看来，无法沉思会对人类的生存造成威胁。"

这也对投资造成了巨大的威胁，因此，格里茨经常坐在京都山腰的瀑布旁阅

第七章

读、写作和沉思。已故的比尔·鲁安执掌红杉基金时获得了惊人的回报，他曾经在他所称的"藏身之地"——纽约市的一间酒店套房与我交谈过，他在那里独自工作，与附近办公室的同事没有联系。盖伊·斯皮尔患有注意力缺陷型多动症，他把家从曼哈顿搬到了苏黎世一个安静社区的出租屋里，在那里，他那美好但容易走神的大脑更容易"平静下来"。从斯皮尔的家乘电车去办公室用时很短，办公室里设有一个图书馆，里面没有安装电话或电脑。周围的环境设计非常利于他沉思。

马修·麦克伦南是掌管着1000多亿美元的投资团队的负责人，他每天要参加无数的会议，接打无数的电话。"你可以很忙碌，"他说，"但你必须抛开无意义的事务……我认为，为持续的思考留出一段时间非常重要。"他早上不会客，周五"几乎不安排日程"，每周都会"非常有规律地"离开办公室。他还经常借锻炼身体理清思路。周末他经常去自然环境优美的地方散步。麦克伦南解释说："把自己从疯狂的环境中解脱出来是非常有益的。"

其他人的注意力越是分散，你因排除了精神混乱、技术干扰和过度刺激而得到的优势就越大。但每个人的具体做法都不一样。鲁安在曼哈顿市中心找到了一处安静的居所，而在过去30年里大幅跑赢了市场的查克·阿克雷发现，在弗吉尼亚州的农村更容易冷静思考，他的公司阿克雷资本管理位于只有一个交通指示灯的小镇上。阿克雷住在一所能眺望蓝岭的房子里。"我们看到了鹿、熊、狐狸、郊狼和野生火鸡。"他说，"这是个美丽的地方，能净化人的灵魂。"住在那里的一个好处是，他远离了所有的"愚蠢和无稽之谈"，这样他就不会"为市场和世界上发生的事情感到紧张了……我们只是隔绝了噪音"。

他严格遵循了"不管闲事"的原则，只专心打理几家优质企业的股票，这些企业能获得诱人的投资回报，并有能力继续以较高的回报率对自由现金流进行再投资。他持有了马克尔公司的股票27年，赚了100多倍的钱。他持有伯克希尔·哈撒韦公司的股票已经42年了。自2002年以来，他持股最多的公司是美国电塔公司（American Tower Corporation），其股价已从79美分涨到了260美元左右。阿克雷在宁静的地方过着悠闲自在的生活，不受其他投资者"绝妙想法"的干扰，"只做对我们有益的事情"。从本质上说，他这是发现了一个鱼塘，他想余生都在那里捕鱼，或者，正如阿克雷所说的，"我们不能和所有女士跳舞"。

了解了这些投资者的经历后，我们能从中得出一些有助于我们变得更加富有和幸福的启示。首先，要想获得成功和满足，我们先要确定我们最在乎什么，要实事求是地确认我们最擅长什么；其次，我们要培养能促使我们在真正重要的领域持续提升的日常习惯，并减少那些可能让我们分心的不良习惯。可以列出一份好习惯清单，并在日常生活中践行它们。列出一份不该做的事项的清单也很有意义，它可以提醒我们不做可能分散我们注意力或对我们不利的事项。正如盖纳所说，关键不是事事追求完美，而是要致力于养成可持续的、方向正确的习惯。

对冲基金经理迈克尔·扎帕塔（Michael Zapata）曾是海豹突击队第六分队（SEAL Team Six）精英反恐部门的指挥官，曾认真思考过专注的必要性，他说："你必须清楚生活中重要事项的排序，对我而言，重要的事项依次是上帝、家庭、基金。"

这一清晰的认识有助于他按重要性为各个事项分配时间和精力，他说："此次谈话也与我的理念不太一致，与我列出的重要事项没多大关联，但也没什么，只要确保这次谈话不会让我忽视了优先事项就行……这不会影响我的生活。"

他是不是太极端了？也许吧。但大多数人常犯的一个错误是，他们给自己的生活增添了太多的复杂性。他们看问题只触及表面，把大量的时间花在了肤浅的和无关紧要的事项上。但是，正如优秀投资者的经历所表明的，要想保持长期的卓越，我们需要学会做减法和深入实质。

第八章
不做蠢事

如何通过运用查理·芒格的策略系统性地降低做蠢事的概率，进而更好地投资、思考和生活

> 愚昧人行路，显出无知。
>
> ——《传道书》

> 明智之人必须研究好的和坏的思想和行为，但首先要研究坏的。你首先应该知道什么是不聪明的，什么是不公正的，什么是不需要做的。
>
> ——列夫·托尔斯泰，《智慧历书》

> 坚持不做傻事而不是努力做聪明事的人，长期坚持下来，必将获得非凡的优势。
>
> ——查理·芒格

我从4800公里之外风尘仆仆地赶到洛杉矶就为了采访查理·芒格10分钟。我提前一个小时到达了目的地，在紧张与兴奋中等待着他的召见。2017年2月15日，芒格出席了在市中心举办的每日期刊公司（Daily Journal Corporation）的年度股东大会，他是这家名不见经传的报纸出版商的董事长，不过，大多数人都只知道这位亿万富翁是伯克希尔·哈撒韦公司的副董事长，也是巴菲特40多年来的合伙人。芒格出生于1924年，是有史以来最伟大的投资团队的共同缔造者。

第八章

芒格同意在年会召开前和我私下里谈谈，因此，我站在每日期刊公司总部的一个会议室外等他。大厅里挤满了他的信徒，其中不乏知名的投资者，如李录、莫尼什·帕伯莱、弗朗索瓦·罗森、惠特尼·蒂尔森、克里斯托弗·戴维斯和弗朗西斯·周等。几乎没人在乎每日期刊公司，这是一个常被人提及的梗。与会者进入大楼时，他们会按要求做一下登记，写明他们持有的股份数量，几乎所有人写的都是零。像我一样，他们从四面八方赶来，只为了当面聆听这位93岁的偶像的教诲。

一想到马上要与芒格见面，我既兴奋又忐忑，他聪明睿智但脾气暴躁，他目光如炬，能在顷刻间发现你的缺点和错误。巴菲特曾称："芒格能比其他任何活着的人更快、更准确地分析和评估任何一种交易，他能在60秒内无误地看出一切缺陷。"巴菲特还说，芒格拥有"世界上最优秀的'30秒大脑'……在你还没说完一句话之前，他就看到了本质问题"。微软的联合创始人比尔·盖茨曾说过，芒格是"我见过的视野最宽广的思想家"。

芒格的思想让那些不太崇拜英雄的人产生了敬畏之情。认为芒格的智力"超出巴菲特一大截"的帕伯莱一想到芒格和一位诺贝尔奖获得者、被誉为"加州理工学院最强大脑"的科学家同台演讲的情形就忍不住笑出声来。"那家伙看起来像个一无所知的傻瓜。俩人形成了鲜明的对比：一边是个笨蛋，另一边是位真正的智者。"帕伯莱补充说，芒格的天赋给他奠定了"良好的基础"，为扩充自己的优势，他每周还会精读几本书，内容涉及多个学科。"令人难以置信的脑回路"和"密集的数据输入"相结合，"让人觉得这家伙已经活了300年"。

等待芒格接见时，我内心感到了一丝恐惧。即使是他最狂热的崇拜者也承认，他有时候待人非常粗鲁。经常去奥马哈和加利福尼亚听芒格演讲的周笑着对我讲了一名基金经理的往事。周说，有一天，他的一位朋友在电梯里碰到了芒格，他大声说："芒格，你给了我很多启迪！这么多年来，我从你身上学到了很多！"对此，芒格只说了一句："那又如何？"说完就转身走开了。

比尔·米勒回忆起了在纽约的一条街上遇到芒格时的情形。他说："我说，'芒格！'他看着我说，'你是谁？'"米勒做了自我介绍，还提醒芒格说，他们曾经在一次行为金融会议中见过面。"芒格听后说，'哦，想起来了！'然后他对妻子说，'你先回旅馆吧，我和比尔要一起走走……'我们大概走了一个小时，谈论了一些小事情。他问的'你是谁？'很好笑！"

但我最喜欢的芒格交际趣事出自巴菲特之口。在2008年的午餐会上，巴菲特与帕伯莱和盖伊·斯皮尔分享了这一往事。芒格有一只假眼，他在拜访机动车辆管理局时，一位官员冒失地问他："您还剩一只好眼了吗？"芒格回答说："不，我长出了一只新眼。"

帕伯莱曾向我保证说，芒格比外界传闻的更友好、平和。"芒格是一个非常温柔、体贴的人。他外表看起来冷酷无情，但一旦你了解了他，你就知道，他是个大好人。"芒格的女儿莫莉是一名律师，也是一位慈善家，她补充说，现在的芒格成熟柔和多了，"他有尖刻的一面，我想他年轻时这一特点更明显。"

尽管如此，我还是事先为我们的短暂交流做足了准备。当我仔细研究他几十年来的演讲、著作和其他的思想感悟时，我开始意识到，芒格一直以来的做法是：**降低自己"愚蠢地思考""愚蠢地做事""犯非原创性错误"和"做常见傻事"的概率，我们所有的人都应该效仿他的做法。**

例如，在2015年召开的一次股东大会上，他嘲笑了学术界普遍存在的一种错觉，即市场效率很高，没有人能击败它。他说："我知道这纯粹是在胡说八道。"他还补充说，他也"从不相信伊甸园里有一条会说话的蛇。我有识别垃圾的天赋。我的好见解并不比别人的多，我只是比其他人少说了蠢话、少做了蠢事而已。其他人都在努力做聪明人，而我要做的是避免做白痴。我发现，要想在生活中取得成功，你就不要做蠢事，不要说蠢话，做到这几点比想象的要难得多。"

地球上最聪明的人关注的是避免做蠢事，这是个奇怪的悖论，但正如我们将要看到的，无论是在市场上还是在生活中，这都是非常有效的策略。

第八章

在生活中不做蠢事的指南

会议室的门打开了，芒格用低沉沙哑的声音跟我打招呼："很高兴见到你，坐吧。"我和这位大师几乎肩并肩地坐在一起。有几个人在离开会议室时吵嚷着什么，但芒格毫不费力地隔绝了这种吵闹声，把注意力集中在了接下来要做的事项上。他一头白发，戴着一副强效眼镜。他体型瘦弱，这使他的深色西装显得有点松垮。令我欣慰的是，他的态度出奇地平易近人。

没时间寒暄了，所以我直接切入了正题。我告诉芒格，我把他视为"减少愚蠢行为的大师"，我问他为什么要投入这么多的精力避免常见的错误和非理性行为。"因为这么做的效果好，"他说，"这么做有效。逆向考虑问题是违反直觉的。人要变聪明很难。如果你能四处走走，识别出所有的灾难，知道'是什么造成了灾难'并努力避开它们，你会发现，这是寻找机会和避免麻烦的一个非常简单的方法。"

芒格逆向解决问题的方法受到了卡尔·古斯塔夫·雅可比的影响，后者是19世纪的一位数学家，他有句名言是"倒过来想，一定要倒过来想"，但芒格告诉我，在朋友加勒特·哈丁（Garrett Hardin）的帮助下，他养成了倒过来想的心理习惯。哈丁是一位生态学家，对劣质思维的可怕后果颇有研究。芒格说："哈丁的基本想法是，当有人问你应该如何帮助印度时，你只要说，'要毁灭印度应该做什么呢？'然后你想清楚你能做什么，之后你倒过来说，'现在，我不会这么做。'这种做法违反直觉，但它确实有助于你解决问题，是一种考虑更周全的方式。"

1986年，芒格在洛杉矶一所预科学校的毕业典礼上发表了演讲，他的8个孩子和继子中有好几个都出席了这次活动。演讲时，芒格没有像其他人那样大谈成功和幸福的秘诀，而是举了一个颇具启发性的例子，说明了应用逆向思维的原理。他给学生们开出了一个"能确保他们过苦日子的药方"，比如不可信赖、寸步不让、心怀不满、睚眦必报、妒火中烧、嗜酒如命、不从别人的各种经历中吸取教训、顽固不化、当遭受生命中的挫折时萎靡不振。

当我问芒格如何应用这种思维方法解决实际问题时，例如是决定结婚还是买入特定的股票，他建议提出这一问题："这么做的后果是灾难性的吗？"而不是问，"这么做的后果很美妙吗？"找出哪里有问题并加以避免与确认什么是好的并试图去做是完全不同的。当然，在生活中这两个方面你都必须做到。但这种发现问题并避免不良后果的逆向思维能让你避免很多麻烦……这是一种预防措施，就像飞机起飞前的检查。

同样，如果你想投资一只管理良好的基金，你可能会先问，"怎么做会导致我投资的基金产生灾难性的后果？"这个问题会让你思考投资者通常忽略的所有陷阱，例如，高得离谱的费用、市场上最热门和最昂贵的行业面临的风险敞口，以及近期不断攀升但几乎肯定不可持续的回报率。

这是我们应该从芒格身上学到的第一个防止做蠢事的心理诀窍：想象可怕的后果；逆向思考，问问自己哪些错误行为可能导致不幸的结果；然后小心谨慎地避免做出这些自我毁灭的行为。芒格说："当然，很多人对中大奖如此感兴趣，以至于他们不去想那些可能阻止他们中大奖的蠢行。"

巴菲特和芒格利用逆向法避免了许多可预测和不可预测的灾难。2009年，巴菲特在致伯克希尔股东的信中以"我们不做什么"为题详细讨论了逆向法。例如，"我和芒格避开那些我们无法评估其未来的企业，而不管它们的产品多么诱人"，他们坚持投资"那些未来几十年内盈利前景似乎可被合理预测的企业"。伯克希尔还持有大量现金，这样，在经济困难时期，公司就不必沦为"恳求者"了。巴菲特还开玩笑地说："还可以在不太崇高的层面运用这种方法，比如倒唱一首乡村歌曲，你很快就能收回你的车子、房子，追回你的妻子。"

像巴菲特和芒格一样，我认识的所有卓越的投资者都很清楚自己不该做什么。乔尔·蒂林哈斯特（Joel Tillinghast）自1989年开始担任富达低价股基金经理以来，每年的收益率比罗素2000指数高出了3.7个百分点，被《富达投资者》（Fi-

delity Investor）的通讯编辑吉姆·洛厄尔（Jim Lowell）称为"他那一代最有天赋的选股人"。在波士顿的一次采访中，我请蒂林哈斯特谈谈他的制胜策略。答复我的问题时，他列出了他回避的所有股票。例如，他避开了处于发展阶段的生物科技股，因为他知道这些股票可能让他表现出最糟糕的一面：他无法对这些股票的盈利性做出有效的预测，因为它们的"未来非常黯淡"，它们的波动性也非常大，这可能导致他情绪失控。他说："如果我买入了生物科技股，我会发疯的，我不会触碰这类股票。"

蒂林哈斯特是一位腼腆胆小的数学天才，目前管理着400多亿美元的资产。他制定了大量的防御性原则并加以践行，业绩超越了几乎所有的竞争对手。**他说，首先，"不要支付太高的价格，不要选择那些容易遭淘汰和打击的企业，不要跟骗子和白痴一起投资，不要投资你不懂的领域。"**

蒂林哈斯特还避开了那些周期性强、负债累累或风靡一时的企业。他将"促销管理"和"激进的会计处理"视为"危险的信号"，他回避那些他没有特殊的见解或技能的领域，因为没有什么比"远离无知"更重要了。他还避免"过于公开或频繁地"谈论自己的持仓情况，因为那样做会使自己难以改变主意、难以承认自己的错误。此外，他还遏制了积极交易的冲动，因为频繁的交易会产生繁重的交易成本和税负，从而侵蚀他的收益。

排除了所有令人失望的常见因素后，还能剩下什么呢？一个由诚信之人经营的、价值被低估的、可被理解的、财务稳定的、有利可图的和不断增长的企业的股票组成的投资组合。他收益率"最惊人"的股票是怪物饮料（Monster Beverage），截至目前已经上涨了1000倍。

从蒂林哈斯特的例子可以看出，了解导致失败的常见因素可使我们获益。想想为什么大多数投资者会陷入困境，而他这样的投资者却不会呢。他说："变得更优秀很难，但你可以选择不做什么，这很容易控制，更容易做到。对我来说，减掉6.8公斤很难，但拒绝吃甜甜圈很容易。"

最后，值得注意的是，芒格的逆向法也能有效地防止我们的个人生活陷入混乱。为了证明这一点，马克尔公司的联合CEO汤姆·盖纳举过这样一个例子："我和一位可爱的女士结了婚，一天，我独自一人在酒吧饮酒……与适量饮酒相比，酗酒产生了一系列不同的诱惑和条件。"他建议运用"芒格的逆向法"提出这一简单的问题："做什么会产生恶劣的结果，如何避免这样的恶果？"盖纳说，一个合理的答案是"喝两杯酒而不是十杯"。

如果你的目标是成为一名出色的选股人或一位出色的配偶，你要先问问自己，如何做才能成为一名糟糕的选股人或糟糕的配偶。然后再倒过来思考。

蠢事收集者

当其他亿万富翁忙着收藏艺术品、古董车和赛马时，芒格成了"荒唐事""愚蠢事"和"无聊事"的收集者。他的女儿莫莉说，她青少年时期常听父亲讲许多蠢人蠢事的警示性故事，这些故事通常含有"忘恩负义的情节和糟糕的道德评判"。一个典型的故事是这样的：一位备受宠爱的财产继承人后来对其父恨之入骨。莫莉·芒格对此评论道："无论从哪个层面看，此人的做法都是愚蠢的，他忘恩负义、自毁前程、不切实际、妄自尊大。"

这种积极收集他人蠢事的习惯是防止做出蠢事的"一剂良药"。事实上，它是我们应该向芒格学习的第二大反蠢行技巧。这种反常的嗜好给芒格提供了无尽的消遣和见解，也使他将这些应避免的"蠢行"合理地分了类。他告诉我，任何人都可以从这种做法中受益，"但我认为，除非你有相应的性情，否则你做不好它。我做的很多事都与智商无关，而是与性情、态度有关，但我认为这些是遗传来的，比如快速的手眼协调能力或者建立联系的能力。"

在芒格眼里，投资蠢行有很多种表现形式。例如，他嘲笑一些人喜欢听市场预测，认为这种无效的金融占卜就像古代以观察绵羊的内脏来预测未来。投资者常犯的另一个错误是，"在价格最高时收购了周期性公司，很多人总是这样做，

第八章

当然,投资银行家会鼓励购买这些垃圾,因为这能给他们带来佣金收入"。这些天真的投资者没有意识到,"旧周期会回来",而是相信股票"会继续涨下去,因为它一直在涨。这是典型的愚蠢行为"。

芒格还收集整理自己的蠢行。在2017年召开的伯克希尔·哈撒韦公司年度股东大会上,他坦率地谈到了他和巴菲特犯下的两个最严重的错误。芒格面对着大约4万名伯克希尔的股东坦言,没有买入谷歌公司的股票"让你们失望了","当一切很顺利时,我们卖出了沃尔玛的股票。"

我们大多数人都不愿意向公众提及自己犯过的错误,我们也不想承认它们,但在芒格看来,**他越是公开透明地审视自己的错误,他就越不可能重蹈覆辙。他曾对伯克希尔的股东们说:"我喜欢人们承认自己是十足的蠢货。我知道,如果我能直面自己的错误,我会表现得更好。这是一个很棒的学习技巧。"事实上,这是我们为防止在职场中做出蠢行必须向他学习的第三个技巧。**

不过,芒格不会一直沉迷于自我鞭笞,他承认错误、吸取教训后会继续前行,不会沉湎于过去的错误而无法自拔。他说:"我们要定期梳理错误,我们从别人的经历中间接学到了很多,我们也从自己不愉快的经历中学到了很多。"在伯克希尔犯下的一些错误曾深深地刺痛了他,包括1993年对德克斯特鞋业公司(Dexter Shoe Co.)的收购,该公司后来被低成本的中国竞争对手所淘汰,但这些错误在其宏大的计划中都算不上是灾难性的。

谈到避免灾难的重要性,在我见过的投资者中,弗雷德·马丁(Fred Martin)的认识最为深刻,他是明尼阿波利斯原则成长股投资者公司(Disciplined Growth Investors)的创始人。在他生活的各个领域里——从理财到驾驶私人飞机,避免灾难都是他优先考虑的事项。和芒格一样,马丁也把剖析别人的错误作为重中之重。他说:"你不必怀着兴奋感去做这件事,这样做只是为了学习。"在越南战争期间,马丁是一名海军军官,在4年的战争岁月里,这种思维方式成了他的求生策略,因为战争期间的难忘经历让他看到了犯下可预防的错误可能导致的致命后果。

马丁于1969年6月从达特茅斯（Dartmouth）商学院毕业后加入了美国海军。当月，一艘美国驱逐舰"弗兰克·埃文斯"号在南海与澳大利亚的一艘航空母舰相撞，当时是凌晨3点，驱逐舰的指挥官睡着了，留下了两名经验不足的中尉值守。驱逐舰转向了错误的方向，误入了航母的航道，被拦腰截成了两半。在短短的几分钟内，驱逐舰的前半部分就沉没了，大部分船员被困在了里面。此次事件总共导致74人死亡，4名军官受到了军事法庭的审判。这一事件最终的调查结论是，这是一起"悲剧事件，是人为判断失误导致的"。

马丁仍然清晰记得他看到那张被拦腰切断的驱逐舰残骸的照片时内心的恐惧感："这是一张令人震惊的照片，舰体只剩下了一半，简直就像一名焊工举着火把，把一半的军舰砍掉了。"但更让他难以释怀的是，这样的灾难完全有可能发生在他身上。马丁被任命为另一艘驱逐舰的中尉，成了海军历史上最年轻的指挥官。当舰长入睡时，24岁的他就要为240条生命负责。他怎么能忘记"弗兰克·埃文斯"舰上那两个倒霉蛋呢？这两个"可怜虫"把他们自己的军舰弄沉了。

一夜又一夜的值守导致马丁睡眠严重不足，但即使精疲力竭时，他也会站着值守。船舰上的无线电会发出刺耳的声音，机舱里的值守人员会给他打电话询问一些问题，他们在黑暗中依靠蒸汽动力穿过危险的水域。他说，这种环境"很容易让人犯下可怕的错误，伙计，你很累了……但你只想活下去"。其间他养成的一个习惯是，每当他的军舰要转弯时，他都会走到舰桥上，用肉眼确认航道是畅通的。马丁说，转弯前必须"看一看"的"简单规则"不是"我们训练的一部分"，但"它本应该是"。现在他已经70多岁了，回首往事，他意识到，自己谨小慎微的习惯正是在那个时候形成的。

1973年，马丁从海军退役。他回忆说："这是我在认真思考后做出的选择。"股票市场一直很吸引他，12岁时他就开始买股票，在军队时，他甚至还让人把订阅的《华尔街日报》分批送到了军舰上。退役后，他在明尼阿波利斯的一家银行

第八章

找了份股票分析师的工作。没过多久他就发现,这一职业领域的大多数成员都缺乏在危急时刻保护自己和"舰友"的警惕性。他的父亲是一位成功的股票经纪人,颇有销售天赋,但由于任职的经纪公司破产,他父亲损失了50万美元。随后其父不顾后果地将部分家族财富押在了一家公司身上,忽视了所有预示该公司即将崩溃的警示性信号。

几年后,他父亲因马丁推荐的一只股票赚了一大笔钱,当他们在电话里谈及此事时,马丁清楚地意识到,他的父亲是一位"了不起的人",但却是个"糟糕的投资者":他"交易过于频繁""冲动""总在寻找快速赚钱的投资机会……他太亢奋了,所以我意识到,他不知道自己在做什么"。

马丁开启投资职业生涯时,正值大众亢奋的时期,理性的人寥寥无几。1973年,在"漂亮50股"的引领下,市场陷入了疯狂,马丁看出股价已脱离了现实。他回忆说,他分析了一只不盈利的热门股后对老板说,这只股票价值不大。"老板说,'啊,别担心,弗雷德,这是只信仰股。'"马丁说。当股市在1974年崩盘时,"所有大佬"都被"洗劫一空"。但此时他看出,股票价格和价值之间的关系已走向了另一个极端,"千载难逢的买入机会来了……你要做的就是大胆投资"。作为一名虔诚的攒钱者,他有足够的现金去购买一系列廉价股,包括飞行安全国际公司(Flight Safety International)的股票——"这是我的第一个全垒打"。

这些典型的市场蠢行进一步强化了马丁在海军服役时得到的启示:**没有什么比避免犯灾难性的错误更重要了**。在之后的几十年里,他一次又一次地观察到了这一规律:掉以轻心会招致不必要的灾祸。

例如,在20世纪90年代末的互联网和电信热潮中,他的一些客户把毕生的积蓄转投给了吉姆·奥尔施拉格(Jim Oelschlager),吉姆是一位随身携带枪支的技术布道者,在巅峰时期,曾吸引了300多亿美元的投资。奥尔施拉格管理的基金专注于狭隘的领域,投资的都是像思科系统(Cisco Systems)这类定价过高的公司。2000年科技泡沫破裂时,思科的市值蒸发了4000亿美元。正如马丁所担心的那样,那些过度投资于这种极端激进基金的狂热投资者都被"献祭"了。

另一位客户打电话问马丁能否保证"每年都获得"12%的收益率。马丁告诉他,股市波动性太大,他无法保证一直获得这么高的收益率,"对方说,纽约有个叫麦道夫的家伙能确保获得12%的收益率,但他不告诉任何人他是怎么做到的,他是个天才"。后来这位客户把他的资金委托给伯尼·麦道夫(Bernie Madoff)管理了,后者是史上最大的庞氏骗局(Ponzi scheme)的操盘者。从中能得出什么教训呢?马丁说:"当对方说不出他们是怎么做的,或者你不能理解他们是怎么做到的时候,那他们可能不是最好的选择。"**他的"风险管理黄金法则"很简单,即"知道自己拥有什么"**。

在马丁看来,抵御灾难的最佳方法是"理解投资的核心原理",然后总结出"基本准则",永远不要违反这些"金融万有引力定律"。首先要遵循的基本准则是保持安全边际,即以低于价值的价格买入资产。马丁与他人合著了《本杰明·格雷厄姆成长股投资策略》(*Benjamin Graham and the Power of Growth Stocks*)一书,他在这本书里告诫投资者:"你可能搞砸了投资,问题是,你能很快复原吗?""格雷厄姆的安全边际理念能助你'控制'错误,这样你就不会犯太大的错误,你也就能很快恢复元气了。"

马丁并不是要我们避免冒险,相反,他说:"你要获得回报,就得冒险。"但我们应始终做到"在冒险前三思"。马丁现在管理着60亿美元的资产,客户至少要投入1500万美元才能在他那里单独开户。他关注的是快速增长的中小型公司这个利基领域,但他坚持以较低或公平的价格投资。在投资前他会评估企业当前和7年内的内在价值,他信奉的一条理念是:随着时间的推移,公司的市场价值将与其内在价值融合。他说,"一只股票的回报来源有两个,一是内在价值的增长,一是股价对企业'实际价值'的'回归'。"他不知道股价什么时候会回归,但他的平均持有期是10年。

只有在价格足够便宜且预计在未来7年内能够获得高回报的情况下,马丁才

第八章

会买入一只股票。对于中盘股，他设定的最低回报率为12%，对于风险较大的小盘股，他设定的最低回报率为15%。为什么要这么做？只有设定了这些标准化的要求，他才会在股票价格足够便宜时系统性地买入。**正如马丁在海军服役时所学到的，"按程序走"是必不可少的保障："永远尊重它，因为它能让你远离麻烦。"**①**采用标准做法和严格遵守规则是我们减少蠢行的第四个技巧。**巴菲特和芒格可能不需要正式的标准或规则来约束自己，但你我不是他们。

马丁还"虔诚地"遵守另一条准则：他对一只股票的投资额不会超过他执掌资产的3%。通常情况下，他持有45—50只股票。这样的设定是否太保守了？确实是，但这并没有阻止他多年来以绝对优势跑赢指数，同时他还不用承受无尽的痛苦。

以比尔·阿克曼（Bill Ackman）和鲍勃·戈德法布（Bob Goldfarb）为例，这两位投资天才对威朗制药投下了巨额赌注。会计欺诈和药品定价奇高的丑闻爆出后，这家公司损失了95%的价值。戈德法布将红杉基金30%以上的资金投给了这只股票，丑闻爆发后，他悻悻地退休，他的辉煌记录也因此毁于一旦。阿克曼损失了40亿美元。马丁说："显然，他是个聪明人，但是，哎，他的操作显得太业余了……他持仓没必要那么极端。"对马丁来说，研究"真正优秀的人"遭遇的"金融灾难"特别具有启发性，因为这可以"不断提醒自己做这项工作有多难……保持谦虚在投资中极其重要，要经常考虑到自己的局限性"。

这种谨慎对待风险的态度不只适用于投资领域。芒格经常提到，避免做出会导致股价小幅上涨但大幅下跌的行为是非常重要的。他曾经说过，"有三样东西会毁了人：毒品、酒精和债务"。具有这种不对称性风险的行为还包括酒后驾车、婚外情和骗税或虚开发票。不管我们的道德观念如何，这些都是愚蠢的做法。

作为一名海军军官、基金经理和经验丰富的飞行员，马丁能幸存下来绝非偶

---

① 虽然马丁确实严格遵守了他的投资流程，但他也警告说："流程不是固定的。"每年，他的团队都会花3天时间讨论如何改进流程。

然。他严格奉行"不让灾难夺去生命"这一基本理念，如今，他驾驶的是一架二手湾流喷气式飞机，这架飞机最初的价格是1400万美元，等它的价格跌至525万美元时，他买下了它。"太棒了。"他感叹道。尽管如此，他还是把自己和公司的首席飞行员称为"天空中两个最大的懦夫"。

他们多年来遵循的这一"铁律"让他们远离了很多危险：当他们旅行时，若任何一个人没有"温暖而舒心的感觉，他就要说出来，我们就会掉转方向……对此没有任何争议"。马丁回忆说，由于飞机存在燃油不足的风险，他推迟了与一位大客户在佛罗里达州的会面："我不愿意违反安全边际原则……开会迟到是小事，机毁人亡可是大事。"

马丁把这条规则纳入了他的投资流程。他授予了两位值得信任的同事否决他选定的任何股票的权力，这也是一项系统性的保护措施，可以防止他因疏忽大意和过度自信而铸成大错。

马丁乐于承认自己是个易犯错的人，这样的态度不仅利于保护他自己，而且使他能够从其他投资者的失败中获利。几年前，一家曾管理了数十亿美元的高收费对冲基金公司因业绩不佳而倒闭，马丁趁虚而入，以2.5万美元的价格从这家倒闭的公司购买了价值50万美元的"华丽的"办公家具。他说："永远不要忘记，能活到最后才是最重要的。"①

当心你的大脑

作为投资者，我们面临的一个最棘手的问题是，我们的大脑不具备做出理性决策的能力。我们的判断常常被恐惧、贪婪、嫉妒和急躁等情绪左右，常常受一些因素的干扰，比如偏见会扭曲我们对现实的认知、我们易受五花八门的推销和

---

① 马丁提高生存概率的另一个方法是把投资公司的成本控制在极低的水平，特别是他每年只有15万美元的底薪，还要靠其他收入才能维持生活。他说："如果我今天做错了，我明天也会做对，因为明天我更有经验了。"

第八章

同行压力的影响、我们常常根据错误的或不完整的信息采取行动。正如进化生物学家罗伯特·特里弗斯（Robert Trivers）在《愚昧者的愚昧》（*The Folly of Fools: The Logic of Deceit and Self-Deception in Human Life*）一书中所写的那样，"我们奇妙的感知器官"会让我们获得能导致大脑系统性地"退化和损毁"的信息。

20世纪90年代，芒格在有关"人类误判心理"的3次演讲中阐述了这个问题。2005年，他把演讲稿进一步扩展后，将其收录进了他的经典大作《穷查理宝典》一书中。他的演讲被尼克·斯利普誉为"有史以来最精彩的投资类演讲"，堪称一次振聋发聩的智力展示。芒格从来没有上过心理学课程，只读过3本关于这一主题的教科书。他总结出了25种可能导致我们大脑功能失调的"心理倾向"，还给它们起了非常贴切的名字，比如过度自尊心倾向、胡言乱语倾向和避免痛苦、否认现实心理倾向，他甚至批评学术界的心理学家不理解自己钻研的学科。

芒格整理出了"标准的思维错误"，为他也为我们提供了一份实用的思维陷阱清单。"要注意的是，首先要理解它们，然后训练自己摆脱它们。"斯利普说，"说起来容易做起来难，这是一项艰苦的工作。"但这么做很有必要，因为人"最持久的优势是心理优势"。

芒格从一个重要性几乎被所有人都低估了的倾向开始谈起，他指出，激励在"改变认知和行为"中均发挥了重要的作用，他引用了心目中的英雄本杰明·富兰克林（Benjamin Franklin）说过的这句话："当你想要说服别人时，诉诸利益而非理性。"芒格写道："这句格言启示我们，在生活中应该运用这一伟大而简单的原则：当你考虑运用激励机制的时候，一定要只诉诸利益。"

激励在生活的每个领域都至关重要，无论是激励员工还是劝导你的孩子。他对销售人员的"激励性偏见"提出了警告，这种偏见会导致"一个相当正派的家伙"为达目的而"不择手段"。对于解决该问题的方法，芒格的建议是："当专业的建议对提出建议的人特别有好处时，尤其要保持警惕。"

金融界充满了利益冲突，我们应该时刻警惕激励措施对任何兜售产品或建议之人的思维产生的扭曲影响。比如说，如果你想买一只基金或一份年金，你要清楚你的"顾问"和他们推荐的产品存在什么利益关系。同样重要的是，你要评估基金经理的激励措施是否与你的最大利益保持一致。

1998年，我写了一篇关于考夫曼基金（Kaufmann Fund）的文章，这只小基金因大举押注小盘股而获利颇丰。丰厚的回报和不间断的广告宣传使它的规模日益扩大。由于拥有近60亿美元的资产，它无法再关注小盘股了，业绩也每况愈下。尽管如此，该公司有两位经理在3年内赚取了1.86亿美元的手续费，而他们管理的基金的收益率落后于标普500指数50多个百分点。其中一位经理甚至亲口对我说，基金里没有他一分钱。这表明，基金经理和股东的利益不一致。多年以后，我看到该基金每年仍在收取1.98%的高昂费用，对此我丝毫不感到惊讶。当时它拥有75亿美元的资产，成了一台神奇的收费机器。考虑到规模经济，少收费不是更公平吗？当然是的。但这样做让谁受益呢？只有它的股东。

相比之下，马丁很久之前就知道，他无法在不损害股东收益的情况下将大量资金投资于小盘股，因此，2006年当他的公司在该领域的资产总额达到4亿美元时，他的小型股投资组合就不再向新投资者开放了。这样的自我约束虽然让他少收了数千万美元的费用，但他却为现有客户提供了令人艳羡的服务。从投资者构造的激励机制中我们总是能看出些端倪。作为市值超过5000亿美元的伯克希尔·哈撒韦公司的副董事长，芒格的薪水为10万美元；作为每日期刊公司的董事会主席，他没有薪水，他从绩效（而非费用）中获利。①

芒格经常提到与高尚无私的人合作是多么重要，避开那些"动机不当"的人也很重要。导致2008—2009年金融危机的人性贪欲让他深感震惊，当时华尔街最聪明的人重新包装了次级抵押贷款，创建了具有新信用评级的致命债券。将卑鄙

---

① 每日期刊是一家销售法律报纸和法庭系统软件的出版公司，业绩不错，但由于市值不足4亿美元，担任其董事会的主席只是芒格的副业。让他成为亿万富翁的是他在伯克希尔的股份。尽管如此，他仍然远不及巴菲特有钱，部分原因是他入行晚，他先是在法律行业工作，后来才开启了投资生涯，而巴菲特在很小的时候就开始赚钱了。

第八章

的行为合理化很容易,尤其是当它们表面上合法而且其他人能从中渔利时。但芒格建议投资者遵循更高的道德标准,其中包括说:"这么做有损我的尊严。"

芒格在演讲中强调的另一个认知危险是通过仓促的决策"迅速消除疑虑的倾向",通常情况下,这是一种由压力引发的习惯。考虑到我们的祖先在面对紧急威胁时必须果断采取行动,这种避免怀疑的倾向从进化的角度看是有道理的,但导致投资者做出冲动决策的心理捷径往往会造成灾难性的后果。更糟糕的是,我们也是芒格所说的避免不一致性倾向的受害者,这种倾向会导致我们不管多么仓促地得出结论,都不接受可能挑战我们结论的新信息和见解。

芒格打了个生动的比方,他说:"当一个精子进入卵子体内时,卵子会自动启动关闭装置以阻止其他精子进入。人类的思维也有这样的倾向。"**不愿重新审视我们的观点和改变我们的想法是理性思考的最大障碍。我们的心态不够开放,我们会有意或无意地优先考虑那些能强化我们信念的信息。**

盲目地坚守固有信念的错误可能会因其他几种心理倾向而加剧:自视过高倾向会导致我们高估自己的才能、观点和决定;过度乐观倾向诱使我们对财务问题粗心大意,尤其是当一切顺利、我们感觉自己很聪明时;简单的、避免痛苦的心理否认会导致我们在"现实太痛苦而无法承受"时歪曲事实,这都有助于解释为什么有那么多的投资者自欺欺人地认为,尽管他们缺乏必要的技能、素养或成本控制,但从长远来看,他们能跑赢指数基金。芒格很喜欢引用古希腊演说家德摩斯提尼的这句话:"没有比自我欺骗更容易的事了,人总是相信他愿意相信的东西。"当人类的大脑耍花招时,我们怎样才能作出理性的投资决策呢?首先,我们要承认,这种隐伏的威胁是存在的。正如格雷厄姆所言,"投资者主要的问题,甚至他最大的敌人,很可能就是他自己。"

我们还要警惕自己独特的心理倾向,它会使我们的判断偏离可预测的方向。担忧这一点的霍华德·马克斯对我说:"当你的思维被一厢情愿的想法牵制时,你的判断就会偏向于这些想法……当你感到恐惧时,你会倾向于做出消极的判断……没有人说,'这是我的预测,它可能是错的',但你必须对自己说,'这是我内心期待的结果,我必须意识到它可能被我的情感偏见所影响',你必须抵制它。对我来说,这意味着当事情变得棘手时我不能退缩。"

芒格防范非理性思维的一种方法是,效仿查尔斯·达尔文、阿尔伯特·爱因斯坦和理查德·费曼等科学家,做到"极端客观"。我问他,当我们思考问题时,我们能从这些人身上学到什么,芒格说:"他们对自己都很苛刻……他们致力于减少蠢行,他们重视深思熟虑。他们的注意力持续的时间很长,他们非常非常努力地避免做出蠢行。"

芒格特别钦佩他们能坚定不移地寻找甚至可能推翻他们最珍视的信念的"反面证据"。这种心理习惯有多种表现形式,是我们预防蠢行的第五个技巧。

例如,达尔文的基督教信仰或其他博物学家的传统智慧并没有妨碍他得出震惊世人的进化论。在1859年出版的《物种起源》一书的导言中,他摒弃了《圣经》中的神圣信仰,宣称:"经过我深思熟虑的研究和冷静的判断,我肯定地得出了这一结论:大多数博物学者所持的观点,也是我之前所持的观点,即物种是被独立创造出来的,是错误的。"

愿意发现自己的错误是一个不可估量的优势。每当芒格成功地推翻了他根深蒂固的信念时,他都会为自己喝彩,"消除无知"让他感受到了满足而非耻辱。他曾经说过,"伯克希尔公司取得的微小进步很大程度上得益于我和巴菲特善于推翻我们最喜爱的想法。在任何一年里,若你没有推翻自己最喜欢的想法,那这可能是被浪费掉的一年。"

之所以以一年为限是因为,当他们推翻的最喜欢的想法让位于一个更好的想法时,这将极大地改变伯克希尔未来50年的发展进程。1972年,巴菲特和芒格获得了以3000万美元收购加州巧克力生产商喜诗糖果(See's Candies)的机会,这一价格几乎是其有形资产净值的4倍。考虑到公司强大的品牌、忠实的客户群以及提价能力,芒格认为这个价格是合理的,但巴菲特是个吝啬鬼,他总是以极低的价格买入平庸的企业，靠从敬爱的导师格雷厄姆那里学到的这种低价买入策略赚钱，他怎么会抛弃这种根深蒂固的想法，以高价买入优质企业呢？

在伯克希尔公司2014年的年报中，巴菲特回忆说："我错误的谨慎可能毁了一笔好交易，但幸运的是，卖家决定接受我们2500万美元的出价。"芒格曾说，如果价格再高10万美元，他和巴菲特就放弃喜诗糖果了。他说："那时我们就是那么蠢。"自1972年以来，喜诗糖果已为他们赚取了20亿美元的税前利润，这一事实证明他们的新信念是正确的，这家企业物有所值。

新的信念改变了一切，他们后来投资了可口可乐等世界一流公司，他们对无形资产（包括品牌忠诚度和卓越的管理）的看法也不断演变，这导致他们以更高的溢价收购了伊斯卡（ISCAR）和精密铸件（Precision Castparts）等独特的企业。在2014年的年报中，巴菲特称赞芒格把他从对"雪茄烟蒂"的沉迷中拉了出来，并确立了"今日伯克希尔的布局。他给我的蓝图很简单：忘记以低价收购平庸企业的想法，记住以公平价格购买优秀企业的想法"。

如果巴菲特和芒格没有坚定地挑战自己的信念，那么这一切都不会发生。从投资到政治，芒格对"严重的意识形态"一向嗤之以鼻，认为它是"最扭曲人类认知的因素"。在巴菲特说服他改行之前，芒格在法律行业工作，他曾刻意训练自己研究反方可能的观点，以便做到知己知彼。他还特别阅读了他不赞同但很有说服力的思想家写的文章，包括《纽约时报》专栏作家保罗·克鲁格曼（Paul Krugman）的文章。我们大多数人都喜欢呼应了自己的社会和政治偏见的媒体源，但在芒格经历的启发下，我采用了这样一种简单的方法来扩展思维、纠正偏见：阅读《华尔街日报》的专栏文章。

另一个切实可行的方法是找到敢于与我们意见相左的诤友，确保有人挑战我们不可靠的想法和偏见。巴菲特曾说过，"为确保先前的结论保持不变，人们往往会竭力解释所有的新信息，这似乎是人人都掌握的技能。我们如何才能避免这么做呢？"他的答案是："找一位不屈从、逻辑性极强的伙伴……这大概是你能拥有的最好的机制了。"芒格正是他理想的人选，他的很多投资念头都被芒格打消了，因此他称芒格为"老唱反调的人"。

芒格指出，有一位诤友的基本好处是，你会为了提高自己观点的说服力而组织想法。帕伯莱回忆说，他把斯皮尔介绍给芒格时说："芒格，就是这个人对我所有的想法都提了意见。"斯皮尔则开玩笑地表示，自己太笨了，帕伯莱还不如和猴子说话呢。"芒格立刻说：'猴子可起不到这样的作用。'他的表情很严肃，就像摩西说出第四条诫命一样。他说：'猴子不起作用是因为莫尼什知道它是猴子。'"

其他优秀的投资者也想方设法确保自己对不同的观点持开放态度。芝加哥哈里斯合伙公司有名的基金经理比尔·尼格伦（Bill Nygren）回忆起自己与对冲基金经理、亿万富翁迈克尔·斯坦哈特（Michael Steinhardt）会面的情形时说："他邀请了两位华尔街的分析师进入了他的办公室，一位是看涨的，一位是看跌的。他们3个人在吃午餐时争论起了一个想法。他总是想知道，对于他拟买入的股票看跌的人是怎么想的，或者对于他拟卖出的股票看涨的人是怎么想的。"

部分受斯坦哈特的启发，尼格伦在购买任何股票前都会进行"假意的反对评估"。他团队中的一位分析师提出看涨的理由，另一位分析师则"提出最强烈的看跌理由……通过全面深入地了解各种可能性，我们更可能做出正确的决策"。

尼格伦知道，一旦他持有了一只股票，他就很难客观地考虑它了。从某种程度上说，这是禀赋效应（Endowment Effect）在作祟。在这种认知偏见的影响下，我们会更重视我们拥有的东西，不管是股票还是啤酒杯。为消除其影响，尼格伦采用的一种方法是，对持仓量大的股票都进行假意的反对评估。一位团队成员每年至少重新评估一次有问题的股票，并"有责任提出卖出股票的理由"。

另一个精明的策略是在做出任何重大投资决策之前进行"预先检验"。也就是说，设想自己身处未来，问自己这一问题："为什么事后证明这个决策是一场灾难？"为提前发现问题，减少过度自信的风险，应用心理学家加里·克莱因（Gary Klein）提出了预先检验的概念。对投资者来说，这是一个很实用的方法，

第八章

因为它会迫使我们在决策过程中考虑不利的事实和潜在的威胁。

2016年,我旁听了哥伦比亚商学院的高级投资研究课程,由我的朋友肯·舒宾·斯坦因(Ken Shubin Stein)讲授,他当时是斯宾塞资本控股公司(Spencer Capital Holdings)的董事长,已讲授了10年该课程。舒宾·斯坦因在成为对冲基金经理之前就获得了博士学位,他让攻读MBA学位的学生们想象自己3年后投资失败的情形,还让他们写文章解释失败的原因。另一位著名的投资者告诉全班同学,他的家族理财团队在做任何投资前都会写一份预先检验备忘录,这是他们最后一道防线,由于在该环节暴露出了一些严重的问题,他放弃了三分之一拟定的投资。

在我认识的人中,舒宾·斯坦因最重视采取防御性措施,这在很大程度上帮他减少了认知偏见产生的破坏性影响。他异常丰富的经验为他的投资增色不少。他做了20年的基金经理,建立了一家拥有400多名员工的控股公司。他也深谙科学,曾从事过分子遗传学研究,接受过外科医生的培训,还与他人共同创立了国际脑震荡协会。他对大脑的研究兴趣如此强烈,以至于他在2018年退出了投资界,成为了一名神经病学家。

舒宾·斯坦因警告说,不管你有多聪明或多有自知之明,"你都无法有效地"对抗认知偏见。认识到我们都会受偏见的影响只是个开始,这并不能保证我们的思维不受它们的影响。尽管如此,他还是提出了一些切实可行的建议。尽管这些有问题的倾向已在人类的大脑中扎根了数千年,但采用这些建议还是能大大增强我们做出理性决策的能力。

首先,舒宾·斯坦因建议,我们应花时间重列芒格在有关"误判心理"的演讲中描述的常见认知错误清单。与其引用芒格的话,不如用自己的话来描述这些陷阱,这样你就可以把他的见解内化为自己的。把你过去犯过的投资错误也列出来,并重点标注出特别容易影响你的倾向,这也有助于你对芒格的清单进行个性化的调整。"你要了解自己的大脑是如何工作的,你的强项在哪里,挑战在哪里。"斯坦因解释说。例如,他很容易受到"权威偏见"的影响,这有时会导致他过于相信自己崇敬的投资名人持有的股票。为了克服这种偏见,他在自己的认知清单中增加了两个问题:"我是否做了该做的工作?我是否独立核实了一切?"

和芒格一样,舒宾·斯坦因倡导以"科学的方法"进行投资分析。**这意味着要持"反证心态",尽力"反驳"你的假设,看看"它是否经得起攻击"**,舒宾·斯坦因最喜欢的一个问题是:"为什么我可能是错的?"他还强调分析"其他竞争性假设"的重要性,这是他从中情局老兵理查兹·霍耶尔(Richards Heuer)那里学到的一种方法,后者写了一本很经典的书,书名叫《情报分析心理学》(*Psychology of Intelligence Analysis*)。舒宾·斯坦因告诉他的学生们要永远记住霍耶尔说的这句话:"单一证据可能支持多个假设。"

霍耶尔对中情局做出的一大持久性贡献是,他为"同时评估多种相互竞争的假设"制定了严格的八步程序。有耐心深入透彻地思考问题的人不多,但正如霍耶尔所说,除非我们有能让我们有条不紊地思考的"系统性分析程序",否则我们将无法克服我们的"认知局限"。假意反对评估、预先检验、与持怀疑态度的伙伴交谈、列出提示我们最大偏见和过去错误的认知清单,这些都是自我控制的分析技巧,可以帮助我们系统性地放慢速度,开拓思维,考虑可能被忽视的风险。

同样,舒宾·斯坦因教他的学生们对每一家目标公司进行"看涨/看跌分析",这是必须完成的另一个基本程序。学生们要写出两个主要观点(一个肯定性的,一个否定性的),每个观点都单独写在一页纸上。关键是要经常运用这些方法,这样我们就可以不断挑战我们的假设,思考反驳性观点,抵制大脑为节省能量而走捷径的倾向。**重视采用系统性的分析方法是我们防止做出蠢行的第六个技巧。**

最后,我们需要一种能确保我们不受情绪影响的切实可行的方法,因为情绪会严重削弱我们做出理性决策的能力。芒格在演讲中谈到了压力、抑郁、仇恨和嫉妒等情绪是如何导致我们思维"紊乱"并加剧了我们的认知偏见的。例如,巨

第八章

大的压力和困惑会加剧投资者随波逐流、放弃独立思考的冲动，尤其是在市场暴跌时。从数量上寻求安全感的愿望从进化层面看是有意义的，但对投资者来说，从众行为往往会产生灾难性的后果，因为他们会在泡沫期间买进，在恐慌期间卖出。正如芒格曾说过的，"在某些情况下，做出群体性蠢行的人跟旅鼠很像，这解释了许多聪明人萌生愚蠢想法和做出愚蠢行为的原因。"

2015年，《心理学年鉴》上刊登了一份关于情绪对决策的影响的调查报告，该报告是对一项为期35年的科学研究的总结。作者在报告中写道，这些研究得出的"一个最重要的结论"是，"情绪强烈地、可预测地、普遍地影响了决策"。例如，研究赌博决策的人员发现，"悲伤增加了人们对高风险、高回报投资的选择，而焦虑增加了人们对低风险、低回报投资的选择"。换句话说，心情和情绪经常扭曲我们对事物的看法和对风险的判断。

根据这类研究，舒宾·斯坦因养成了预防性的好习惯，即审视自己是否"处于可做出正确决策的心理和生理状态"。这种习惯不仅在市场上，而且在生活中都具有不可估量的作用，因为生活中的决策也可能产生灾难性的后果。

科学文献表明，饥饿、愤怒、孤独、疲倦、痛苦和压力是常见的"导致糟糕决策的因素"，因此舒宾·斯坦因用这些因素的首字母缩略词"HALT-PS"提醒自己：当它们可能影响他的判断时，他要停下来，将重要的决策延后，直到他的大脑恢复正常状态。这是我们避免做蠢事的第七个技巧。

在2008—2009年金融危机期间，舒宾·斯坦因经受了痛苦的考验。投资他基金的许多人在本应买入时撤回了资金，他的企业岌岌可危，这是他职业生涯中第一次面临如此严重的挫折，他深感羞愧。与此同时，他最亲密的两个朋友在一次水运技术事故中失去了他们的女儿。在这段异常痛苦的时期里，他开始思考更健康的生活方式，他希望，即使在最紧张的情况下，他也能保持情绪平稳和思维清晰。

"我们知道，有4种行为可以促进大脑健康和增强大脑功能，"舒宾·斯坦因说，"它们是冥想、锻炼、睡眠和补充营养。"他决心利用一切可利用的工具锻炼身体，这使他睡得更香了。他吃了更多的鱼、蔬菜和水果，放弃了"最坏的倾向"，包括无节制地吃香草冰激凌和捣碎的巧克力曲奇的习惯。他还养成了定期冥想的习惯，对许多成功的投资者来说，这一习惯至关重要。

舒宾·斯坦因说，当你一直践行这些利于"保持高绩效的做法"时，它们会产生"复合效应"。例如："你之所以冥想并不是因为它在某一天很重要，有规律的冥想能帮助你应对挫折……这样的锻炼会让你保持良好的心态，就像打了预防针一样。"我认为大多数人都忽视了这个关键的细节：养成健康习惯的最佳时机不是在混乱发生时，而是在混乱发生前。

舒宾·斯坦因说，当麻烦出现时，关键是要认识到，我们的情绪可能"让我们走向失败"。当他感到有压力、不安或不知所措时，他会尝试着休息一下，确保自己得到良好的休息和饮食，让自己回归到一个"能审慎地做出决策的中立"状态。清理日程安排和延迟做决定也是可行的方案。"无论是个人生活中还是职场上，事情越紧急，我就做得越少。"他说，"我试着放慢速度，试着简化生活……我看日历，从很多活动中抽出身来，确保我吃好、进行冥想，有时间思考和反省。"

2020年，舒宾·斯坦因以医生志愿者的身份在重症监护室里工作，那里挤满了插着呼吸机、正在死亡边缘挣扎的新冠患者。他说："感觉自己像在参加战斗。我们正在做非常重要的事情，但我们的生命处于危险之中，而且我们也把家人置于了危险之中，这种感觉很可怕。"就在几天前，他的妻子生下了他们的第一个孩子。为了保护妻儿，他搬进了一家旅馆居住。

在这场噩梦中，舒宾·斯坦因保持了他在投资生涯中处理情绪问题的所有好习惯，包括吃营养丰富的食物、加强锻炼和"短时冥想"。有时候，在回到重症监护室之前，他会在浴室里"深呼吸10秒钟"。最重要的是，他努力保持对自身"内在状态"的敏锐感知，这样，恐惧、焦虑、悲伤、愤怒和孤独等情绪就不会

第八章

削弱他照顾病人的能力，也不会损害他每天与悲伤的亲人们交流的能力。

其间一个"非常有用"的工具是他的HALT-PS清单，他经常用它来衡量自己的情绪状况以及佩戴个人防护装备后身体感受到的疼痛所产生的削弱效应。舒宾·斯坦因说，当你意识到自己"不在最佳状态"时，你可以"有意识地进行调整"。在医院里，这意味着他要再三审视自己的决策，意味着要"格外同情病人"。

他面临的挑战是非同寻常的，但他最重要的经验教训适用于我们所有人。当我们的情绪状态有可能影响我们的判断和表现时，我们也需要有这样的意识，这样我们才能更加谨慎地前行。

更广泛地说，我们还需要构建一种能使我们平静地恢复情绪的生活方式。例如，芒格花了大量时间从事各种活动，包括在自家的图书馆里看书、和朋友打桥牌、打高尔夫球和钓鱼等，这些活动都能让他产生平衡感和幸福感。他还制定了简洁的时间表，留出了足够的沉思时间。尽管细节存在差异，但我们都需要有助于稳定情绪的习惯和爱好。

与我们大多数人不一样，在芒格看来，克制情绪似乎不是什么问题。当我问他是否同意马克斯的观点，即所有出色的投资者都不受情绪干扰时，他回答说："是的，绝对是这样。"他有没有为自己的投资感到烦恼或恐惧过？他回答说："没有。"因为没有体验过这些情绪，所以他不必与这些情绪对抗。

由于没有极端情绪的干扰，芒格可以从容地研究投资成功的概率。当银行股在金融危机期间遭受重创时，他认为富国银行（Wells Fargo）的股价已经低得离谱了，以至于出现了"40年难得一遇的机会"。2009年3月，他代表每日期刊公司在"最低点"买入了这家银行的股票，他说，这是"理智和正确的判断"的范例。情绪少波动是他天生具有的优势，其他投资者很少具有这种优势。他说："巴菲特也是这样的，我们的思维方式很相似。"

芒格也学会了控制某些有害的情绪，这些情绪可能破坏他对生活的享受。

"要避免疯狂的愤怒、疯狂的怨恨等。"他对我说,"我不会让这些情绪萌芽,更不会让它们发酵。"嫉妒也是如此,他认为嫉妒是七大致命情绪中最愚蠢的一种,毫无乐趣。他也不屑于把自己视为受害者,而且没有闲心发牢骚。当我问他是否会在心里化解不良情绪时,他回答说:"我知道发怒是愚蠢的,我知道怨恨是愚蠢的,我知道自怜是愚蠢的,所以我不会这么做……我每天都在努力不做蠢事。"

一生的启示

采访结束时,芒格拄着手杖,步履蹒跚地穿过每日期刊办公楼的大厅,走向了一个临时搭建的舞台。观众一看到他就爆发出了经久不息的掌声。在工作人员的帮助下,他登上了舞台的楼梯。坐到座位上后,他喘着粗气,用一只好眼望着满满一屋子仰慕他的人。所有的座位都坐满了,许多人不得不站着。他表情冷漠地说,今年的人比往年多,因为"他们认为这是最后一次机会了"。

芒格既是位投资大师,也是个擅长表演的人,对于能分享他生活中诸多经验教训的机会,他很是陶醉。他带着说笑的神情说:"我们会在这里待很长时间,因为有一些人是从很远的地方来到这里的。"在接下来的两个小时里,他提了40多个问题,妙语如珠,针对从市场到婚姻的各种问题给出了独到的见解。

关于职业建议,他说:"你必须在自己有独特天赋的领域里谋求发展,如果你的身高只有155厘米,你肯定不想和身高251厘米的人打篮球,想赢对方太难了,所以你必须找出你有优势的领域,它必须是你感兴趣的。"

关于中国,他惊叹于中国的经济转型,但感叹有一部分人"喜欢赌博了,他们实际上相信运气。现在,不要相信运气,要相信胜率"。芒格对赌博或赌马不感兴趣。他说:"如果胜率对我不利,我就不玩了。"

关于让投资伙伴损失惨重的1973—1974年股市崩盘,他指出,伯克希尔的股价也曾有3次幅度高达50%的暴跌:"如果你想长期玩这个游戏,你就要习惯这种变化,你最好能在不过分担忧的情况下应对50%的下跌局面。因此,我给所有人

第八章

的建议是,好好把握你们的人生,这样你们就能从容不迫地应付50%的跌幅。不要试图回避它,这种事肯定会发生。事实上,我想说,如果它不发生,你就不会有足够的积极性,它能激发你的斗志。"

关于多样化,他认为"对一无所知的人来说这是个好规则",但他的首选策略是等待胜率远远大于赔率的难得机会。当这样的机会来临时,他会"积极地"抓住它们。芒格透露,他家族的大量财富几乎全部来自这3项投资:伯克希尔、开市客和李录挑选的中国股投资组合。芒格说:"这3项投资中任何一项损失的概率几乎为零。这能确保我富有吗?没错,确实能。"

关于指数基金,他谈到了指数基金给许多投资专业人士带来的痛苦。随着时间的推移,绝大多数积极的基金经理都无法跑赢指数,这意味着他们应取消收费,因为他们没有提供增值。芒格说:"诚实、理智的人知道他们销售的是不能增加价值的东西,但大多数人都不承认……我理解这一点,我是说,谁都不想考虑自己的死亡。"

股东大会结束后人群散去,但芒格仍待在原地,几十名忠实的信徒聚集在他周围,他又花了两个多小时回答他们提出的问题。为了维持体力,他打开了一盒喜诗花生糖。他高兴地大嚼起来,然后他和兴致盎然的粉丝们一起分享了这盒花生糖。我站在离他的椅子不远的地方,仔细地观察着他,偶尔会提出个问题。给我印象最深的不仅是他的知识广博和思维敏捷,还有他的慷慨大度。看到这位身体抱恙的大师对他的信徒表现出来的耐心、关心和体贴,我深为感动。

从芒格的金融冒险经历明显可以看出,他最珍视的不是赚了多少钱,而是怎么赚的钱。据他回忆,有一次,他和巴菲特愉快地拒绝了"我们生平见过的最好的一笔交易"——收购鼻烟制造商的机会。这笔交易只有一个问题:该公司靠出售一种能致癌的上瘾产品发了财。后来普利茨克(Pritzker)家族大胆买下了"这颗丑陋的宝石",获利了约30亿美元。不过,芒格并不感到后悔。他说:"我们绝不会染指能致人死亡的产品,我们为什么要这样做呢?"

不惜一切代价取胜从来都不是芒格的目标。他的女儿莫莉说："钱对他来说非常重要，但通过欺骗或以生命为代价赢得胜利从来都不是他的选项。"在珍妮特·洛尔撰写的《查理·芒格传》一书的前言中，巴菲特写道："41年来，我从未见过芒格试图利用任何人……他总是让我和其他人得到较好的交易结果，而投资失误时，他也总是承担更多的责任，业绩辉煌时，他获得的奖赏却很少。他是最慷慨的……"

芒格的言行带着一种体现了老式价值观的开明资本主义风格，例如，他不赞成运用刻薄的策略，比如以延迟付款的方式"残酷压榨"供应商。他说："我奉行双赢的人生理念，我希望供应商信任我，我也信任他们，我不想绞尽脑汁地欺骗他们。"但在许多财富其实都是以不太公平的方式取得的现实情况下，他又是如何秉持自己的公平信念呢？

芒格以亿万富翁、媒体大亨萨姆纳·雷德斯通（Sumner Redstone）为例回应了这一问题。萨姆纳·雷德斯通以精明和"强硬"著称，拥有维亚康姆集团（Viacom）和哥伦比亚广播公司（CBS）的控股权。芒格说："几乎没有人喜欢他，包括他的妻子和孩子。我和萨姆纳·雷德斯通时隔一年左右从哈佛法学院毕业，现在他比我有钱，所以你可以说他是最成功的，但我不这么看。我不认为人生只是一场金融游戏，我认为最好用另一种方式玩这个游戏……萨姆纳·雷德斯通是我不想成为的那类人的典型。"

我问芒格，就如何过幸福的生活，我们能从他和巴菲特身上借鉴哪些经验，他谈到了他们高质量的伙伴关系，谈到了与正派、值得信赖的人合作的乐趣，他说："巴菲特一直是我的好搭档，我也一直是他的好搭档……如果你想有个好搭档，首先你得做一个好搭档。这个原则非常简单，但效果很好。"同样的原则也适用于婚姻："若你想要一位佳偶，你首先应该做个佳偶。"

尽管芒格竭尽了全力，但他还是经历了让人绝望的痛苦。他的第一个儿子特迪在9岁时死于白血病。"那是悲惨、缓慢的死亡。最后，他可能意识到死神要来

第八章

临,此前我一直在骗他……那真的非常痛苦。"离婚、失去一只眼睛、第二任妻子南希在他们结婚52年后去世,这些变故都曾令他痛不欲生。芒格说:"把生活当成一系列的磨炼,每一次磨炼都会让你变得更好,这是一种非常非常好的理念。当困难降临时,坦然面对它们。带上祝福,尽你所能,从磨炼中获得乐趣吧!"

有幽默感也是一大优势。每日期刊公司年度股东大会的一大亮点是,芒格讲述了80年前他在奥马哈中心高中读书时一次浪漫的失败经历。当时他身材矮小、体型瘦弱。高一那年,他邀请了一位"金发女神"参加舞会,为了给她留下好印象,他假装自己是个烟鬼。他说:"她穿着一件网纱裙,我把她的裙子点着了,但我很机智,用可乐泼了她一身,火很快就熄灭了。不过,这位金发女神再也不理我了。"

最后,在连续讲了5个小时后,助理告诉芒格,他接下来还有个会要参加。我挽着他从舞台上走了下来。当他离开我时,我内心充满了敬畏之情。今天,我目睹了他的所作所为,感受了他的伟大不凡。

尾 声
财富之外

钱很重要，但它不是富足生活的根本要素

> 如果我们在生活中唯一的成功就是通过买股票发财，那么这是一种失败的生活。生活不仅仅是精明地积累财富。
>
> ——查理·芒格

有一次，一位电视台的记者问鲍勃·马利（Bob Marley）："你是个富有的人吗？"这位音乐家小心翼翼地反问道："你说的富有是什么意思？"记者解释了一下："你有很多财产吗？银行里有很多存款吗？"马利以一个问题做出了回应："财产能让你富有吗？我没有那种财富，我的财富就是我的一生。"

在过去的25年里，我花了大量时间采访和观察世界上许多知名的投资者，我常常思考这一问题：什么能让人变得富有。从表面上看，这些投资者都是最终的赢家，他们幸运万分，获得了不计其数的财富，他们能够购买富丽堂皇的房子、华丽的游艇、飞机和世界级的收藏品——从艺术品到赛车应有尽有。但他们的财富究竟给他们带来了什么？给了他们多少满足感？如果物质财富不是他们富足生活的关键，那什么才是呢？

所有这些玩意儿都能给人带来满足感，但并没有你想象的那么多。约翰·邓普顿曾经写道："物质财富能带来舒适感，但与幸福或实用性关系不大……一种流行的错误观点是，幸福取决于外部环境和周围的事物。"他的话大体上是对的。即使你不是一名得道高僧，你也能认识到，物质享受只能带来短暂和不可靠的幸福感。尽管如此，我还是注意到邓普顿本人选择居住在巴哈马群岛的一所豪宅

尾　声

里，那里阳光明媚，邻居都是超级富豪。他的选择表明，外部环境确实对我们的幸福感有一定的影响。

传奇的赌场大鳄和投资家爱德华·索普总给人一种很享受人生之乐的感觉，他以特有的理性思考着如何更幸福快乐地度过一生。对他的生活影响最大的一个决定是，他在加利福尼亚州的纽波特海滩买了一栋海滨别墅，住在那里可以欣赏太平洋日落的壮丽景色。它"是一个自我享受的最佳场所"，索普说："我为什么要生活在一个拥挤不堪、充满烟雾、污秽和噪音、天气恶劣、交通不便的城市里呢？我只想住在一个阳光明媚、风景宜人的地方，我可以在这里锻炼，可以欣赏美景，可以徒步旅行、航海和潜水。"[1]

索普原来是一位数学教授，收入微薄，后进入了投资行业。他很享受投资成功带给他的奢侈享受。当我问他是否有特别喜欢的物品时，他笑着回答说："我真的很喜欢我的特斯拉，它太好玩了，是最棒的车。"尽管如此，他却从来不认为，当他拥有了更多的钱、更多的房子、更多的汽车、更多的一切时，他会变得更幸福。"与什么人共度时光可能是人生中最重要的事情。"索普说，他的结发妻子在他们结婚55年后去世，后来他再婚了。"一直积累财富的人不明白这一点，他们最终得到了很多东西，但他们一生都忙于追逐它们。"

正如索普所说，当我们沉迷于对金钱和财富的追求而无法自拔、以至于忽略了更重要的东西时，问题就会出现。担任对冲基金经理时，索普本可以轻而易举地忽悠股东，将更多的钱收入囊中，但他没有这么做，他站在客户的立场上思考怎么做才是"公平合理的"。在此基础上，他设计了自己的激励机制。根据这一机制，只有在客户获利时，他才有收入。他说："那些不在乎别人、做事前后矛盾、离谱、敲诈别人的人似乎占了上风。但在我看来，他们只是在获取自己想要的东西方面占了上风。他们可以从动物的尸体上获得更多的生肉，但他们生活过

---

[1] 此后，索普沿海岸线把家搬到了约6公里外的拉古纳海滩，那里离大海更近。

得并不好，而且他们没有意识到这一点。当一切结束时，他们会发现，他们基本上浪费了生命。"

所有这些都警示我们，我们要敏锐地意识到我们为了钱愿意和不愿意牺牲什么，这可能包括与家人和朋友的关系、我们的才华和抱负、不能获得物质好处的宝贵经历，或引诱我们违法的价值观（往往是有利可图的）。当我问索普他是否对自己的人生选择感到遗憾时，他说，"我不后悔我所做的任何秉持我自己原则的选择。"这提醒我们，始终力求（尽管我们都有缺点并且都曾失败过）行为得体、避免伤害他人是成功和富足生活的一种表现。

工作到109岁的自由

2015年，欧文·卡恩以109岁的惊人高龄去世。他经历过两次世界大战、1929年的经济崩溃、大萧条、苏联的兴衰、计算机的发明等大事件。本杰明·格雷厄姆曾是他的导师和朋友，并与他分享了明智投资的秘诀。卡恩利用这些知识成立了一家受人尊敬的投资公司——卡恩兄弟集团，后与他的儿子托马斯和孙子安德鲁一起工作。卡恩与妻子携手相伴65年，有很多孙子孙女。正如我在前一章中提到的，在卡恩去世前几个月，我向他提了几个问题，经由安德鲁转交并记录下了他的答案。

首先，我想知道，在他看来，什么样的生活是有意义的、充实的。"很难回答这个问题，"卡恩说，"每个人都有不同的答案，但对我来说，家庭是非常重要的。"回顾自己的一生，让他感到最骄傲和最快乐的是什么？"有一个家、有健康的孩子，看着我们在公司取得的成绩，这些都让我感受到了极大的乐趣。"他说，"与比我聪明的人和指点我迷津的人交往也让我受益良多。生活中有太多的奥秘，有些时候，你必须请高人指点迷津。"

想一想有哪些因素促使他过上了富有意义的生活呢？家庭、健康、富有挑战性和有益的工作，包括几十年来谨慎地为其客户提供增值和优质的服务，尤其是

尾　声

向投资预言家格雷厄姆学习。卡恩说："他教会了我如何研究公司，如何依靠研究结果而不是运气或偶然事件取得成功。"

卡恩日常生活中的乐趣大多源于知识方面的新发现。他喜欢研究公司，喜欢阅读商业、经济、政治、技术和历史类书籍。他唯一的嗜好就是买书，他已经买了几千本书。他的生活开销很少，而且从不炫耀自己的财富。他喜欢吃汉堡包，不喜欢在奢华的餐馆里大吃大喝。他高兴地回忆起了20世纪30年代他和妻子花了75美分在他最喜欢的中餐馆吃饭时的情形。即使过了100岁，他每周也要坐公交车上几天班。当我参观他的办公室时，我被办公室里的陈设震惊了。家具看上去又旧又破，斑驳的墙壁需要刷一层油漆。办公室里最引人注目的装饰是一块公告板，上面张贴着几十张家庭快照和他的老师格雷厄姆的旧照。

"我父亲对投资想法很感兴趣，"托马斯·卡恩说，他现在是家族企业的总裁，"华尔街的大部分人都在为钱忙活。他们想穿定制的西装……他们在棕榈滩买地皮、买汽车、雇司机、买喷气式飞机，他们的目标就是花钱。对我父亲来说，那些都不是他的选择……他从不注重物质上的享受。"他最重视的是"做出正确的选择和比别人做得更优秀时体验到的满足感"。

然而，从某些方面来看，金钱又非常重要，它可以让卡恩以自己喜欢的方式工作和生活。正如托马斯·卡恩所说，"当你积累了足够的资本后，你就可以做任何想做的事情了，因为你是独立、不受牵制的。"在我采访过的许多最成功的投资者看来，自由自在地过真正符合他们兴趣和个性的生活，可能是金钱带给他们的最奢侈的东西。以大胆、富有争议的押注而闻名的亿万富翁比尔·阿克曼（Bill Ackman）曾对我说："就我而言，早期最重要的驱动力是实现独立。我想在经济上独立，我想不受限制地说出我的想法，我想独立自主地去做我认为正确的事。"

卡恩以独特的方式过着自己喜欢的低调生活。对于我们大多数人来说，到了100岁还去曼哈顿的办公大楼上班的可能性微乎其微，但卡恩对退休不感兴趣，对参观美术馆、看戏或旅游也没什么兴趣。托马斯·卡恩说:"他喜欢他的工作,这是他的爱好。"

同样重要的是,卡恩的财富能让他以平和的心态看待投资。他优先考虑的事项从来就不是收益最大化,而是在保本的基础上长期增值。他留出了巨额的现金储备,这可能会减少他的投资收益,但也确保了他在困难时期不会被迫过早地出售任何资产。稳定的基础和俭朴的生活习惯使他能够承受住任何规模的经济动荡。"即使市场下跌又怎样?你仍然可以吃汉堡。"托马斯·卡恩说,"能说出'我确实不开心'真是件好事,但我不像其他人那样站在悬崖边上。"

有这么强烈的居安思危意识确实难能可贵。在2008—2009年全球金融危机期间,新闻业遭受了毁灭性的打击,我失去了在国际杂志社的编辑工作,投资也损失惨重,我的两个孩子在私立学校读书,伦敦的住宿花销很大,一想到这些,一阵阵恐惧感就向我袭来,我害怕自己无法照顾好家人。值得欣慰的是,我之前采取的一些预防措施使我成功地度过了危机,没有出售任何资产。尽管如此,那段痛苦的经历使我更加坚信,没有什么比在最困难时能生存下来更重要了,不仅要在经济上挺过来,而且要在情感上挺过来。身处顺境时我们很容易忘却这一点。

当意外或不幸发生时,金钱可以提供宝贵的"缓冲垫""救命索",但这还不够,要抵御风暴、重振旗鼓,我们还需要刚毅和坚韧。对大多数人来说,生活质量与其说取决于财务状况,不如说取决于内心的特质,比如平静、接受、希望、信任、欣赏和坚定的乐观。正如失明后的约翰·弥尔顿(John Milton)在《失乐园》(*Paradise Lost*)一书中提到的,"心灵是个自主的地方,一念起,天堂变地狱;一念灭,地狱变天堂"。

"承受痛苦的能力"

人们常常认为,著名的投资者已经功成名就,他们生活在财富和特权铸就的保护壳里,远离了大多数苦难。但我曾长时间和他们待在一起,近距离见证过他

尾　声

们的烦恼和悲伤，包括痛苦的离婚、孩子因病夭折和工作压力过大。他们的命运在很大程度上由金融市场决定，但金融市场变化无常、残酷无情，会打碎他们的梦想，惩罚他们的傲慢，暴露他们思维的缺陷。所有人都能看到他们的缺陷，都可能嘲笑他们。帕伯莱说，卓越的投资者有一个共同点："承受痛苦的能力强。"

2017年，我来到了纽约一座摩天大楼的32楼，在一间可以俯瞰中央公园的整洁的办公室里，我见到了杰森·卡普（Jason Karp）。卡普时任Tourbillon资本合伙公司的首席执行官兼首席投资官，是投资界一颗冉冉升起的新星。卡普于1998年毕业于沃顿商学院，后在赛克资本（SAC Capital）担任投资组合经理，还创办了史上最热门的对冲基金公司。他的公司在头3年里获得了可观的回报，并迅速吸引了40多亿美元的资金。卡普英俊、迷人、聪明、热情，似乎注定会在投资领域所向披靡。

但2016年，他的旗舰基金损失了9.2%，这部分是由于他对威朗制药公司的押注失败所致。这家公司之前丑闻缠身，但卡普认为，一旦市场意识到它不像表面上那么糟糕，其股价就会反弹。标普500指数当年的回报率为12%。这是卡普18年职业生涯中最糟糕的一年，更重要的是，2017年的开局很糟糕，结局也很糟糕，他的基金亏损了13.8%。卡普坦率地说出了他初次遭遇失败对他的影响。他说："去年觉得自己很卑微。我个人把这次失败看得很重，压力很大……我感觉自己一整年都在道歉，这有点不寻常，对刚刚发生的事情总是很怀疑。我变差了吗？我变傻了吗？我是不是疯了？"

卡普说，在过去的一些时段里，他的回报率"不可思议地高，人人都想知道你的秘诀是什么，人人都觉得你非常了不起，我都有些飘飘然了"。但现在，他感觉"从山顶跌入了谷底。就好像他们希望我们能长生不老……但我们却在他们面前去世了似的"。

成长于20世纪80年代的卡普曾一度痴迷于电子游戏，几乎到了"损伤身体"的程度。但他现在认为，被挥霍掉的青年时期对他未来的投资生涯"非常有帮助"。他解释说:"比方说,电子游戏有一个好处,那就是你在游戏里总是会死亡。你玩,你玩,你再玩,然后你死了;你再玩,你还是会死。"游戏让你学会了"接受持续的损失和一次又一次的失败,你不会介意这些。你只会继续玩下去。投资也是这样的"。

卡普说:"为他人理财的麻烦在于,你经常遭受审查,你经常被拿来与其他人做比较。"然而,在短期内,你的回报率并不能反映你的才华、你的职业道德和你的长期前景。"你每周都会因一些无法控制的事情而遭受批评。"

这种无法掌控的状况让卡普感觉很痛苦。他虽然采用了一套合理的投资程序,但他逐渐产生了一种"非常非常令人不舒服的感觉",他觉得"过程和结果之间没有明确的联系"。他说,众所周知,科学家们在实验中会以食物或电击的方式诱使动物反复拉动杠杆和随机做出反应,这会导致动物患上"感应性精神病"。作为一名在波动剧烈和非理性的市场里摸爬滚打的活跃交易者,他对这些不幸的动物萌生了同情之心。

卡普说:"巨大的随机性可能让你疯狂。有受虐癖的、思维怪诞的人才能长期从事这种工作……一次又一次地遭受折磨。当你做对了时,你会感觉很棒,但你经常做错,而且你必须硬着头皮继续做下去。"

卡普认识到,坚韧是在市场和生活中获得成功的先决条件。上大学时,他运动才能突出,曾是大学院校全美明星阵容和常春藤的壁球运动员。但他在20岁出头时,患上了几种可能危及生命的自身免疫性疾病,医生告诉他,他到30岁时就会失明。令医生们惊讶的是,在彻底改变了营养、睡眠和压力管理方法后,他竟然完全康复了。出于对健康和可持续发展的追求,他设计了一间健身房、一间冥想室和一间备有营养食品的厨房,而且他禁止在里面喝苏打水。他特意招聘了一些在挫折中韧性比较强的人,在招聘时,他请一名前中情局的审讯人员帮助他完成选拔过程。

但到了2018年,卡普觉得自己受够了,他认为自己的"个人优势消失了",

尾　声

在一个日益被指数基金和机器驱动的交易所主导的市场上，他不能显著增加价值了。他本可以继续坚持下去，再多收几年高昂的费用，但他接受不了平庸的业绩，因此，他关闭了自己的基金，返还了股东约15亿美元的资金，并退出了对冲基金业。

当我在2020年再次见到他时，他告诉我，"在经营Tourbillon资本合伙公司的最后几年里，我非常沮丧，甚至在我达到成功的顶峰时，我也很沮丧。"金钱、赞誉和奢华的生活都没能让他快乐起来。他说："很明显，我挣的钱已足够我退休后花了，但我总觉得有点空虚……我觉得我的精神头儿越来越差了。"作为一名不断押注的短线交易员，他觉得自己已经工作成瘾了。"这只是一种靠推高价格获胜的难以控制的游戏，我其实什么也没创造。"

卡普之前就曾改变过生活方式。在他二十几岁的时候，为了恢复健康，他采用了一种"超健康"的生活方式：不吃加工食品，不吃含酒精、咖啡因的食物，甚至不用含化学成分的洗发水或除臭剂。40多岁的时候，他又在重塑人生了。他决心创造一些"具有持久价值"的东西，因此成立了一家私人控股公司，名为人类公司（HumanCo），该公司的宗旨是支持和培育"能促进人们健康生活"的企业。这是一个很专业的利基市场，他确信自己在该领域具有优势。另外，他的公司非常关注健康生活和可持续发展，这与他的价值观密切相关。

一切从头开始。卡普离开了曼哈顿，他带着妻儿来到了得克萨斯州奥斯汀这个"让人身心健康的地方"，这里有"更好的天气"，可以享受"更多的户外生活"，"没有州或市级税负"，"有纽约的金融工作人员不具备的积极性"，事实证明，他最渴望的不是金钱，而是平衡健康的生活和建立一家"使命驱动型"公司的机会。他渴望帮助他人，渴望掌握自己的命运。现在他的感觉如何呢？卡普坦言："这是我20年来最健康、最幸福的时光。"

财富之外

股票和斯多葛主义者

　　无论多么谨慎和勤奋，最出色的投资者也会搞砸投资或撞霉运，毕竟，金融市场是生活的缩影：它无限复杂，又难以预测。1985年，乔尔·格林布拉特成立了自己的投资公司，他投资的第一笔并购交易涉及佛罗里达柏树花园公司（Florida Cypress Gardens），该公司经营着一个旅游景点，里面有异国情调的花园、火烈鸟和圣诞老人骑滑水板的水上表演等。该公司同意接受收购后，格林布拉特认为这笔交易会按计划顺利完成，于是做出了他所称的"基本无风险"的套利押注。一天早上，他打开了《华尔街日报》，赫然发现该公司的主展馆掉进了落水坑里。这笔交易随后失败了，在他"数着每一分钱"过日子的脆弱时刻，他遭受了重大损失。格林布拉特说，"要是没被吓得发疯的话，那才叫怪呢。"

　　简而言之，如哈姆雷特所说的一样，我们都要忍受"狂暴的命运无情的摧残"，除非我们学会应对逆境之法，否则我们就不要指望过上幸福和成功的生活。在充满挑战的时期，帕伯莱曾试图效仿马可·奥勒留（Marcus Aurelius）的思维模式，后者是二世纪的罗马皇帝和斯多葛派哲学家，他的笔记被后人集结成书，书名为《沉思录》（Meditations）。正如马可·奥勒留所看到的，"在所有的斗争中，最伟大的是不被发生的任何事情所压倒的斗争"，但如何才能不被压倒呢？

　　他写道，关键要"终生专注于此：让你的思维处于正确的状态"，包括"坦然面对一切"，"相信一切都是为了最好的"，"不要经常担心，或者出于任何自私的动机，担心别人说了什么、做了什么或者想了什么"。马可·奥勒留认为，因自己无法控制的事情烦恼或抱怨是徒劳的。他注重掌控自己的思想和行为，竭诚履行自己的道德义务。"干扰只来自内部——自己的感知。选择不受伤害，你就不会觉得受到了伤害；不觉得受到了伤害，你就不会受到伤害。只有当它让你性情大变时，它才会毁了你的生活，否则，它不会伤害你。"他希望自己能像岸边的岩石一样，任凭四周波涛汹涌，任凭海浪一次又一次地冲刷，它自岿然不动。

尾　声

许多顶尖的投资者都深受斯多葛派的吸引，我们不难理解背后的原因，尤其是比尔·米勒。他曾在约翰斯·霍普金斯大学攻读哲学硕士学位，2018年宣布向该校哲学系捐款7500万美元。在金融危机期间，他损失惨重，若没有斯多葛派的那种坚韧，他可能会从此一蹶不振。

米勒是他那一代杰出的共同基金经理，他管理的大基金莱格梅森价值信托基金（Legg Mason Value Trust）连续15年跑赢了标普500指数，在业内非常有名。但在2008年市场崩盘之际，他犯了从业以来最严重的错误。他以为，一旦美联储决定注资和救市，大量暴跌的金融股将飙升，于是，他买进了贝尔斯登、AIG、美林、房地美和全国金融（Countrywide Financial）等公司的股票，但这些股票都继续下跌了。2008年，他的价值信托基金损失了55%，他管理的小规模基金损失了65%。

投资者纷纷逃离，他管理的资产从770亿美元左右锐减至8亿美元。随着业务的萎缩，他的团队中大约有100名成员失去了工作。因为离婚，米勒已经失去了一半的资产，等到市场崩溃时，他余下的资产又损失了80%，他那用保证金投资的坏习惯导致了这一惨痛的结果。作为一名出租车司机的儿子，他"在穷困的环境里长大"。他说，"我真的不在乎失去我的钱"，但一想到给别人带来的痛苦，他就备受煎熬。"解雇团队里的人是可怕的……最糟糕的是让客户赔了钱和一些人因为我的错误丢了工作。"

米勒进入投资界前曾在军事情报部门工作过几年，他称自己"非常冷酷无情"。当股市下跌时，他的默认模式是保持冷静和开朗，积极把握因其他投资者的情绪混乱而出现的获利机会。但在危机期间，他面临的压力如此之大，以至于他的体重增加了18公斤。他坦言道："当我感到压力大时，我就会吃吃喝喝，但我不想每天晚上都吃三文鱼、花椰菜，喝矿泉水，我能忍受的痛苦有限，我绝对不让这种痛苦长期持续下去。"

米勒在生活的各个方面都践行了从哲学中得到的启迪。20年前我第一次采访他时，他解释了路德维希·维特根斯坦（Ludwig Wittgenstein）和威廉·詹姆斯（William James）等人如何启发他思考、帮助他区分感知和现实。现在，在他的事业、财富、声誉和内心的平静都遭受到了冲击时，他把目光转向了伊壁鸠鲁和塞涅卡等斯多葛派哲学家，希望能从他们身上获得"平复情绪"的启迪，借鉴他们"对待不幸的一般方法"。米勒说："基本上，你无法控制发生在你身上的事情，但你可以控制自己的态度。无论这些事情是好的、坏的、冷漠的、公平的、不公平的，你都可以选择对待它们的态度。"

米勒还重读了《一名战机飞行员的哲学思考》(*Thoughts of a Philosophical Fighter Pilot*)一书，该书讲述了海军中将吉姆·斯托克代尔（Jim Stockdale）1965年在越南上空遭击落被俘后的经历。当他从燃烧的飞机中弹射出来，跳伞进入敌方领土时，斯托克代尔低声自言自语道："我要离开科技世界，进入伊壁鸠鲁的世界了。"在接下来的7年半时间里，他一直被囚禁，其中包括4年的单独监禁和两年的腿部带枷锁监禁。其间，他经受了15次拷问。

出生于奴隶制时代的伊壁鸠鲁为我们提供了一条在任何条件下都能获取精神自由的路径。他指出，我们永远无法控制任何外部事物，包括我们的健康、财富和社会地位，然而，我们可以完全控制自己的意图、情绪和态度。他说："毁灭还是解脱，完全由你的内心决定。"

斯托克代尔无法阻止狱卒折磨他，但他勇敢地捍卫了"内在的自我"。当他在枪口下走向审讯室时，他反复对自己说："控制恐惧感，控制负罪感。"他坚持认为，美国囚犯在公共场合绝不向俘虏了他们的人低头，也不接受提前释放。他写道："在斯多葛主义者看来，当一个人摧毁了他内心里的好人时，他受到的伤害是最大的，但这种伤害是自己施加给自己的。你只能成为自己的'受害者'。你要这样训练自己的思维。"

在遭受了职业生涯中最惨重的失败时，米勒专注于自己能控制的事情，尽力放下自己无能为力的事情。他被媒体公开羞辱，在社交媒体上备受嘲笑。他说：

尾　声

"当人们说我有多蠢的时候,我很不开心。"但正如我们从斯多葛主义者身上学到的,"你无法控制别人如何评价你,如何想,你只能控制自己的反应"。他的反应是"尽量做到坦率、诚实、承认错误",并尽最大的努力消除错误产生的影响。"维护名誉对我来说不重要,重要的是把客户损失了的钱赚回来。"

米勒毫不怀疑他的买股策略,即"在股票价值的基础上以大幅度的折扣价买入……这一策略是长期有效的"。20多年来,他的业绩证明了他能够"分辨出便宜股和昂贵股之间的区别"。他一直在辛勤耕耘,先是在莱格梅森,后来是在自己创办的新公司——米勒价值合伙公司。尽管如此,他还是谦逊地认识到,他的共同基金应该更加多样化。他说:"我的风险和错误防范意识更强了,我想我不会再犯以前那种灾难性的错误了。"

自金融危机以来,相信米勒理念的投资者已获得了丰厚的收益。在金融危机后的10年里,他的旗舰共同基金米勒机会信托基金在美国所有的股票基金中排名前1%。同时,米勒的个人财富也创下了新高,这有助于他在危机期间买进更多的股票。他还把出售游艇(没有卖他的飞机,他永远也不会卖掉这架飞机)后得到的部分现金进行了投资。

但让他获利最多的是他持有的亚马逊公司的大量个人股份,他持有这些股份已20多年了。2001年互联网泡沫破灭后,他积极增持了亚马逊的股票,后来金融危机期间这只股票的价格再次下跌时,他通过投资期权增加了自己的股份。米勒认为,除了贝索斯家族的人,他现在是亚马逊公司最大的个人股东了。2020年,米勒告诉我,亚马逊公司的股票在他个人投资组合中所占的比例已提高到了83%。[①]

多年后回首金融危机期间的经历时,米勒承认,"痛苦和失望感仍没有消退",但令他高兴的是,当年下岗的所有员工几乎都很快找到了新工作;债务没

---

① 米勒持仓量第二大的资产是比特币。简而言之,这样的投资组合不适合胆小的人。

有多到"让我无缘游戏、令我破产"的程度；他找到了能让他在最黑暗的日子里继续购买廉价股的力量，"当我赔光了所有的钱时，我不会做缩头乌龟。"

米勒补充说，就他个人来看，这场危机"具有净化灵魂的作用"，当你过去一直是"正确的"，而且"人们一直对你说你很出色时，你很难保持谦虚……有些东西渗透了进来"。当你是一名杰出的投资者时，你经常受邀去"传授经验"，但当你"大错特错、在市场上输得一败涂地时，没人愿意听你的想法。你不得不正视自己的错误，看看自己是否能做得更好。这对自我反省有好处"。

如今风暴都已过去，刚满70周岁的米勒过着十分简单的生活。他管理着25亿美元的资产，与他曾经管理的资产相比，这个数字显得微不足道。他不想建立一个拥有大批分析师、需要管理大量资金的结构复杂的企业，他更喜欢和几个值得信赖的盟友合作，包括他的儿子。作为这家公司的所有者，米勒享有"巨大的自由"，而这正是他在大型上市公司莱格梅森工作时所缺乏的。在这家大公司，"审查非常严格"。他也不必在董事会解释自己的决策了。他的标准着装是一条牛仔裤和一件T恤衫。他的日程表基本上是空白的，他可以自由自在地做最本质的工作，"每个月尽力为客户增加价值"。

米勒的财富使他避免了许多可能扰乱他心神的不便，例如给汽车加油、乘坐商务航班出行，或者考虑如何装修在佛罗里达和马里兰州的家。"我掌控我的时间和要做的事情，"他说。有人邀请他在正式的大会上发言，他拒绝了，他给出的理由是他扔掉了自己的燕尾服，而且不打算买新的了。对米勒来说，没有什么比以自己喜欢的方式生活和投资更重要了，他喜欢无拘无束，自由自在，不受任何人的束缚。他说："嗯，是的，这是最好的状态。"

米勒的故事给了我两点珍贵的启示。

第一，每个人都会承受痛苦。当我在痛苦中挣扎时，一想到米勒、卡普、帕伯莱和我采访过的其他富人或名人都曾经历过痛苦，我就会感到心安一些。记得亚历山大的斐洛（Philo）说过这么一句话："要善良，因为你遇到的每个人都在经

尾　声

历某种痛苦。"没有人能一帆风顺，有时我们需要从哲学、精神、家庭、朋友或其他任何地方寻求支持。如果我们想以财富摆脱精神痛苦，那我们注定会失望。

第二，不屈不挠是一种崇高的美德。几年前，正遭受痛苦折磨的我给帕伯莱写了一封信，当时他在多个方面都面临着巨大的挑战，包括他持股最多的马头控股公司（Horsehead Holdings）破产了。他回复说："马可·奥勒留是我心目中的英雄。我们不知道灾祸何时来临，但面对逆境是好事，它会使我们变得更加强大。"帕伯莱无敌的乐观主义精神让我想起了《沉思录》中的一句话："当有什么事情令你感到痛苦时，记住这一原则：事情本身不是厄运；忍受并战胜它却是一大幸事。"

"我是世界上最富有的人"

什么样的生活是成功、富足的？思考这一问题时，我想到了阿诺德·范登伯格（Arnold Van Den Berg），我觉得他的生活就是最典型的代表。他既不是亿万富翁也不是天才，他没有游艇也没有飞机，然而，他是我在投资界最钦佩的人。如果要我从过去25年里采访过的所有的杰出投资者中选出一个榜样的话，那他就是不二人选。他抓到了一副烂牌，但克服了巨大的困难，过上了远非金钱所能衡量的幸福生活。

1939年，范登伯格出生于阿姆斯特丹的一个犹太人家庭，与安妮·弗兰克（Anne Frank）住同一条街。第二年，德国入侵荷兰，开始大肆屠杀犹太人。到了1945年，荷兰的14万犹太人中，只有38000人幸存了下来。范登伯格的父母在非犹太人朋友汉克和玛丽·邦特的家里躲了近两年。为了便于他们藏身，这对夫妇在自家的一堵双层墙后修建了一个隐蔽的衣橱，但是，当纳粹分子来房间搜查时，阿诺德或他的哥哥西格蒙德可能会发出声响，这是很可怕的风险，一旦被发现，他们都会被投入集中营，那里的儿童往往是最先被残害的，因此范登伯格的父母决定放手一搏，安排儿子们用假的身份文件经由荷兰地铁偷渡出阿姆斯特丹。

有3个勇敢的家庭参与了此次营救行动,即特贾登一家、格拉兹一家和克罗梅林一家,他们冒着生命危险保护了这两个男孩,把他们从一个藏身处秘密地运送到了另一个藏身处。半个世纪后,一位名叫奥尔加·克罗梅林的荷兰妇女写信讲述了她把阿诺德带到一个乡村的过程。这位女士那会儿大概才17岁,而阿诺德仅两岁。"我永远也忘不了那一幕:当火车停在我们必须下车的车站时,我看到站台上有一小群党卫军,我感到非常惊恐。"克罗梅林回忆道。这些凶残的希特勒安全部队的成员正在专注地聊天,丝毫没有注意到那个蹒跚学步的犹太孩子和那位勇敢的少女。

阿诺德·范登伯格和其他几个犹太孩子一起藏匿在了一所基督教孤儿院里。6岁前他一直住在这所孤儿院里。很多年里,他一直以为是母亲不想要他才把他送走的,另外,与兄长分离也让他很受伤。后来,一对无子女的农场夫妇为他提供了庇护。孤儿院的条件很差,缺水少食,范登伯格有时会吃地里长出来的植物。他说:"我差点死于营养不良,6岁时我几乎无法走路。我大部分时间都在爬行,真的,我后来能走路了,我觉得这简直是个奇迹。"

1944年的某一天,范登伯格的父母冒险走出了藏身之地,去探望一位从事抵抗运动的女士,后者知道阿诺德和西格蒙德在农村的生活情况。当他们走在街上时,空袭警报突然响起,他们躲进了一家肉铺。在肉铺里工作的一个人认出了他们是犹太人,并叫来了警察。范登伯格的父母遂遭逮捕,经过审讯后,他们被送到了奥斯维辛集中营。

范登伯格家族里有39人在大屠杀中丧生,但他的父母都活了下来。战后,他们在邦特家团聚,并从孤儿院找回了儿子。范登伯格说:"我不记得他们是谁了,我不认识他们。我不在乎他们是谁,我只是想离开孤儿院。我爸爸说,要是再晚几个月来,我可能就死掉了。他不敢碰我,因为当时的我瘦骨嶙峋,他怕会弄断我的骨头。"

尾　声

几年后，他们一家移民到了洛杉矶东部一个贫穷而充满威胁的社区里。范登伯格说："当时的我身体非常虚弱，骨瘦如柴。人弱被人欺，我就像个猎物。"当他开始在新学校上学时，他的母亲给他穿上了皮短裤和长袜子，这导致他在上学第一天打了好几架。另一个对他产生了持久影响的经历是，一个青年混混约他的一帮同学到学校的自行车场里较量一番，这帮同学把他推上去当替死鬼。范登伯格说："我当时害怕极了，就像他们把我推到了刽子手面前。那个混混狠狠地揍了我一顿，直到他打累了才停手，我一点都没反抗。"

回到家后，他洗去脸上的血迹，看了看伤势。"刹那间我顿悟了，我想，天哪！我一直很害怕这件事，但它没那么糟糕，想想我要是反击会怎样，现在这已经是最坏的结果了……我立刻摆脱了对打架的恐惧，那种感觉消失了，这是个惊人的转变。"

他决心奋起反抗。他学会了拳击，很快就领略了先下手的好处。他对纳粹分子、对学校里的欺凌者、对回家时袭击他的反犹太主义者、对他的父母都感到非常愤怒，他成了一个可怕的战士。他最好的3个朋友都来自有暴力倾向的家庭，他们都很坚强，在无数的战斗中互相支援。他妈妈对着他们大喊大叫，举着管子向他们喷水。但随着年龄的增长，他们的脾气变得不那么火爆了。到了80多岁时，他们几个人的关系仍然很亲密。

范登伯格通过攀爬绳索逐渐增强了自己的体力，这在当时是一项正式的奥林匹克运动。经过6个月、每天两小时的练习后，他约一位从未攀爬过绳索的复仇者进行较量，希望能在对方面前一展雄风。范登伯格说："但他比我强多了，我当时差点哭了。我无比尴尬……这时，我的脑海里闪现出这一念头：你想变得更强大，而且你正在变得更强大，为什么要放弃呢？"

他的教练派他去观看另一所学校的冠军得主比赛，后者发明了一种新的攀爬技术，范登伯格被迷住了。在此后的几个月里，他总是在半夜里醒来，照着镜子模仿这些动作，直到把这些动作烂熟于心。他不停地对自己打气说："我就是联盟里的头号人物。"在接下来的几年里，他成了一名明星运动员，还打破了学校纪录，用3.5秒的时间攀爬了一根6米长的绳子，3次成为联盟冠军，并与来自全国各地的大学生运动员进行了比赛。这是他第一次品尝成功的滋味，他从中得到的启示是：只要坚持不懈地锻炼和保持坚定的信念，他就能取得不俗的成绩。

他的学业成绩一塌糊涂。他情绪不好，上课时注意力不集中，学习起来很困难。范登伯格说："我想，我表现出了不太聪明的迹象，妈妈请了一位顶尖的心理学家，因为她认为战争期间的经历可能让我受到了伤害。"他无意中听到心理学家推测说，多年的营养不良可能在他早期发育的关键阶段损伤了他的大脑。

范登伯格说："所以我一直认为自己不太聪明，听着，如果我把高中的成绩单寄给你，你看后一定会大笑不止。上高三时，我两个时段在汽车店里打工，两个时段进行体操训练，一个时段在自习室。为什么呢？我过去常在自习室做静力锻炼，后来我加入了一个无伴奏合唱团，但我太没有唱歌天赋了，因此我的老师让我在表演时只对对口型就行，他怕我把整个合唱团的调带偏了……我对任何事情都没有天赋，我完成每件事都要比别人付出更多的努力。"

范登伯格的父亲为人诚实但对儿子要求严格，范登伯格犯错时，他父亲常出手揍他，直到有一天他开始还手为止。根据父亲的要求，他和哥哥13岁时就得自行为食物、衣服和娱乐买单，他们还要修剪草坪、洗车、送报纸、抽汽油、装倒垃圾，后来他们去一家木材厂打工，每天下课后工作4个小时。

16岁时，范登伯格为了攒够买车的钱去售卖鲜花。他的生意做得非常成功，以至于赢得了在最好的地段兜售鲜花的权利。一天，大雨倾盆而下，把他浇得浑身湿透，苦不堪言。虽然在心里痛骂命运的不公，但他仍然坚持卖花。一位路过的陌生女士买下了他所有的花，因此他才没有被雨淋感冒了。她开车带他回了家，送了他一件干衬衫穿，还煮了热汤让他喝。范登伯格说："我从来没有忘记过她，那位女士触动了我的心弦。当有人触动你的心弦时，你就再也不是原来的你了。"

尾　声

范登伯格勉勉强强地读完高中后，不想去上大学了。他先是进入了一家印刷店工作并升了职，后进入一家保险公司做推销员，挨家挨户地推销保单，接下来他又进入了一家金融服务公司销售共同基金。在此期间，他娶了高中时交的女朋友，但后来他被妻子抛弃了，她跟另一个男人远走高飞了。由于持续数年遭受深度抑郁的折磨，范登伯格开始去看心理医生。他心里清楚，自己能活着就算很幸运了，因为鲜有荷兰的犹太孩子能在战争中幸免于难，但他仍然被自己的消极想法所困扰。"我就是愤怒的化身。"他说。他对前妻感到愤怒，被大屠杀的记忆深深折磨。

多年以来，他一直在思考这些问题：阿姆斯特丹的那位少女为什么要救他，她怎么会为了救"陌生人"而"愿意牺牲自己的生命"？她的父母怎么会允许她做这么危险的事情？范登伯格的精神科医生告诉他："很简单。当你的生命比你的原则更重要时，你就会牺牲你的原则；而当你的原则比你的生命更重要时，你就会牺牲你的生命。"范登伯格说，这一见解"对我产生了深远的影响"。他萌生了"用我的生命做点什么"的强烈渴望，而且他渴望像拯救他的人一样在生活中奉行崇高的原则。

在销售基金的那些年里，范登伯格被股票市场迷住了，他开始探索一些投资者的业绩优于其他投资者的原因，因此他阅读了格雷厄姆的书。书中倡导的以大幅度的折扣价买入资产的观念引发了他的共鸣。他的母亲是位精明的女商人，当年在奥斯维辛集中营时，正是因为他母亲买卖货物和给卫兵钱买面包，他父母才存活了下来。他母亲一直强调，以全额零售价购买任何东西都是愚蠢的，将她的原则应用于股票买卖似乎是顺理成章的事情。在一位不诚实的同事被公司授予"月度风云人物"奖之后，范登伯格毅然辞了职，他决定成立自己的投资公司。那时是1974年，他35岁，没有大学学历，没有相关经验，没有商业计划，没有办公室，也没有客户。

但他像参加攀绳运动一样全身心地投入了新的职业。他的精神科医生告诉他，采用职业运动员惯常使用的心理策略，他必定能凯旋而归。也就是说，设定明确的目标，想象自己完美的表现，重复积极的论断，排除所有怀疑和恐惧，直到变得自信。范登伯格沉醉于这种利用潜意识的技术，把自己变成了一只实验用的"人类豚鼠"。为了集中分散的思维，他学会了每天催眠自己。脑子里装满了振奋人心的积极论断后，他逐渐摆脱了那种认为自己无能、无价值的悲观信念。他如饥似渴地阅读了詹姆斯·艾伦（James Allen）等作家的励志著作，一次又一次地翻阅1901年出版的《从贫穷走向权力》（*From Poverty to Power*）一书，他把它视为自己的《圣经》。

艾伦是一位精通基督教和佛教教义的自由思想家，在他的影响下，范登伯格确信，他要为自己的精神状态负责；他要原谅所有伤害过他的人，包括纳粹分子；他要让自己从愤怒中解脱出来；他要改造世界，首先要改造自己。艾伦写道："创造或破坏你的生活、你的世界、你的宇宙的正是你自己的思想。当你的思想决定了你内在的力量时，你外在的生活和环境也会相应地得到塑造……不纯洁、肮脏和自私的灵魂正被引向不幸和灾难；纯洁、无私、高尚的灵魂正在迎接幸福和繁荣。"

为了改善自己的处境，范登伯格下定决心完善自己的性格。他从多条精神道路探求智慧，无论结果如何，他发誓要追求真理。诚实和正直成了他的指导原则，他将艾伦的这一主张铭记于心："没有美德的富人实际上是穷人。"他不再允许有关自己或他人的负面想法在脑海中徘徊，他不再允许它们虚耗自己的精力。对曾令他怨恨和敌视的人或物，他通过不断重复"我是一个充满爱心的人"等积极的话语劝慰自己。

他不像受过大学教育的势利知识分子那样怀疑一切或愤世嫉俗。他坚信，只要有意识地重塑自己的思想，他就能创造出辉煌的未来。他与众不同的地方是，他有坚持不懈的顽强毅力和不断完善自我的强烈愿望。他说："我要努力提高自己，直到临死的那一刻。说了这么多，做了这么多，对我来说最重要的无非这三

尾　声

点：永不放弃信仰，永不满足于现状，永不放弃。"

范登伯格从《巴伦周刊》杂志上剪下来了一张杰出投资家的照片。这位投资家身着三件套西装，自信地站在办公桌旁。他每天都盯着这张照片看，想象着自己成为一名成功的理财师后的样子。他给自己设定了一个目标，即年均收益率达到15%，但任何一年的损失都不能超过15%。实际上，在接下来的30年时间里，他都实现了这一目标。他把公寓里的杂物都搬了出去，仅在屋子中央放了张桌子，桌子周围堆满了投资类书籍。他放弃了他喜爱的象棋，因为玩象棋会分散他的注意力。打过一次高尔夫球后他得出结论："我不会再参加这种运动了，它会束缚我的思想。"一位女朋友问他能否去吃她做的晚餐，他回复说，他必须学习，这位女朋友指责他举止像个和尚。

范登伯格自创了一套契合常识的投资方法，他还分析了数百宗收购案，记录了经验丰富的私人买家为各种类型的企业支付的费用，在此基础上，他制定了一些他必须遵守的实用规则，例如，只有当股票的交易价格比其非公开市场价值低至少50%时，他才会买入，当一只股票涨到其非公开市场价值的80%时，他就坚持卖出。

他坚守原则，且极为关注估值，这使他始终走在了正确的道路上。1974年股市崩盘后，大多数投资者都避开了股市，他则毫不犹豫地买进了低价股，这使他在创业的头10年里获得了丰厚的回报。到了1987年，股价在泡沫中不断飙升，他找不到足够便宜的投资标的来替代他按原则即将出售的股票了，他的客户在不断增加，但他管理的资产中有一半是现金，许多客户都很不高兴。尽管如此，他从未退缩，他告诉自己，"你做的是正确的，要坚持你的原则……现在，你可能会停业，但你做的是对的。"此后不久，泡沫破裂，股市一天之内暴跌了22.6%，"人人都惊慌失措，我却异常兴奋"。

在坚持经营了10多年后，他的世纪管理公司才实现了稳定的盈利。在那段艰难的岁月里，他坠入爱河并再婚了。当时，他负债累累，几乎无法养活自己，更别说养活他的新婚妻子艾琳和她两个年幼的孩子了。不久，他们有了第三个孩子。他们一家人挤在洛杉矶一幢139平方米的房子里，车库也被改造成了卧室。后来，他们花了大约35万美元在得克萨斯州奥斯汀买了一套简陋的房子，此后一直住在那里。范登伯格说："我不会卖掉它，我们都爱它。"

随着业务的扩大，范登伯格变得比以往任何时候都更富有、更出名了。他的事迹被收录进了《全球99位最伟大的投资者》一书。在38年的时间里，他的年均回报率高达14.2%，该书作者盛赞他取得的优异业绩。很多大型资产管理公司试图收购他的公司。他很可能已经实现了收入超过一亿美元的目标，但他怎么能相信收购者会为了客户的最大利益而不是他们自己的利益行事呢？当一家银行的4位特使试图说服他卖掉公司时，他告诉他们说："我不会以任何价格出售我的公司，到了最后关头，我会把它关停。"

事实上，他从没想过自己会暴富，他最初的目标是攒够25万美元的养老钱，足够自己退休后10年的花销即可。他说："我不在乎是否赚了几百万，我只想实现经济上的独立，而且我不想拿走任何人的任何东西……富有的好处是不必担心金钱、账单或财务问题。"

与身家跟他类似的人相比，他的生活绝对算是简朴的。他说："我从来没有任何物质方面的需求，我对大房子这类东西一点都不感兴趣……这让我很反感。"他是个素食主义者，热爱瑜伽，喜欢在满是书的办公室里啜饮甜菜根冰沙，不喜欢在奢华的餐厅里吃饭。他补充说："我不太在意着装，我只有3套西装。"在很多年里，他一直开着一辆日产西玛车（Maxima），因为"它性价比最高"。当他的一个孩子问他为什么不买奔驰车时，他解释说，他不想用一辆花哨的车来"证明什么"，"我不想和持这种观念的人有联系"。几年前，他的妻子终于说服他放弃已开了10年的讴歌车，买了一辆雷克萨斯。他回忆说："她特别想买那辆车，我不想违背她的意愿，她太兴奋了。刚买回来时我都不好意思开着它出行。"

一旦他对自己的经济前景感到"完全放心"了，赚再多的钱也不会对他产

尾 声

生任何影响了。范登伯格说:"我是世界上最富有的人,我对拥有的一切感到很满足。我觉得自己富有不是因为我钱多,而是因为我有健康的身体、很好的朋友、很棒的家庭。成功涉及健康、财富、幸福、心灵的平静等各种因素,成功不能只以钱来衡量,钱多也不意味着什么。"他回忆说,他之前有一位坐拥千万美元资产的客户,"他是个守财奴,为了省几分钱,他给我打电话时都是让我付话费的。"

"人们最需要的东西是爱,拥有的爱越少,他们需要的物质的东西就越多,"范登伯格说,"他们希望能以金钱、成就或者一些外在的东西来证明自己的价值,但实际上他们所需要的是被爱和给予爱。你知道吗,我妻子从来不知道我们到底有多少钱,她从不过问这个问题,也从不去想它,她只考虑如何在一些人身上花钱。"

他们最喜欢的一份事业是为被虐待和遭忽视的儿童建立了一个寄宿治疗中心,截至目前已帮助了数百名儿童。范登伯格和妻子给这些孩子买书和玩具,而且他们的亲密关系维持了20年。他还悄悄地帮助了许多经济困难的人,通常是"雪中送炭式"的,比如资助一些贫苦的孩子上学或是为生病的孩子支付医疗费。范登伯格说,帮助别人是"金钱能让我做的最好的事情"。

观察了几年范登伯格与他人的互动模式后,我发现让我印象最深刻的是他在努力引导、支持和激励他人时所流露出的那种纯粹的快乐。他喜欢"催眠"别人(包括我),当有人躺在他办公室的地板上且处于深度放松状态时,他会向他们的潜意识里灌输积极的建议。当回忆起过去种种精彩的催眠经历时,他就会变得无比兴奋。他的儿子斯科特在练习铅球时扭伤了脚踝,但仍在他催眠下获得了铅球比赛的冠军。范登伯格喜欢向身处逆境的孩子、大学生和监狱囚犯讲述他从大屠杀中吸取的教训和自己的奋斗经历。为了引导他们走上正途,他还时不时地向他们赠送书籍,包括他花钱重印的特别版《从贫穷走向权力》一书。他说:"我认为,无论人们是穷还是富,我能送给他们的最佳礼物是一本能改变他们人生的书，所以我的业余爱好是送书。"

范登伯格经常琢磨这一问题：为什么他能在大屠杀中幸免于难？"仅仅是靠运气吗？"他问道，"可能你会这么认为，因为我只不过是被统计的人中的一员，但不知为何，我一直有这样一种感觉：我是因肩负着某种使命才幸免于难的，所以我要改变人们的生活。不为别的，只为让他们的生活变得更加美好。"

他办公室的文件柜里保存着他最宝贵的财产：他帮助过的许多人写给他的大量信件，包括无数的朋友、客户、陌生人和自己的孩子，他们发自肺腑地感谢他。"当你得知一些人的生活因你而改变时，你会感到非常快乐，这种快乐是其他人无法体会的。我可能会失去所有的钱，但那时我仍然可以对着这些信件说：'我没有过庸碌无为的生活，看看那些因我而改变了的人吧。'"范登伯格指着那一摞摞信说："这都是我的银行账户。"

ACKNOWLEDGMENTS

致　谢

没有各位杰出投资者耐心、慷慨和无私的帮助，本书不可能出版，感谢他们分享宝贵的见解和经验。我曾分别与几位投资者共度了几天，与几位投资者在多年的时间里交谈过无数次。令我欣喜的是，他们欢迎我去他们家和办公室里参观，允许我和他们一起旅行，坦率地谈论他们遇到过的挫折和挑战，其中一位甚至催眠了我，试图解密我的潜意识，给我留下了极为深刻的印象。他们分享了毕生积累的最宝贵的经验教训，事关如何明智地投资，如何理性地思考，如何克服逆境，以及如何过幸福和充实的生活。我要向他们表达我最深切的谢意。

很多投资者都非常有见地，他们的思想极大地丰富了本书的内容。我要特别感谢查理·芒格、爱德华·索普、霍华德·马克斯、乔尔·格林布拉特、比尔·米勒、莫尼什·帕伯莱、汤姆·盖纳、盖伊·斯皮尔、弗雷德·马丁、肯·舒宾·斯坦因、马修·麦克伦南、杰弗里·冈德拉奇、弗朗西斯·周、瑟拉·泽鲁森、托马斯·鲁索、查克·阿克雷、李录、彼得·林奇、帕特·多西、麦克尔·普里斯、梅森·霍金斯、比尔·阿克曼、杰夫·韦尼克、马里奥·加贝利、劳拉·格里茨、布莱恩·麦克马洪、亨利·埃伦博根、唐纳德·亚克特曼、比尔·尼格伦、保罗·朗齐斯、杰森·卡普、威尔·丹诺夫、弗朗索瓦·罗森、约翰·斯皮尔斯、乔尔·蒂林哈斯特、卡伊斯·扎卡里亚、尼克·斯利普、保罗·艾萨克、迈克·萨帕塔、保罗·亚布隆、惠特尼·蒂尔森、弗朗索瓦·玛丽·沃伊西克、莎拉·凯特勒、克里斯托弗·戴维斯、拉姆德·阿格劳瓦尔、阿诺德·范登伯格、马里科·戈登和让-玛丽·埃维拉德。还要感谢已过世的5位巨头：约翰·邓普顿爵士、欧文·卡恩、比尔·鲁安、马丁·惠特曼和约翰·博格。

非常感谢我的文学经纪人吉姆·莱文，他热情、善良，提出了很多高见，没有比他更好的搭档了。向斯克里布纳出版社的执行编辑里克·霍根致以诚挚的谢意，他聪慧睿智、考虑周全，完美地完成了本书的编辑工作。在整个编辑过程中，他践行了从《禅和摩托车维修艺术》这本他最喜欢的书中学到的智慧，奉行了以质量为导向的原则。感谢斯克里布纳出版社的南恩·格雷厄姆、罗兹·里佩和科林·哈里森对本书的认可。感谢斯克里布纳其他优秀的团队人员，包括史蒂夫·博尔特、丹·库迪、贝克特·鲁埃达和贾亚·米切利。能在斯克里布纳出版社出版本书是我莫大的荣幸，这家出版社是我喜欢的许多作家的圣地。

在写作本书的过程中，我得到了许多朋友和盟友的帮助、指导和支持，首先我要表达对盖伊·斯皮尔的谢意，他多年来一直是我的密友和支持者。盖伊乐于助人，喜欢成人之美，正是他把莫尼什·帕伯莱、肯·舒宾·斯坦因和尼克·斯利普等人介绍给了我，令我受益匪浅。还要特别感谢乔恩·格特纳，他是一位杰出的作家，不仅给了我精神上的支持，还与我分享了有关《末世冰原》的精彩提议，对我构思新书大有裨益。

许多朋友给予了我关心和支持，非常感谢他们，包括迈克尔·伯格、马库斯·韦斯顿、伊坦·亚尔德尼、阿维·纳哈米亚斯、贾森·茨威格、阿拉文德·阿迪加、托尼·罗宾斯、迈克尔·奥布莱恩、塞西莉亚·黄、DJ·斯托特、吉莉安·佐伊·西格尔、尼娜·芒克、彼得·索里亚诺、弗莱明·米克斯、理查德·布拉德利、劳里·哈廷、艾美·斯通、洛里·斯皮尔、苏拉布·马丹、尼基尔·霍辛、克里斯·斯通、拉明·巴赫拉尼、玛丽·塔莱、贝弗利·古德曼、韦德·萨维特、南希·达尼诺、泰斯多特·派珀、马修·温奇、杰米·特鲁、克雷格·克拉维兹、霍华德·唐纳利、克里斯蒂安·莫克、高塔姆·拜德、史·查特、塞缪尔·弗里德曼、丹尼斯·桑普洛斯、理查德·韦特海默、戴维·沃思、

致　谢

玛利亚·博伊德、汤姆·伊斯顿、查尔斯·卡特利奇、埃本·哈雷尔、阿兰·达尔梅拉特南、莎伦·卡拉汉、海伦和吉姆·纽伯格、凯瑟琳·海因、安塞拉·纳斯塔西、琼·卡普林、乔希·塔拉索夫、埃利奥特·特雷克斯勒、拉尔夫·汤森、斯蒂格·布罗德森、普雷斯顿·皮什、肯尼斯·福克、哈达·纳德勒、丹尼尔·罗斯、马克·查普曼、奥利·辛迪、卡比尔·塞加尔、沙洛姆·沙拉比、杰丽莎·卡斯特罗代尔、兰迪·斯坦伯里、约翰·米哈列维奇、威廉·萨米迪、迈克尔·舍伯、戴维·梅克纳、凯瑟琳·布鲁斯、斯科特·威尔逊、露西·威尔逊·卡明斯、黛比·美莱克、雅各布·泰勒、理查德·克房伯、安比·卡瓦诺、凯伦·伯格和拉夫·伯格。

非常感谢我联盟中心的朋友们，他们不只给我提供了一个美丽、和平的写作环境。中心的创始人马特·卢德默在很多方面都是我的榜样，我从他那里得到了从投资到冥想的各种见解。与中心的每个人在一起度过的时光都让我很快乐，包括莱蒂西亚·雷耶斯·詹姆斯、卡罗琳·霍特林、法林·桑德、雅各布·苏里基奥、大卫·詹斯、艾莉森·吉尔伯特、安迪·兰多夫、克里斯汀·凯、格温·默金、丹尼尔·戈尔曼、德劳恩·米歇尔和丹·弗里德。

我感到最幸运的一件事是，我降生在了一个充满非凡人物的家庭。特别感谢我的大哥安德鲁·格林和可爱的大嫂詹妮弗·赫施尔；还有我的好姻亲马文·库珀、乔安娜·库珀、南希·库珀和布鲁斯·梅尔泽。

最后，我想把这本书献给我的5位家庭成员。我的母亲玛丽莲·格林一直是我力量和支持的源泉，她总是第一个阅读我文字的人。我已故的父亲巴里·格林激发了我对语言的热爱和对投资的热情。我的儿子亨利·格林自始至终都是我不可或缺的文学伙伴，他天赋极高，对我的帮助不可估量。他帮我完成了背景调查，记录了我的采访，核实了事实，而且每当我写的内容需要进一步润色时，他都会积极指出来。我的女儿玛德琳·格林在讨论本书中出现的人物及其思想时表现出了极大的耐心。她也给了我很多情感上的慰藉，每当我情绪低落时，她都会鼓励我。有时候，我觉得是她在照顾我而不是我在照顾她。还有我的妻子，劳伦·库珀，她最善良，最有爱心。我22岁时就和劳伦在一起了，我生命中最美好的一切都源于我们神奇的结合。我从心底里感谢我的家人。

NOTES ON SOURCES AND ADDITIONAL RESOURCES

关于资源的注释和其他资源

本书是根据我对多位世界上最成功的投资者的采访素材写就的。为了写作本书，我采访了40余位投资界大名鼎鼎的人物，与他们在多种场合下进行了交流。例如，我和莫尼什·帕伯莱在印度一起旅行了5天，我在加利福尼亚拜访过他，在纽约和奥马哈与他会过面，还与他通过几个小时的电话。同样地，我和比尔·米勒在他马里兰州的家里和办公室里待了两天，和汤姆·盖纳在弗吉尼亚待了两天，和阿诺德·范登伯格在得克萨斯待了两天。我还借鉴了许多很久之前对投资传奇界人物的采访素材，比如约翰·邓普顿爵士、比尔·鲁安、麦克尔·普里斯、彼得·林奇和约翰·博格。

需要指出的一点是，我写的都是我喜欢和钦佩的投资者。有好几次，我写了一些对我没有吸引力的优秀投资者的内容，但很快我就停了下来，感觉就像身体排斥了某个器官一样。我对那些多年来财务实力雄厚的投资者很感兴趣，但我特别喜欢那些睿智、洞察力强和品德高尚的投资者，他们的非凡才能不仅体现在赚钱上。本书介绍的投资者无疑可以帮助我们变得更富有，但他们的经历也能启示我们如何思考和生活。

基本上本着同样的精神，我写了本部分内容。我的目的不是要详尽地记录书里的每个事实和数字，而是想列出能促使你变得更富有、更睿智和更快乐的各种可能的资源。鉴于此，我请我采访过的投资者推荐了一些有助于塑造他们思维的书籍。下面的内容既包含他们给出的建议，也有我自己的建议。

前　言

前言第7页

约翰·博格于2019年去世，要了解更多有关他的信息，请查阅他所著的经典投资书籍，包括约翰·威利父子出版社出版的《共同基金常识》10周年纪念版，在这本书里，作者对战胜市场、投机的危险以及过度收费等因素对投资者产生的灾难性影响均提出了明确的警告。我最喜欢他的《博格长赢投资之道》一书，此书各章节的标题都比较古怪，比如"21世纪价值观太多，18世纪价值观不足"。

20年前，当我通过电话采访博格时，他情绪激动地谈到了他从导师沃尔特·摩根身上学到的经验。沃尔特·摩根是基金业的先驱，他践行的是博格所倡导的那种老式价值观，如"自律、荣誉、责任和正直"等。不久后，电话里没有声音了，我一度以为我们的联系中断了，但最终发现，博格是哽咽得说不出话来了。最后，他说："对不起，想起他我就忍不住流泪……我爱他，他为我做了那么多。"摩根给博格留下了不可磨灭的影响，他是一位"有原则、品格高尚的绅士"，他教导博格说："股东为王。一位股东曾写信给摩根说，他没有一套像样的西装，摩根先生可否送他一套？摩根先生真的送了他一套。"

当我问博格，还有谁塑造了他的投资理念时，他提到了两位著名的作家。查尔斯·埃利斯在20世纪70年代写了一篇"开创性"的文章，题目是"失败者的游戏"，后来他以此为基础出版了一部经典著作，即《投资艺术》。博格还推荐了伯顿·麦基尔写的《漫步华尔街》一书，这本书更加坚定了他对指数基金的信念。

前言第7页

我对比尔·米勒的简介，即《现在是比尔·米勒的时代》一文刊登于

2001年12月10日的《财富》杂志上。"9·11"事件爆发后，股市暴跌，他大量买入了股票，这篇文章介绍了他颇具先见之明的操作。在那些日子里，他的同行们嘲笑他向亚马逊这个不盈利的零售商投资了5亿美元，而且许多人预计该公司会破产。但米勒对我说，亚马逊拥有"难以置信的规模经济，其优势会日益显现"，正如我当时所写的，"如果他错了，这将是他职业生涯中最广为人知的一次失败，但如果他做对了，而且米勒坚信自己是对的，这将成为历史上最伟大的一笔投资。"自那以后，亚马逊的股价从每股不到10美元飙升至了3000美元以上，米勒的身价也一路走高。

前言第10页

爱德华·索普是力求将成功的概率最大化和灾难的概率最小化的理性思想家的典型代表，他最初以赌成名。他写了一本畅销书《战胜庄家》，揭示了如何通过算牌在21点赌博中获胜。近些年，他写了一本有趣的回忆录《所向无敌》，讲述了他在轮盘赌、百家乐、期权交易和认股权证等各个领域取得的成就。当我请米勒对索普做出评价时，米勒说："我认为他非常出色，是像巴菲特一样伟大的投资者，我认为爱德华·索普更胜一筹，因为他发现了一些新东西……索普的投资记录要好得多，几乎没什么波动，他自己搞清楚了一切，发明了统计套利法。"

索普取得成功的一个原因是，他应用了凯利公式，他说这套适用于博彩业的公式帮他做出了"风险和回报之间的最佳权衡……它不会让你下注太多"。在《财富公式》一书中，威廉·庞德斯通介绍了索普是如何运用这种博彩策略的，该策略能使他在不冒破产风险的情况下快速积累财富。要理解这一点的重要性，可阅读罗杰·洛温斯坦所著的《当天才失败时》一书，该书描写了长期资本管理公司的兴衰史，该公司经营着一只杠杆率极高的对冲基金，它的破产几乎引发了金融崩溃。索普告诉我，他得到了一个向该基金投资1000万美元的机会，但他选择了回避，因为该基金"非常聪明"（和傲慢自大）的经理们"冒了太多风险……所以我觉得他们破产的可能性很大"。

索普还推荐了心理学教授菲利普·泰特洛克和记者丹·加德纳写的《超级预测》一书。泰特洛克的研究表明，投资者、经济学家和其他预言家高估了自己预测未来的能力。泰特洛克警告说，事实上，"普通专家的预测准确度大致相当于一只扔飞镖的黑猩猩"。我们所有人都应该从博格和索普等身经百战的投资大家身上得出这一教训：我们必须时刻警惕自己过度自信。

第一章

这一章几乎完全是根据我对莫尼什·帕伯莱的采访素材写就的。想得知他的更多消息，可登录网站chaiwithpabrai.com查看他的演讲、播客和博客，也可以读读他所著的《憨夺型投资者》一书。他在第一段中就说："我没什么独创的想法，几乎所有的想法都是照搬别人的。"

第16页

如果您想了解更多关于达克沙纳基金会的信息，请登录https://dakshana.org查阅。要帮助一个家庭摆脱贫困，没有什么方法比给这类家庭里有天赋的学生一个在印度理工学院或公立医学院上学的机会更划算了。学生完成该项目的所有课程需要两年时间，其间基金会每月资助每位学生99美元。

第20页

帕伯莱用"效仿"一词来描述他赤裸裸地借鉴（并经常改进）别人的最佳想法和做法的习惯。你在哪里能学到更多有关投资、商业和生活的制胜策略呢？可供推荐的资源少得出奇，但我要推荐蒂姆·费里斯的巨著《巨人的工具》，该书包含大量的实用建议，这些建议都是他从世界级的成功人士那里借鉴来的，它们涉及的主题也多种多样，包括晨练、锻炼、饮食、生产力和财富创造等。我认为费里斯也是位"效仿"大师，尽管我没听他用过这个词。

他的播客《蒂姆·费里斯秀》内容更为丰富。我最喜欢的一集是费里斯对他的朋友乔希·维茨金的采访。维茨金曾获得过全国象棋冠军和太极推手世界冠军，也是《学习之道》一书的作者。维茨金现在精通划桨冲浪的技术，他还通过培养对冲基金经理和精英运动员"深刻的存在感"和"流畅的自我表达"能力来促使他们发挥出最高水平，这样的能力对投资和写作等高层次的思维活动至关重要。帕伯莱、费里斯和维茨金能识别哪些知识有效，而且他们能把这些知识应用于具体的实践中。

一旦你开始搜寻其他"效仿"的例子，你很快就会意识到，历史上很多杰出人物都有意识地效仿了他们的榜样，模仿了榜样的行为。列夫·托尔斯泰在1884年的日记中写道："我必须为自己创造一个阅读圈子，圈子里有伊壁鸠鲁、马可·奥勒留、佛陀、帕斯卡、《新约》。这对所有人来说也是必要的。"马可·奥勒留在他的不朽著作《沉思录》里一开始就详细列出了他在16个人身上观察到的可贵品质，其中包括他的养父罗马皇帝安东尼·庇护，他写道："他是一个经受了生活考验的人，成就非凡，对奉承无感"，富有同情心、利他、勤奋、从不粗鲁，"从不以貌取人"，对"肤浅的荣誉"漠不关心，"总是头脑清醒、行事稳重，从不庸俗，或者随波逐流"。哲学家塞涅卡建议，我们可以想象我们所尊敬的人一直注视着我们，我们要使自己的言行达到他的标准。

第20页

帕伯莱之所以能成功是因为他践行了沃伦·巴菲特和查理·芒格的原则和方法。许多年前，帕伯莱给了我一本《穷查理宝典》，里面收录了芒格的演讲稿和其他著述。帕伯莱在书上写了这么一句话："我希望你和我一样喜欢这本书，它是我读过的最好的一本书。"如果你想深入地学习芒格，不仅学如何投资，而且学如何理性地思考，那么这本书就是你的《圣经》，它值得你多次阅读。

巴菲特的信徒面临的第一大挑战是如何在大量的资源中做出选择，包括他的朋友卡罗尔·卢米斯所著的《跳着踢踏舞去上班》和罗伯特·哈格斯特罗姆所著的《沃伦·巴菲特之路》。就我个人而言，我一次又一次地阅读了巴菲特在年报中写的董事长致信，读者可从网站www.berkshirehathway.com上下载这些信件。有志的读者可以深入研究《致伯克希尔·哈撒韦股东的信（1965—2019年）》，该书的编辑马克斯·奥尔森会定期更新信件。如果你认真地研读了巴菲特的商业和投资类著述，我不确定你以后是否还需要阅读其他关于这些主题的书籍。这些著述里已经包含了你需要知道的一切，应有尽有，而且读它们要比读MBA便宜得多。

第34页

帕伯莱对诚实的坚定信仰源于《意念力：激发你的潜在力量》一书，它是已故的大卫·霍金斯所著的。霍金斯的著作也对盖伊·斯皮尔和阿诺德·范登伯格产生了深远的影响。霍金斯在成为心灵导师之前是一名精神病和内科医生，他在这本书里清晰地阐述了不同行为产生的积极和消极影响，以及如何提高人们的意识水平。例如，他观察到"对自己和所有生命的善意是最强大的转变力量。它不会产生反作用，没有负面影响，也不会导致损失或绝望。它在不造成任何伤害的情况下增加了自己的力量。但要发挥善意的最大力量，就要对所有人一视同仁，不能有例外，也不能期望得到私利或回报。它的影响是深远而微妙的"。

霍金斯教导他的追随者们走一条"非宗教信仰"的道路，他还著有《我的眼睛》《我：现实性与主观性》和《真与假》等书。他希望这些书能成为"致力于精神领域研究的学生"的指南。这些书不像《意念力》那样通俗易懂，但它们都是非凡的著作，可能会在更深的层次上引发你的共鸣。最近，我读了他所著的另一本书《放手》，从中学到了许多释放负面情绪的实用技巧。

第二章

第43页

1998年11月，我与约翰·邓普顿爵士在他位于巴哈马的办公室和家里进行了交谈，后来我又通过电话采访了他。1999年1月，我撰写的文章《约翰·邓普顿爵士的秘密》发表在了《金钱》杂志上。

第46页

约翰·罗希德所著的《戴维斯王朝》一书讲述的是谢尔比·卡洛姆·戴维斯、他的儿子谢尔比·M. C. 戴维斯和他的孙子克里斯托弗·戴维斯如何经营一家投资公司且繁盛了三代的故事。这个家庭积累起巨额财富不仅靠精明的选股，也靠极端的节俭。克里斯托弗·戴维斯在接受我的采访时说，他的祖父谢尔比·卡洛姆·戴维斯认为花钱是不道德的。13岁的克里斯托弗和祖父在华尔街散步时，想花1美元买只热狗，遭到了祖父的拒绝。祖父解释说，"如果我像他那样投资，等我到了他那个年纪时，1美元就会变成1000美元！"克里斯托弗的父亲谢尔比·M. C. 戴维斯同样对奢侈享受表现出了极大的蔑视："如果我和爸爸不喜欢的人约会，他会说，'她是个大手大脚的人'。"

第49页

邓普顿资助了许多思维不受限的慈善项目，其中的一项是研究健康和祈祷之间的关系的。例如，2006年《美国心脏杂志》刊载的文章《心脏搭桥患者代祷治疗效果的研究：接受代祷的不确定性和确定性的多中心随机试验》。邓普顿基金会继续致力于"追求无限的发现，满足无尽的好奇心"的愿景。到2018年底，该基金会共捐出了15亿美元，还有一笔价值近30亿美元的捐赠正在进行中。

第50页

我对邓普顿不寻常的成长经历的描述主要以他在接受采访时提供的信

息为基础，但我也参考了他的两本最出色的传记，即劳伦·邓普顿和斯科特·菲利普斯合著的《邓普顿教你逆向投资》和威廉·普罗克特所著的《邓普顿传》。

第51页

要了解有关战时投资环境的更多信息，请参阅已故的巴顿·比格斯所著的《财富、战争与智慧》一书。巴顿·比格斯本人就是著名的投资家。他描写了战争年代的诸多细节，同时也就如何在动荡时期保存财富提供了明智的见解。例如："不确定性迫使人们追求多样化。多样化一直是'谨慎人的投资原则'……几个世纪以来，在非洲撒哈拉以南地区，人们认为牛是最安全的财富载体，直到大旱灾发生。"比格斯还写过一部回忆录《对冲基金风云录》，里面有很多新颖、实用的独到见解，例如，"股市是一头残酷成性、乖戾逆反、性情多变的野兽，而且没有什么是永恒的。"

第59页

在《邓普顿教你逆向投资》一书中，劳伦·邓普顿和斯科特·菲利普斯详细介绍了邓普顿的卖空策略。他们指出，他制定了一条必须遵守的规则，即当他下注后，若某只股票的涨幅达到了一定比例，他就会迅速将空头头寸"平仓"，以免遭受巨大的损失。劳伦·邓普顿在2017年的"谷歌系列讲座"中透露，约翰爵士可能投资了4亿美元做空这些股票。她解释说，他的策略是在禁售期到期前7天做空，到期后10天平仓。

第60页

20年前我第一次读邓普顿的书，与那时相比，我现在更愿意读他的书了。例如，《世界宗教的智慧》一书收录了200条特别有价值的"永恒的精神原则"，邓普顿认为它们是"我们生活中应该遵从的规则"，现在读这本书对我的触动很大。几年前当我再次阅读这本书时，我意识到了当初的自己是多么的心胸狭隘，竟然没有从他身上学到该学的东西，那一刻我的脸因尴尬而涨得通红。于是，我在这本书的空白处写道："可笑的是，我是个既聪明又愚蠢的人——我忙着分析普鲁斯特，忙着思考尼采，却未能理解他分享给我的真知灼见，我实在是太愚钝、太有偏见了，竟然没有看出导致他事业成功和生活快乐的因素。"

第63页

邓普顿对"思维控制"的迷恋可追溯至他的童年时期。多亏了他的母亲，他得以在新思想的教导下长大。新思想强调"精神力量"在获得幸福、健康、成功和繁荣的过程中发挥的作用。邓普顿在著述中多次引用了新思想运动主要代表人物的名言，包括统一教会牧师伊梅尔达·尚克林的"掌控了你的思想，你就掌控了你的世界"。邓普顿还应"朋友和同事"格伦·莫斯利的请求，为其所著的《新思想，古代智慧》一书写了前言。这场精神运动的一位关键人物是欧内斯特·霍姆斯，他被邓普顿称为天才的新思想作家。霍姆斯是"精神心灵治疗"的信徒，他观察到，"我们生活在一个能对我们的精神状态作出反应的智慧性宇宙中。如果我们学会了控制精神状态，我们就会自动控制我们的环境"。霍姆斯还预言，"随着人类的发展，我们会清醒地意识到，我们自己就是天堂或地狱。"

第三章

第65页

本章开头的引言出自《禅者的初心》一书，该书记录了铃木俊隆有关禅宗冥想和修行的言论。就这句引言，铃木解释说："当我们意识到'一切都在改变'这一永恒的真理并泰然处之时，我们就会发现自己超脱一切烦恼了。如果不接受一切都在变化的事实，我们就无法做到镇定自若。"

我写过很多文章讨论无常性对投资者的影响，但现在来看，我本应关注另一个重要的禅宗思想，即保持初心或初学者的心态。铃木建议，我们应该始终保持一颗"对一切开放的容纳心"，他认为这样的态度是禅宗修行的秘诀，他说，"一颗充满了先入为主的思想、主观意图或习惯的心无法对所有事物保持开放……听他人说话时，不应有自己的想法，忘掉自己心中的想法，专心听对方说话……我们的心态应该足够温和开放，这样才能理解事物的本来面目。"

马里科·戈登是我见过的最有思想的基金经理之一，她说投资者也应该保持初学者的心态。她告诉我："这一点真的很重要。不要做任何假设，实事求是地看待每件事，不要过于信赖某种观点。"当她开始研究一家公司时，"我没有任何先入为主的想法"。戈登补充说："在与管理层交谈时，我问了很多开放性的问题，我不会带着我的成见去跟他们会面。我去和他们交谈，我要看看谈话会把我们带向哪里。我只是对他们的业务感到好奇……我很高兴做个蠢人。我不觉得不知道很多东西有什么可羞耻的。"

戈登的好奇心把她引向了许多意想不到的领域。她建议投资者阅读布拉德·华纳所著的《禅宗精髓》。布拉德·华纳是一位被授予圣职的禅宗教师，曾是朋克乐队的贝斯手。她还喜欢阿兰·卢的著作，后者是一位禅宗教士，曾与人合著过《上帝的鼓掌》一书。她还推荐了尚·路易斯·塞尔万·施雷伯所著的《时间的艺术》一书，她说这本书探讨了"如何思考我们与时间的关系，不是从战术层面，而是从战略层面进行的探讨"，即"更深层次的"和"更具沉思性的"探讨。

第66页

托马斯·罗·普莱斯的文章《变化——投资者唯一确定的事》收录在查尔斯·埃利斯和詹姆斯·沃廷编辑的《经典：投资者选集》一书中。这本书还收录了约翰·梅纳德·凯恩斯、本杰明·格雷厄姆、菲利普·费雪和罗伊·纽伯格等多位金融巨头的文章。其中最出色的一篇文章来自埃利斯。这篇文章讨论了维持我们对股票的长期信念面临的心理挑战，他写道："关键的问题是投资者是否真的能坚持下去。问题不在于市场，而在于我们自己、我们的观念以及我们对观念的反应。正因如此，每个客户都要对自己和/或他的组织容忍市场波动的程度有一个实事求是的认识，这一点非常重要……"1984年，邓普顿就"全球投资"发表了一篇演讲，演讲的结尾令人震惊，他说："如果你每天没有跪下祈祷，对你获得好报——成倍的好报心怀感恩之情，那么说明你还没有看清大局。"

第68页

可登录 www.oaktreecapital.com/insights/howard-marks-memos 网站免费浏览"霍华德·马克斯的备忘录"，包括他30多年前写就的。也可以订阅电子邮件通知，以便他上传了新的备忘录时第一时间浏览。即使在投资界，偶尔也可能有免费且营养丰富的午餐。

第68页

我最喜欢的一本投资类书籍是霍华德·马克斯所著的《投资最重要的事》(*The Most Important Thing Illuminated*)，包括克里斯托弗·戴维斯、乔尔·格林布拉特、保罗·约翰逊和塞斯·卡拉曼所做的注解。如果你是一名致力于市场研究的学生，并且想了解如何明智地为"未来可能出现的结果"构建你的投资组合，你还应该阅读他所著的《掌握市场周期》(*Mastering the Market Cycle*)一书，这本书深入探讨了信贷周期、债务周期、投资者的心理波动等主题。这本书读起来不像他之前写的书那么轻松，但它为你如何思考市场提供了一个大框架。同样重要的是，要认真阅读他最新的备忘录，从中你能了解他如何根据当前的环境权衡风险和回报，有利于充实你的知识，丰富你的经验。在周期性的极端情况下读这些备忘录尤其重要，因为它们可以帮助你避免过度恐惧或贪婪。

第69页

在这一章中，我引用了米歇尔·德·蒙田的两个见解，它们都来自莎拉·贝克威尔（Sarah Bakewell）的绝妙著作《如何生活》(*How to Live*)或《蒙田别传——"怎么活"的20种回答》(*A life of Montaigne in one question and twenty attempts at an answer*)。蒙田，像所有卓越的投资者一样，知道从这个世界隐退、在孤独中进行思考的价值。贝克威尔把蒙田的图书馆描述为"一个满是奇特物品和纪念品的奇迹之室"。她引用蒙田的话说："对我来说，一个人在家里完全没有属于自己的空间，没有不需要看别人脸色的地方，没有可藏身之处，是很可怜的！"在贝克威尔的书里，有一章是专门写质疑一切的重要性的；受苏格拉底的一句话的启发，这一章的一个小标题是"我只知道我一无所知，我甚至都不确定这一点"。

第75页

纳西姆·尼古拉斯·塔勒布最早的著作《随机漫步的傻瓜：发现市场和人生中的隐藏机遇》主要讨论了运气在投资和生活中的作用，马克斯常常提及此书。塔勒布是一位才华横溢、喜欢争论的怀疑论者，他智商惊人，我对他有一种挥之不去的恐惧感，害怕他发火。但是，他能挑战我们对运气、不确定性和风险的假设和妄想，在这一方面没有人比得上他。例如，他在《随机漫步的傻瓜》一书中写道："我们常常错误地认为，成功是因为优秀的战略、有远见的企业家或有才华的交易者，结果却是，99.9%的业绩都归因于机会和运气本身。"

在塔勒布的书中，没有哪一本比《反脆弱》更让我感到不安了，它促使我思考每个投资者都应尝试回答的关键问题：我如何才能让自己的投资组合和生活不那么脆弱呢？正如塔勒布所警告的，"脆弱的东西会被时间击垮"。事实上，塔勒布所著的每一本书里都不乏真知灼见，例如他在《黑天鹅》一书中指出："为了做出决策，你要关注结果（这是你能知道的）而不是概率（这是你不能知道的），这就是不确定性的核心思想。"在《非对称风险》(*Skin in the Game*)一书中，他写道："在可能导致破产的策略中，收益永远抵消不了破产的风险。"与爱德华·索普、沃伦·巴菲特、霍华德·马克斯等精明的投资者一样，塔勒布的投资理念也是建立在"生存才是最重要的"这一基本原则之上的。

第89页

有关《念住经》的更具学术性的讨论，参见约瑟夫·戈尔茨坦所著的《正念》（Mindfulness）一书，佛教徒和非佛教徒都能从中得到智慧的启迪。戈尔茨坦是西方教导正念冥想的一位杰出教师，他的书也被誉为"觉醒的实用指南"。有关冥想和觉醒的其他视角的讨论，可参见丹尼尔·英格拉姆所著的《掌握佛的核心教义》（Mastering the Core Teachings of the Buddha）。这本书的副标题是"一本非同寻常的硬核佛法书"，它既是一种警示，也是一种诱惑。这本书是对冲基金经理乔希·塔拉索夫（Josh Tarasoff）推荐给我的，作为一名投资者，冥想练习对他保持冷静和平衡起了极大的作用。

第四章

第93页

想了解更多本杰明·格雷厄姆的生活信息，可阅读乔·卡伦所著的《格雷厄姆传记》。我还喜欢读《本杰明·格雷厄姆：金融分析之父》（Benjamin Graham: The Father of Financial Analysis），这是金融分析师研究基金会于1977年发表的一篇文章，读者可从网上免费获取。文章的合著者是格雷厄姆的弟子欧文·卡恩。作者在这篇文章中深情地回顾了格雷厄姆的一生，也包括卡恩对其性格和智慧的反思。例如："他思维极快，听到一个复杂的问题后能直接解答，大多数人对此都感到困惑……他的记忆广度和深度也让人叹为观止。这就解释了为什么他能看懂希腊语、拉丁语、西班牙语和德语的原因。更令人称奇的是，在没有正式学过西班牙语的情况下，他非常专业地将一本西班牙小说翻译成了英文,还被一家美国出版商接受了。"

格雷厄姆的代表作《证券分析》是他与大卫·多德合著的经典。马克尔公司的联合CEO汤姆·盖纳强烈推荐读者阅读1934年的版本,因为"这确实是格雷厄姆的声音和观点"。这本书洋溢着作者对希腊和罗马文学的热爱,阐述了他对"人们为什么会做他们在胜利和绝望时所做的事"的世俗观点。

格雷厄姆的另一部巨著《聪明的投资者》更通俗易懂。修订版增加了贾森·茨威格的评论。还有一本收录了格雷厄姆写的短文(和几次受访内容)的书,书名为《格雷厄姆精解证券分析》,由茨威格和罗德尼·沙利文编辑。

第106页

马修·麦克伦南对古代史和现代史的研究使他更加坚信了这一点:我们必须"接受不确定性",而且在面临意想不到的混乱时要有意识地控制金融风险。他说:"有一本历史书对我启发很大,那就是《伯罗奔尼撒战争史》,它讲述了斯巴达的崛起('一个非常传统的、严酷的军事文化')如何对雅典('一个繁荣的社会')产生了威胁。斯巴达的崛起让雅典'产生了不安全感',最终导致战争发生。"麦克伦南认为,在中国的崛起过程中,也有类似的力量,这会对美国的主导地位构成威胁,就像20世纪初德国的崛起对处在"巅峰"时期的英国产生了威胁一样。这些历史现象"不一定预示着将会发生什么,但它们提醒我们,千万不要对正在形成的地缘政治和经济风险掉以轻心"。麦克伦南补充道:"顺便说一句,修昔底德显然做了防备,因此,他知道持有一只对冲基金的好处。"

第109页

麦克伦南拥有"持久性企业"(相对而言对破坏具有抵抗力的企业)的策略部分源于他对物理学和熵增原理的研究,他的研究使他坚信:"随着时间的推移,事物将趋于无序。"他还借鉴了生物学领域的知识,例如,他将经济视为一个达尔文生态系统,在这个系统中,所有的企业都在走向衰落或死亡，就像大多数物种最终会灭绝一样。

想要进一步研究这一思想，可参阅罗伯特·哈格斯特罗姆所著的《投资：最后的自由艺术》一书。在这本书里，作者从物理学、心理学和哲学等不同的领域汲取了对投资的启迪。在"生物学：一个新物种的起源"这一章中，哈格斯特罗姆将进化框架应用于投资分析中，他观察到，在金融市场不断变化和调整的情况下，找到持续有效的策略非常困难。他写道："随着越来越多的代理商开始使用相同的策略，策略的盈利能力会下降。效率变得日益低下，原来的策略终被淘汰，但随后新的代理人带着新的想法进入了市场……资本转移，新的策略诞生，进化过程再次开始。"正如保罗·朗齐斯在第七章中指出的，巴菲特会不断地调整策略，而不是在经济环境发生变化时死守老策略，这是巴菲特天生具有的才能。

麦克伦南还受到斯蒂芬·沃尔夫拉姆那1197页的鸿篇巨著《一种新科学》的影响。沃尔夫拉姆被誉为"复杂性领域的先驱思想家"，他完成了数以百万计的与细胞自动机有关的计算机实验。细胞自动机由一行一行的细胞组成，每一行细胞都是黑色或白色的。沃尔夫拉姆应用了一些简单的规则后，这些细胞会随着时间的推移形成极其复杂的组合。他的书中展示了这些不可预测的复杂（通常看起来是随机的）组合的图片，为麦克伦南的信念提供了"智力支持"，即我们应该预料到"不确定性的存在"并尊重它。

第114页

当我问麦克伦南他是如何对待生活中的不确定性时，他回答说，他认为研究塞涅卡和马可·奥勒留等斯多葛派哲学家"非常有意义"，他们能让"你反思是什么破坏了你的平衡"。麦克伦南补充说："赫拉克利特说过'万物皆流'，我认为他指的是一切都在变化，我经常思索这一点。根据我的观察，如果你能接受外在的事物处在不断变化的状态中，你就能专注于自己内心的平静。我看到大多数人都在做相反的事情，他们试图控制外在的能量流，试图做预测，这导致他们的内心非常混乱。所以我认为，要应对不确定性，需要改变一些行为。从哲学的角度看，你是否愿意接受变化、复杂性和不确定性？如果你愿意，你就能专注于自己内心的平静。"

从实践的角度看，这意味着什么呢？作为一个重视自己内心平静的人，我斗胆在此提几点想法。和麦克伦南一样，我也在斯多葛派哲学中找到了慰藉和可借鉴的理念，特别是从塞涅卡、伊壁鸠鲁和马可·奥勒留的著作中，我们很快就会谈到它们。

我也发现正念冥想也很有益处。乔治·芒福德曾是一名瘾君子，后来他成了迈克尔·乔丹和科比·布莱恩特的冥想老师。芒福德在百分之十快乐应用程序上有一个非常棒的课程，这个程序上还有约瑟夫·戈尔茨坦和莎朗·萨尔茨伯格等老师的冥想课程。我也喜欢芒福德所著的《专注的运动员》一书，这本书里分享的各种技巧能帮助你在遭受刺激时不冲动，遇到突发事件时保持冷静。"在我看来，在生活的旋涡中保持冷静和专注是顶级投资者和职业运动员必须具备的能力。"

萨尔茨伯格和其他许多人所教授的"仁爱"冥想也能对修行者的情绪甚至思维产生巨大的积极影响。如果不相信我说的话，可阅读马修·里卡德所著的《幸福》一书。马修·里卡德放弃了细胞遗传学领域的工作，皈依佛教，成了一名僧侣。他在这本书里写道："尽管外部条件可能有影响，但痛苦和幸福一样，本质上是一种内在状态。只有理解了这一点，才能度过有意义的人生。"

丹尼尔·戈尔曼和理查德·戴维森所著的《新情商》等书探讨了正念的科学性，展示了这种古老的习俗对大脑、心灵和身体产生的深远影响。同样，得克萨斯大学奥斯汀分校副教授克里斯汀·内夫也研究了自我关怀的心理益处——这是她从佛教中借用的一个概念。她和克里斯托弗·杰默合著了《自我关怀的力量》一书，利用科学研究解释了如何利用自我关怀增强人的内在力量、复原力和幸福感。

第五章

第118页

乔尔·格林布拉特写过3本投资类书籍。我读的他的第一本书是《股市稳赚》，这本书凝练了他毕生对选股艺术的理性思考，总结出了选股艺术的精髓，堪称简单性的典范。

格林布拉特的下一本书是《价值投资的秘密》，不算太成功，但它道出了一些令人不安的事实，希望战胜市场的人都应该好好思考一下它们。他写道："对大多数投资者来说，要想弄清楚一个企业的价值根本是不可能的——做好这项工作实在太难了。"找个专家帮我们做怎么样？"对不起……由于费用和投资业务的运作方式，大多数积极交易的共同基金经理的业绩都不如市场。"格林布拉特针对大多数投资者提出的解决方案是投资指数基金，但他提醒说，各类市值加权的指数基金持有了太多定价过高的股票和太少的廉价股。

在职业生涯的早期，格林布拉特还写了《股市天才》一书，这本书内容庞杂但颇有趣，能指导你在分拆、合并和破产等特殊领域进行投资。对于分析能力较强的投资者来说，这是一本非常有价值的书。我的一位朋友在哈佛商学院学习，还经营着一家成功的投资公司，他告诉我，"我因为那本书赚了1000万美元"。我的妻子听说这件事时羡慕不已，她指出，我也读了这本书，但没有获得同样的好处。

第118页

格林布拉特回馈社会的项目大多与教育改革有关。他帮着创办了成功学院（Success Academy），这是一个由非营利性的特许学校组成的大型网络（在政治层面有争议），感兴趣的读者可登录www.successacademies.org

查阅更多的信息。他与其他著名的基金经理，如丹尼尔·勒布、约翰·佩特里和Yen Liow，一起担任了董事。在新书《常识：平等、机会和成长的投资者指南》中，格林布拉特写道，建立特许学校网络的宗旨是，提供一种高绩效的、可在其他低收入地区复制的学校管理模式："它将表明，在适当的支持下，来自低收入和少数民族家庭的学生也可以取得高水平的成就。"

结果如何呢？格林布拉特写道："2019年，来自成功网络的45所学校的学生在数学和英语考试中表现非常出色，成绩跃升为了纽约州的第一名，超过了该州所有富裕的郊区学区。"考虑到成功学院的学校大多位于纽约市最贫穷的地区，75%的学生都来自经济困难的家庭，能取得这样的成绩实属难能可贵。

第133页

20世纪80年代的垃圾债券丑闻导致迈克尔·米尔肯被捕入狱，关于这一事件的确切描述，可参阅詹姆斯·斯图尔特所著的《窃贼的巢穴》一书。读完这本书后，读者可自行评判米尔肯是否值得总统赦免他（多年的游说终于导致他在2020年获得了赦免）。

第137页

有关如何理性地投资可口可乐等优质企业的技术性讨论，请参阅布鲁斯·格林沃尔德、贾德·卡恩、保罗·索金和迈克尔·范比马所著的《价值投资：从格雷厄姆到巴菲特和其他人》一书。罗杰·洛温斯坦在经典传记《巴菲特传》一书中详细解释了巴菲特"将伯克希尔四分之一左右的市值押注于"可口可乐、对它的投资"超过了任何一只股票"的原因。洛温斯坦认为，这是因为该公司业务简单，具有定价权、护城河和独特的名声。尽管这只股票价格高昂，但该公司的盈利能力非常强大，正如格林布拉特所指出的，"巴菲特认为他以雪佛兰的价格买到了一辆奔驰"，明智投资的基本秘诀很简单："弄清楚什么东西值得拥有，然后以较低的成本买入。"

第六章

第146页

正如尼克·斯利普和卡伊斯·扎卡里亚发现的那样，罗伯特·梅纳德·波西格所著的《禅与摩托车维修艺术》一书非常适合耐心的投资者以及想创造持久价值的人阅读。无论是投资基金、企业、艺术品还是做慈善，你都能从中得到启发。一开始，波西格就解释了他打算如何探讨他的主题："我不想赶时间。在20世纪，赶时间本身就是一种有害的态度。当你急急忙忙地做某件事的时候，这意味着你不再重视它，而是想去做别的事情。我只想慢慢来，但要透彻深入……"

斯利普回忆说，"这本书让我对如何思考问题产生了新的看法，它改变了一切"。他开始反省一些问题，如"如何通过正确的思考让自己成为一名更出色的投资者？"没错，就是要思考如何思考。正如斯利普所说的，波西格致力于追求"真实""重要"和"诚实"的东西，他揭示了以"高质量"的方式行事意味着什么。

另一本对斯利普的投资和生活方式产生了持久影响的书是迈克尔·波伦所著的《我自己的地方》，它讲述的是波伦自己的故事。波伦想在屋后的树林里建造一间迷人的小房子，"作为他阅读、写作和做白日梦的地方"。斯利普评论说："我喜欢他平和、安静地思考如何建造这间房子，喜欢他独自静静地去做一切，他很享受这个过程。能看得出来，在他眼里，这间小房子就像一座小小的圣殿。他行事可爱而冷静。此刻我突然意识到，我和扎克的行为方式也是这样的。"

第155页

斯利普和扎卡里亚把彭博终端放在一张周围没有椅子的矮桌上，这样一来，当他们长时间观看短期新闻和即时数据时，身体会感到不舒服。在这个不断受数字干扰的时代,如何才能专注、深入地思考呢?很多人对这一主题进行了探讨,我认为最出色的是卡尔·纽波特,他是乔治敦大学的计算机科学教授,也是《深度工作》和《数字极简主义》的作者。纽波特在解释他的"深度工作假说"时写道,"随着经济的发展,从事深度工作的能力变得日益重要,与此同时,具备这种能力的人也变得越来越罕见,因此,锻炼了这种能力并在工作中运用了这种能力的少数人将会兴旺发达"。这样的描述很契合巴菲特、芒格、斯利普和扎卡里亚等最成功的投资者。

第172页

抵御即时满足的诱惑是在金融领域取得成功的一大秘诀,例如,为遥远的未来留出资金,长期持有投资标的而不是疯狂地交易等。公司也是如此,正如查理·芒格在2001年伯克希尔·哈撒韦的年度股东大会上所说的:"几乎所有优秀的企业都会做出'今天痛苦、明天获益'的行为。"

我们小时候读过的许多故事也体现了延迟满足的重要性。我和托马斯·鲁索讨论这个问题后,他给我写了一封信。他在信中说:"今天少吃点果酱明天多吃点果酱、三只小猪等童年时期听过的故事都在灌输延迟满足的思想,都利于培养考虑周全的人。然而,社会上却有无数个让决策者错误地想在今天得到更多果酱的理由,哪怕是以明天少吃果酱为代价。许多投资机会都源于对短期投资缺陷的利用。我很幸运,我的投资者允许我从长远考虑。"

是否具备延迟满足的能力也是心理学中的一个热门话题。20世纪60年代完成的棉花糖测试就是一项很有名的实验。在这项实验中,数百名儿童获得了一种食物,但他们面临着痛苦的选择:要么立即吃掉棉花糖,要么等几分钟。若能等到研究人员回来,他们就可以吃两个棉花糖。斯坦福大学的一组心理学家通过单向观察窗观察了这些学龄前儿童与诱惑作斗争的过程。设计这一实验的沃尔特·米切尔在《棉花糖测试》一书中讨论了测试结果的意义。他发现"那些在学前班延迟吃棉花糖的人"成年后更有能力"追求和实现长期目标"，"达到更高的教育水平，体重指数也明显较低"。

玛丽亚·孔尼科娃在哥伦比亚大学求学时是米切尔的学生，2014年，她在为《纽约客》撰写的一篇文章《一位研究自我控制的心理学家的奋斗》中提到了他的研究。她写道："米切尔一直发现，延迟满足的关键是改变你对想要抵制的物品或行为的感知能力。事实证明，重要的是要学会在心理上'冷却'米切尔所说的周围环境中的'热'因素，即阻碍你实现目标的因素。"米切尔建议的一种方法是，从心里把你渴望得到的东西转移到你设想的安全距离之外，另一种方法是重构你想要抵制的对象，例如"把棉花糖想象成云彩而不是糖果"。

第七章

第176页

要想养成更多的好习惯，你还应该读哪些书呢？经过思考后，我认为最实用的是查尔斯·都希格所著的《习惯的力量》一书。借鉴神经科学和习惯形成心理学的研究成果，都希格写道："新习惯就是这样产生的：把暗示、惯常行为和奖赏关联起来，然后培养一种渴求来驱动这一回路，"例如，"如果你想每天早上起来跑步，你必须选择一个简单的暗示（比如吃早餐前系好运动鞋的鞋带或者把你的运动衣放在床边）和一个明确的奖励（作为一天之中的激励，可以通过记录你的里程来获得成就感，或者在跑步中产生大量的内啡肽）……只有你的大脑开始期待奖赏时，渴求内啡肽的分泌或成就感时，你才会自觉地在每天早上穿上你的跑鞋。而暗示除了能够触发惯常行为外，还必须能触发人对即将到来的奖赏的渴求"。

莫尼什·帕伯莱和盖伊·斯皮尔非常喜欢骑自行车，他们经常在脸书上分享自己在户外骑行的视频、照片和统计数据。过去我常常想，他们为什么要这么做？难道不嫌麻烦吗？但现在我意识到，这是一种创造心理奖赏的方式,它强化了他们继续锻炼身体的欲望。同样,当新冠疫情肆虐时,我大部分时间都待在家里,其间我出人意料地迷上了骑佩洛顿自行车,而且我还参加了一场比赛,参赛的几十支车队来自世界各地。每天我都乐此不疲地做一件事:与我的队友分享详细展示了我们出色战绩的图表。

第178页

汤姆·盖纳每年都会在马克尔公司的年报中写上这4条投资原则。重复了吗?当然。但它们就是重点。作为一名投资者,他的优势很大程度上源于他30年来一贯地运用一套明智、严格、可靠的程序。你可以在www.markel.com网站上查询该公司历年的年报,它们值得你阅读,因为它们体现了盖纳对谦逊、正直、长期思考、持续改进和服务等品质的坚守。我觉得,持有他这类人经营的公司的股票肯定能获益。

第181—182页

从投资到锻炼再到营养,盖纳的做法"从根本上说是适度的",他没有采取极端、可持续性较差的策略。他的思维方式让人想起亚里士多德的观点,他认为持久的幸福源于对和谐平衡的保持,源于对"中庸之道"的奉行。

卢·马林诺夫在《中庸之道》一书中解释说,亚里士多德对欧几里得几何学颇有研究,加上他欣赏自然之美,因此这位希腊哲学家认为,"人类做出各种行为时也应该以合理的'比例'为基础"。他指出:"过度运动和有缺陷的运动都具有破坏性,同样,高于或低于一定量的饮食也会损害健康,而适度的运动则能增强和保持健康。同理,节制、勇气和其他美德也是如此。"

马林诺夫认为,亚里士多德、佛陀和孔子都"认识到了极端主义对人类的幸福、健康、和谐的危害"。马林诺夫写道,将这些圣人的智慧运用到我们身处的时代可知,"追求快乐和利益至上的物质主义者仍然是不快乐的,以否认现代主义为宗旨的宗教狂热者仍然是不快乐的……佛陀的中庸之道能避免我们走极端，使我们在生活中做到适可而止，并同情他人遭受的苦难"。

盖纳的积极适度哲学中蕴含着大量的实用智慧，但按大多数人的标准来看，他仍然是相当极端的。盖纳向我推荐了记录迈克尔·乔丹和芝加哥公牛队经历的纪录片《最后的舞动》，观看了它之后我理解了盖纳深受乔丹启发的原因。乔丹坚持不懈的职业道德和顽强的获胜意志使他成为了球场上一股不可阻挡的力量。投资就像篮球，竞争异常激烈，光靠才华是远远不够的。正如彼得·林奇对比尔·米勒所说的，"战胜他们的唯一方法就是比他们更努力。"

第八章

第205页

采访查理·芒格时，我请他给我的孩子们推荐几本书，以防他们做出"蠢事"。"嗯，"他回答说，"可以读读《穷查理宝典》。"毫无疑问，这本凝结了芒格"智慧"结晶的书对于任何一个想避免犯"老错误"的人来说都是无比宝贵的资源。芒格1986年所做的让人赞叹不已的毕业典礼演讲也被收录其中，他在这篇演讲中提供了一个"能确保他们（学生）过苦日子的药方"。

芒格还向我提到了已故的加勒特·哈丁对他产生的影响。在后者的帮助下，他养成了"倒过来想"的心理习惯。和芒格一样，解决问题时，哈丁也是先关注可能出现的问题，然后尽力避免灾难性的后果。哈丁是一位人类生态学家，他著述颇丰，包括《反对愚蠢的行为》等。在权衡各种灾难性的风险时，比如电网故障，哈丁写道："在这个不确定的世界上，我们唯一能依靠的就是人类自身的不可靠性。"

关于不可靠性的其他观点，可参阅罗伯特·特里弗斯（Robert Trivers）所著的《愚昧人的愚昧》一书。罗伯特·特里弗斯是进化生物学领域内一位重要的理论家,他对人类自欺欺人的现象进行了细致的研究并得出了令人不安的结论。特里弗斯认为,我们把虚假信息存储在我们的大脑里,这样我们可以利用它们来操纵他人。正如他所说的:"我们更容易对自己撒谎。"像芒格和哈丁一样,特里弗斯促使我们认识到:我们很容易犯错,我们应该警惕自己的思想。如果你仍然坚信自己的判断,可以阅读心理学家迪特里希·多纳所著的《失败的逻辑》一书。作者在这本书里指出:面对复杂的决策时,我们会以可预测和可避免的方式陷入困境。我买的这本书的封面上有一幅老照片,显示的是两位衣着优雅的绅士正在检查一列脱了轨的火车。

第207页

想了解有关芒格思维方式的更多内容,可先阅读特兰·格里芬所著的《查理·芒格的原则》一书。这本书简明扼要,有许多关于如何在市场和生活中理性行事的睿智见解。严谨的芒格迷们也应该读一读彼得·贝弗林所著的书,可先阅读《寻求智慧》一书,这本书内容繁杂,难度大,但值得一读。接下来可阅读《我只想知道我会死在哪里,所以我永远不会去那里》一书。

第208页

乔尔·蒂林哈斯特是富达低价股基金的经理,他在过去30年里创造了丰厚的回报,同时也是《大钱细思》一书的作者。对于普通投资者来说,这是一本很实用的指南。书里有很多以"避免错误"的方式来取得成功的常识性建议。蒂林哈斯特在书的结尾提出了这一简单的见解:"最重要的是,总是要寻找那些其价值要比你付出的多很多的投资标的。"这一见解很容易引起芒格、帕伯莱、格林布拉特或马克斯的共鸣,虽然他们的投资风格有差异,但他们都遵循这一基本的原则。

第216页

芒格对有关本杰明·富兰克林的著述很痴迷,包括后者的自传。作为一个自诩为"传记迷"的人,他还精研过卡尔·范多伦和沃尔特·艾萨克森等人所著的有关富兰克林的书籍。当我问芒格他从富兰克林身上学到了哪些可以减少蠢行的经验教训时,他回答说:"我学到了很多,包括自我控制,不炫耀自己有多聪明,不好辩。不过,我没有他做得好。富兰克林不会冒犯别人,但我会。"

读富兰克林所著的《穷理查年鉴》一书时,我总是能从中发现芒格在商业和生活中所奉行的理念的影子。例如,富兰克林写道:"耍花招和背叛是蠢人的伎俩,他们没有足够的智慧去诚实待人""有钱的恶人就像发胖的狗,到死都不会做好事""与狗同睡,就会和跳蚤同起""空袋子无法直立""玻璃、瓷器和名声都是容易破碎而难以补好的东西""想被人爱,就要去爱别人,并让自己可爱""如果财富是你的,为什么你不把它们带到另一个世界里去?""世界上最崇高的问题是:我能为这个世界做什么"。

芒格家里有一尊富兰克林的半身像,还有一尊李光耀的半身像,但在向"杰出的已故者"学习的过程中,芒格不仅对他们的美德和成就感兴趣,他也对他们的缺点和错误很着迷,在他看来,研究这些缺点和错误更具有启发性。例如,芒格说,富兰克林"与他唯一的儿子关系很差",他的儿子仍然"忠于国王。他们的关系一直没有得到修复。太过分了……最后他甚至都不跟儿子说话了。挺有意思。从这一点来看,富兰克林没我肚量大,我比富兰克林更能克服不满情绪,我对持异议的人没那么恼火"。

尾　声

第241页

比尔·米勒有在生活中处处践行哲学理念的习惯,因此,他能推荐出很多书籍。他向我介绍了斯多葛学派,还向我推荐了《一名战机飞行员的哲学思考》一书,这本书讲述了海军中将吉姆·斯托克代尔的传奇经历。读完这本书很长一段时间内，我都对它赞不绝口。另外，在米勒的推荐下，我还阅读了马可·奥勒留的《沉思录》、伊壁鸠鲁的《论说集》和塞涅卡的《斯多葛主义者书信集》，从中获益匪浅。同样，我也喜欢米勒钟爱的另一本书——布莱恩·马吉所著的《哲学家的自白》，从中可以了解整个西方哲学史。

20年前，米勒还向我介绍了哲学家威廉·詹姆斯，他的著述被收录在《实用主义和其他著作》一书中。詹姆斯是哈佛大学心理学教育的先驱，他开拓性地研究了我们是如何误解现实的——这是每位投资者都面临的一大关键挑战。

19世纪90年代，詹姆斯发表了一篇名为《论人类认识之盲点》的文章。在这篇文章里，他回忆了自己在北卡罗来纳山区旅行时的所见所闻。他被山湾里"丑陋不堪的木屋"震惊了。他写道："森林被摧毁了。人类'改善'了它原始的状态，却留下了丑陋的一幕，就像是森林得了溃疡，没有任何人工的优雅来弥补自然美的消逝。"后来，在一位当地人的帮助下，詹姆斯了解了他们对这片被破坏的景观的不同看法。对他们来说，"木屋是确保自己和妻儿安全的庇护所"，而空地则"充满着道德的记忆，唱响了一曲责任、奋斗和成功的赞歌。对于他们赖以生存的环境在他们头脑中的反应，我是如此的盲目；而他们如果去剑桥哪怕瞥一眼我奇怪的室内学术生活，他们就会发现，对于我的思想意识，他们一样无知"。

在米勒看来，这篇文章的寓意很明显：我们必须时刻提防自己的偏见，并且要在别人落入这种心理陷阱时抓住机会获利。2001年，当他跟我谈及收购亚马逊15%的股份的原因时，他说，是詹姆斯帮他克服了偏见，而他的同行们在偏见的影响下看不到这家当时不盈利的书商的潜力。

要了解更多詹姆斯的信息，请参阅路易斯·梅南德所著的《形而上学俱乐部》一书。该书探讨了4位伟大的思想家的理念，包括詹姆斯、查尔斯·桑德斯·皮尔斯、奥利弗·温德尔·霍姆斯和约翰·杜威。梅南德写道："他们都认为思想不是'在外面'等着被发现的，而是像刀叉和微芯片这样的工具，是人们设计出来应对身处的这个世界的。"

第244页

自2015年我们第一次见面以来，我和阿诺德·范登伯格已互赠了很多图书。因为担心我犯懒病，他还送了我一个蹦床。我的书房里有不少他喜欢的书，包括约翰·威廉姆斯所著的《你潜意识里的智慧》、布鲁斯·利普顿所著的《信念生物学》、乔伊斯·弗恩·格拉瑟所著的《核心疗愈》、理查德·韦瑟里尔所著的《强权即公理》和詹姆斯·艾伦的著作全集，名为《思考的人》。

对范登伯格产生重大影响的书有一个共同点：它们都认为，是我们的意识影响了我们的现实。他花了半个世纪的时间尝试着以不同的技巧改变他的思想、影响他的潜意识，进而从内心改造自己。最后他终于明白了，他要学的一切都在《从贫穷走向权力》这本他最喜爱的书里。艾伦在120年前写道："你外在的一切都不重要，因为它们是你自己意识状态的反映；你内在的一切都很重要，因为外在的一切都会被相应地反映和着色。"